Das große Buch

Webdesign mit Photoshop 6.0

Nina Martini

DATA BECKER

Copyright	© 2001 by DATA BECKER GmbH & Co. KG
	Merowingerstr. 30
	40223 Düsseldorf
	1. Auflage 2001
Produktmanagement und Lektorat	Ulrich Kurth
Umschlaggestaltung	Inhouse-Agentur DATA BECKER
Textbearbeitung und Gestaltung	Astrid Stähr
Druck	Media-Print, Paderborn
E-Mail	buch@databecker.de

ISBN 3-8158-2101-0

Wichtiger Hinweis

INHALTSVERZEICHNIS

INHALTSVERZEICHNIS

13. Vom Bildschirm aufs Papier – Druckoptimierung 357

14. Ein komplettes Website-Design erstellen 381

INHALTSVERZEICHNIS

1. Die Planung Ihres Webauftritts

Bevor Sie mit der Arbeit an Ihrer Website beginnen, ist es hilfreich, einige Zeit für ein Konzept zu investieren. Ziel und Verlauf des Projekts grundsätzlich durchzuplanen spart bei der späteren gestalterischen Arbeit mitunter viel Zeit.

1.1 Auflösung und Farben fürs Web richtig wählen

Der Unterschied zwischen Webdesign und Printdesign beginnt schon bei Auflösung und Farbgebung. Auch gestalterisch gibt es einige Unterschiede. Wenn Sie ein Layout für die Printausgabe erstellen, ist der wichtigste Faktor, die höchstmögliche Qualität zu erreichen.

Dazu werden hoch aufgelöste Grafiken im CMYK-Farbformat verwendet. Beim Webdesign ist der Monitor das Ausgabegerät und Farbgebung und Auflösung müssen an diesen angepasst sein. Auch hierbei wird natürlich höchstmögliche Qualität angestrebt, doch der wichtigste Faktor beim Webdesgin ist die Darstellungszeit.

Die Grafiken müssen möglichst wenig Speicherplatz belegen. Da die Begriffe RGB, CMYK und dpi in fast allen Projekten eine Rolle spielen, werden sie hier kurz besprochen.

Wichtige Farbmodi im Designeralltag

RGB

RGB – Rot, Grün, Blau – ist das System der Lichtfarben. Die Farbmischung ist in diesem System additiv, das bedeutet, dass alle Farben zusammen Weiß ergeben. Mit diesem System wird die Farbe auf Monitoren dargestellt.

Alle Grafiken, die für das Internet bestimmt sind, werden in diesem Farbmodus erstellt. Betrachten Sie durch eine Lupe eine weiße Fläche auf Ihrem Monitor. Sie können hier die drei Grundfarben – Rot, Grün und Blau erkennen. Stellen Sie sich für jede Farbe einen kleinen Scheinwerfer vor.

Wenn Sie einen roten und einen grünen Strahler auf eine weiße Fläche beamen, erhalten Sie einen gelben Lichtkegel. Verwenden Sie einen grünen und einen blauen Strahler, ist die Mischfarbe ein helles Blau, das Cyan genannt wird. Blaue und rote Strahler ergeben zusammen die Farbe Magenta – ein Pinkton.

Es können nicht nur Volltöne der einzelnen Farben gemischt werden, sondern auch unterschiedliche Helligkeitswerte. Bei einer 8-Bit-Darstellung einer Farbe sind 2^8 – also 256 Helligkeitsstufen darstellbar. Das ergibt bei 24 Bit für die drei Grundfarben Rot, Grün und Blau 256 x 256 x 256 = 16.777.216 Farben. Um diese Farben darstellen zu können, benötigen Sie eine 24-Bit-Darstellung – den so genannten TrueColor-Modus.

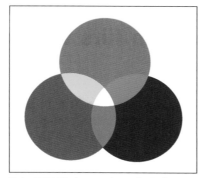

Beim RGB-Modus ergeben alle Farben zusammen weiß

Graustufen

Graustufen entsprechen den Helligkeitsstufen einer RGB-Darstellung im True-Color-Modus. Dabei werden am Monitor die Grundfarben Rot, Grün und Blau mit gleicher Farbintensität dargestellt, was einen Grauton ergibt.

Die unterschiedlichen Töne ergeben sich allein aus der Helligkeitsstufe der Grauwerte. Es sind von reinem Weiß zu reinem Schwarz somit 256 verschiedene Grautöne möglich.

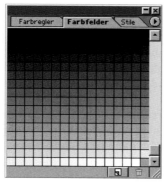

Bei 8 Bit sind 256 Graustufen darstellbar

CMYK

Dieses System der Körperfarben besteht aus Cyan, Magenta, Yellow und Kontrast (Schwarz). Im Gegensatz zum RGB-Modus ist die Farbmischung subtraktiv, da alle Farben zusammen Schwarz ergeben. Mit diesen Farben werden Drucksachen erstellt. Für das Webdesign ist dieses System irrelevant.

Die Farbmischung der Körperfarben ist für das menschliche Empfinden leichter zu verstehen, denn sie entspricht der Farbmischung, die man beispielsweise aus einem Tuschkasten kennt. Yellow und Cyan ergeben hierbei einen Grünton, Yellow und Magenta ergeben Rot und Cyan und Magenta ergeben einen dunklen Blauton. Schwarz wird beim Druckvorgang als Kontrast eingesetzt. In der Theorie müssten 100 % Cyan, Magenta und Yellow zusammen Schwarz ergeben. In der Praxis ist das nicht der Fall, es entsteht ein dunkler Braunton. Um diesen dunklen Bereichen mehr Tiefe zu verleihen, wird zusätzlich Schwarz eingesetzt.

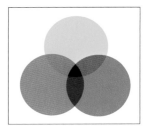

Die CMYK-Farben ergeben Schwarz

Modustreue

Wenn Sie Bilder scannen, von denen Sie vorher wissen, dass sie ausschließlich am Monitor präsentiert werden, wandeln Sie diese niemals in den CMYK-Modus um, dabei kommt es zu gewissen Datenverlusten. Der CMYK-Farbraum ist kleiner als der RGB-Farbraum. Wenn Sie ein Bild einmal in den CMYK-Modus gewandelt haben, gehen hochreine Farbtöne – also solche, die nur im RGB-Modus dargestellt werden können – verloren, diese können durch eine erneute Modusänderung zu RGB nicht ohne zusätzliche Arbeit zurückgeholt werden. Durch Erhöhung der Sättigung mit *Bild/Einstellen/Farbton/Sättigung* können Sie fast die alte Brillanz erreichen.

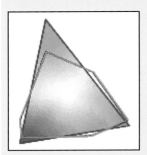

Der RGB-Farbraum ist der größere blau umrandete; der CMYK-Farbraum der rot umrandete

HSB

HSB ist die Abkürzung für Hue (Farbton), Saturation (Sättigung) und Brightness (Helligkeit). Bei diesem Modell liegen die Farben auf einem Farbkreis angeordnet, wobei der Winkel den Farbton angibt. Rot liegt bei 0 Grad, Grün bei 120 und Blau bei 240. Die Sättigung erhält einen Wert zwischen 0 und 100, hierbei entspricht der Wert 0 Grau und 100 der reinen Farbe.

Auch die Helligkeit wird von 0 bis 100 angegeben, der Wert 0 entspricht reinem Weiß und 100 reinem Schwarz. Der Vorteil dieses Systems besteht darin, dass wenn Sie für Ihre Gestaltung harmonierende Farbtöne suchen, Sie, nachdem ein Farbton ausgewählt wurde, einen passenden finden, indem Sie im Farbwähler nur den Wert für H, also den Farbton, verschieben müssen. Sättigung und Helligkeit werden dabei nicht verändert.

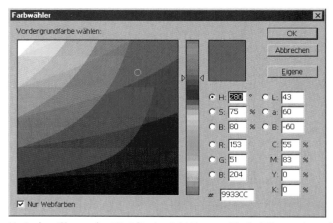

Verändern Sie nur den Wert für das Feld H, wenn Sie Farbtöne suchen, die zueinander passen

Lab

Das Lab-System besitzt ein größeres Farbspektrum als RGB und CMYK. Photoshop verwendet es daher bei der internen Umrechnung von RGB zu CMYK. Die Bezeichnung Lab steht für Luminanz (Helligkeit), a und b steht für die beiden Farbkanäle. Der erste umfasst Grün bis Magenta, der zweite Blau bis Gelb. Das Praktische an Lab ist, dass Sie den Helligkeitskanal bearbeiten können, ohne dass davon die Farbverteilung berührt wird.

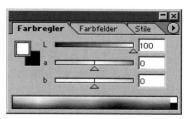

Die Palette Farbregler arbeitet mit dem Lab-Farbraum

Farbtiefen und Farbformate

Was ist Farbtiefe?

Die Farbtiefe wird mit x Bit beschrieben. Konkret bedeutet dies, dass bei einer Farbtiefe von 1 Bit 1 Pixel 2^1 Farben – also 2 – zugewiesen werden. Es handelt sich dabei um eine reine schwarzweiß Grafik.

Die Bitzahl gibt also Aufschluss darüber, wie viele Farbtöne einem Farbpixel zugewiesen werden können. Je höher die Bitzahl, desto mehr Information kann die Datei enthalten und desto mehr Farbtöne sind möglich. Die Farbtiefe 2 Bit ist demnach in der Lage, 2^2 also 4 Farben darzustellen.

Wenn Sie schon mal ihren Rechner im abgesicherten Modus starten mussten, so haben Sie das 4-Bit-Format kennen gelernt, das 16 Farben verwaltet. Entsprechend werden mit 8 Bit 256 und mit 24 Bit 16,7 Mio. Farben verwaltet.

Farbtiefen und Farbmodi

Die CMYK-RGB-Graustufenbilder enthalten 8 Bit Daten pro Farbkanal. Die unterschiedliche Datenmenge ergibt sich aus der Anzahl der Kanäle der einzelnen Farbmodi. CMYK verfügt über 4 Farbkanäle und besitzt somit eine Farbtiefe von 32 Bit – 8 Bit je Farbkanal – bzw. 4,3 Mrd. Farben. Im RGB Modus sind es entsprechend 24 Bit, also 16,7 Mio. Farben. Die Graustufen-Farbtiefe verfügt über einen Kanal, also 8 Bit = 256 Farben.

Das gleiche Bild in 1-Bit-, 4-Bit-, 8-Bit- und 24-Bit-Farbtiefe

Je höher die Bitzahl und damit die Anzahl der gespeicherten Farbtöne ist, desto größer wird natürlich die Dateigröße. Die Verringerung der Farbtiefe und damit des Speicherbedarfs ist ein wichtiger Ansatz der Dateioptimierung fürs Web.

Webrelevante Farbtiefen

Beim Webdesign wird der RGB-Modus verwendet, somit stehen 24 Bit zur Verfügung. Bei dieser, als TrueColor bezeichneten Farbtiefe werden bis zu 16,7 Mio. Farben dargestellt.

Diese Farbtiefe wird vor allem für Fotografien benötigt. TrueColor Bilder werden für das Web mit dem JPEG-Format komprimiert. Den gesamten Farbumfang des TrueColor-Modus zu nutzen klingt verlockend, ist aber nicht immer nötig. Einfache Grafiken lassen sich mit 8 Bit gut darstellen.

Das GIF-Format verwaltet maximal 8 Bit, kann also nur bis zu 256 Farben darstellen. Bei den allermeisten Fotografien reicht diese Farbtiefe nicht aus. GIF eignet sich besser für Grafiken mit großen Flächen gleicher Farbe. Es gibt zwei grundsätzliche Arten von 8-Bit-Paletten.

Flexible Farb-Paletten

Die flexiblen 8-Bit-Farb-Paletten werden für jede neue Grafik individuell angepasst. Die Paletten werden bei der Reduzierung der Farbtiefe, z. B. aus dem TrueColor-Modus, bei der Optimierung fürs Web eingesetzt. Dabei wird die relative Häufigkeit einzelner Farbtöne in einem Bild bei der Reduzierung der Farbanzahl berücksichtigt.

Die flexiblen Paletten selektiv, perzeptiv und additiv arbeiten mit unterschiedlichen Algorithmen und unterscheiden sich bei der Auswahl von Farben aus einem großen Farbspektrum. Die flexiblen Farb-Paletten bringen gute Ergebnisse bei Fotografien. Der Nachteil ist, dass die so erstellten Bilder auf verschiedenen Systemen nicht gleich dargestellt werden.

Die festen Farb-Paletten

Zu der zweiten Art gehören Systemfarb-Paletten für Windows bzw. Mac OS und die Farb-Palette Web. In den System-Paletten sind die einzelnen Farben fest vorgegeben und auf das gesamte Farbspektrum verteilt.

Sie sind auf das jeweilige Computersystem abgestimmt. Da sich beide Systeme bei der Bildschirmausgabe der Farben unterscheiden, werden Bilder, die aus Systemfarben aufgebaut sind, auf dem anderen System leider verfälscht dargestellt.

Die Webpalette

Um diese Differenzen auszuschalten, wird auf die Webpalette zurückgegriffen. Sie verwaltet 216 Farben. Die Farben dieser Palette werden von allen Webbrowsern unabhängig von der Systemplattform korrekt dargestellt.

Mit dieser Farbanzahl stehen Sie immer auf der sicheren Seite, da ihre Bilder auf jedem Bildschirm gleich dargestellt werden. Da das Farbspektrum stark begrenzt ist und die Farben fest vorgeschrieben sind, sind die Ergebnisse bei Fotografien leider meist nicht zufriedenstellend.

Die Planung Ihres Webauftritts

1

Welche Farb-Paletten sollen verwendet werden?

Wie so oft im Webdesign ist ein Kompromiss der Ausweg aus dem Konflikt. Benutzen Sie die Webpalette immer dann, wenn Sie einfache Grafiken und Buttons erstellen. Bei Fotografien können Sie auf eine flexible 8-Bit-Farb-Palette zurückgreifen oder direkt im TrueColor-Modus arbeiten und die Grafiken mit JPEG komprimieren.

Webgerechte Auflösung

Beim Publizieren von Grafiken und Fotos im Internet müssen Sie – wie bereits erwähnt – immer Dateigrößen und Ladezeiten der Bilder berücksichtigen. Die Grafiken sind zum Betrachten am Bildschirm gedacht und werden in der Regel nicht ausgedruckt. Das bedeutet, dass sich die Auflösung der zu erstellenden Bilder nach der Monitorauflösung richten sollte.

Die Bildschirmauflösung unterscheidet sich je nach Betriebssystem geringfügig. Beim MS-DOS/Windows sind es 96 dpi, beim UNIX/Linux 100dpi und beim Apple Macintosh 72 dpi. Im Internet hat sich die Auflösung von 72 dpi als Quasistandard durchgesetzt. Wählen Sie deshalb bei der Erstellung oder Optimierung von Webgrafiken die Einstellung 72 dpi.

Ppi und dpi

Die Abkürzungen ppi (Pixel per Inch) und dpi (Dots per Inch) beschreiben im Grunde das Gleiche, nämlich die Informationsdichte, gemessen in Pixeln auf einer Distanz von einem Zoll, also 2,54 cm. Je mehr Pixel auf dieser Distanz versammelt sind, desto höher ist die Auflösungqualität. Einige Softwares verwenden die Bezeichnung ppi, andere wiederum dpi – lassen Sie sich nicht davon verwirren.

Das Hexadezimalsystem

Farben werden im Internet mit dem Hexadezimalsystem berechnet. Die RGB-Grundfarben werden dabei nicht mit den Zahlen 0-255 des Dezimalsystems beschrieben, sondern mit den Zahlen 00-FF des Hexadezimalsystems. Die Werte für Rot, Grün und Blau werden direkt als zweistellige Hexadezimalzahlen hintereinander geschrieben.

Ein Blauton mit dem RGB-Wert R 51, G 0, B 51 entspricht dem Hexadezimalwert 330033. Ändern Sie nur den RGB-Blauwert, so ändern sich auch nur die letzten beiden Ziffern des Hex-Werts. Da wir es gewohnt sind, mit dem Dezimalsystem, zu rechnen, das die Zahlen 0 bis 9 beinhaltet, fällt es erst mal schwer, auf das Hexadezimalsystem umzudenken. Das Hexadezimal-System verwendet 16 Zahlen, wobei die ersten Zahlen 0 - 9 genau so dargestellt werden wie im Dezimalsystem – die Zahlen 10 - 15 werden dann mit den Buchstaben A - F beschrieben. Der Farbwert 0 einer Farbe ist demnach 00, der Wert 255 entspricht FF. Photoshop

6 bietet die Möglichkeit, für jeden Farbpixel sowohl die HSB-, Lab-, RGB-, CMYK- als auch die Hexadezimalwerte abzulesen.

1   Starten Sie Photoshop 6 und öffnen Sie ein beliebiges Bild mit *Datei/Öffnen*.

2   Wählen Sie aus der Werkzeug-Palette das Werkzeug Pipette und klicken Sie dann auf eine beliebige Stelle des Bildes.

Nehmen Sie den Farbton eines beliebigen Pixels mit der Pipette auf

3   Klicken Sie nun auf das Feld *Vordergrundfarbe* in der Werkzeug-Palette. Sie gelangen somit zur Dialogbox *Farbwähler*. Im rechten Teil der Dialogbox befinden sich die Werte des ausgewählten Pixels als RGB, CMYK. Im unteren Teil des Fensters befindet sich die Angabe im Hexadezimalmodus. In unserem Beispiel ist es AC111F.

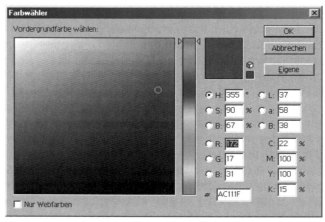

Die Angaben zu dem ausgewählten Pixel befinden sich im rechten unteren Teil des Farbwählers

1.2 Struktur und Layout – Übersicht ist alles

Struktur und Layout gehören unzertrennlich zusammen, sie müssen aufeinander abgestimmt werden. Der wichtigste Aspekt bei der Seitenerstellung ist, die Inhalte Ihrer Website so zu präsentieren, dass der Betrachter schnell einen guten Überblick bekommt. Eine minimalistische, elegante Gestaltung ist zu Gunsten schneller Ladezeiten einem komplexen Layout in der Regel vorzuziehen, denn das schönste Layout macht dem Internetuser keinen Spaß, wenn es zu lange lädt. Die Navigation ist das Herzstück der Seite, sie muss übersichtlich und intuitiv zu bedienen sein. Wenn der User lange überlegen muss, wie er durch die Seiten navigiert, wird er womöglich schnell aufgeben und weitersurfen.

Zielsetzung und Layout

Das Ziel der Website bestimmt das Design. Webseiten, die einen rein informativen Charakter haben und auf langen Texten aufbauen, sollten nicht mit großen Grafiken überladen werden. Sie haben die Aufgabe, schnell und übersichtlich zu gesuchten Informationen zu führen. Auch diese Seiten benötigen allerdings Buttons und Eye-Catcher, die die Struktur der Seite auf einen Blick verständlich machen und die Navigation erleichtern.

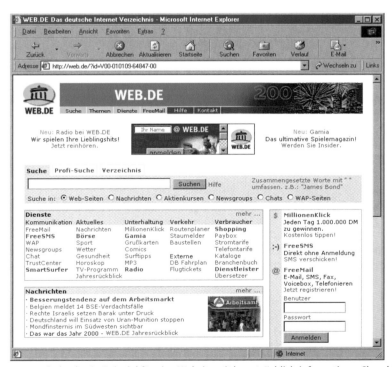

www.web.de als ein Beispiel für eine Website mit hauptsächlich informativem Charakter

Im Gegensatz zu Seiten, deren Hauptaufgabe ist, viele Informationen zu übertragen, stehen solche, die überwiegend Bildinhalte veröffentlichen, wie etwa Bildkataloge. Hierbei sind aufwändige Grafiken das Thema der Webpräsenz.

In solchen Fällen sollte die Navigation dezent, aber verständlich im Hintergrund bleiben. Die Bilder sind die Message, und der User, der diese Seite benutzt, rechnet mit etwas längeren Wartezeiten.

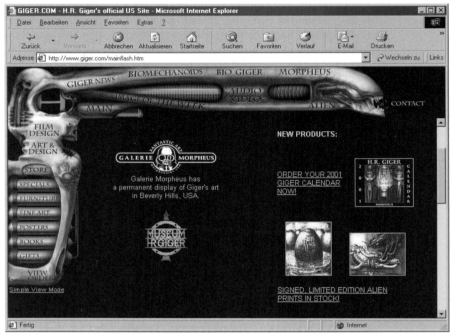

Die Website www.giger.com bietet eine ausgefallene grafische Oberfläche

Die Zielsetzung der meisten Webseiten bewegt sich meistens zwischen den beiden Extremen viele Informationen oder viele Bilder und das wirkt sich auch auf das angestrebte Design aus.

Modelle und Konzepte der Website-Struktur

Zur Navigation auf Ihrer Seite können Sie drei grundsätzlich verschiedene Modelle einsetzen: das Leiter-, das Baum- und das Netzwerkmodell. Diese Modelle sind für ganz unterschiedliche Einsatzgebiete prädestiniert.

Leitermodell

In diesem Modell sind die einzelnen Seiten hierarchisch geordnet. Es eignet sich für Broschüren, kleine Informationsseiten oder Unterseiten einer komplexen Website.

Der Besucher wird über die Seite vom Anfang bis zum Ende geführt. Der Vorteil des Modells liegt darin, dass Sie den Weg vorgeben und so keine Informationen übersehen werden.

In der Praxis eignet sich das Modell ausschließlich für Teile eines großen Projekts, wie lange Interviews. Seiten, die sich überwiegend auf dieses Modell stützen, sind für die Besucher nach kurzer Zeit uninteressant.

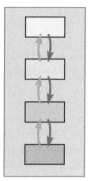

Das Leitermodell ist linear aufgebaut

Baummodell

Dieses Modell geht von einer zentralen Website aus. Der User entscheidet auf der Hauptseite, welchem Thema er sich widmet. Dieses Modell dominiert bei den meisten Websites, weil sie eine gute Übersichtlichkeit bieten und dem User die Wahl lassen, welchen Weg er einschlagen möchte.

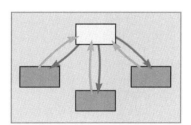

Beim Baummodell können die Seiten von Homepage erreicht werden

Netzwerkmodell

Das Netzwerkmodell verbindet alle Seiten miteinander. Dem Besucher wird ermöglicht, sich völlig frei auf der Internetseite zu bewegen. Damit einzelne Seiten von jeder Stelle abrufbar sind, werden jedoch sehr viele Links benötigt. Bei Netzmodellen besteht die Gefahr, dass sie unübersichtlich werden und der Surfer dabei das „lost in space"-Gefühl bekommt. Gerade bei diesem Modell ist eine intensive Vorausplanung wichtig.

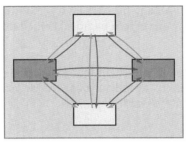

Im Netzwerkmodell sind alle Seiten miteinander verknüpft

Die gerade vorgestellten Grundmodelle vermischen sich in der Praxis. Je nach Thema und Größe der Webseite ist eine unterschiedliche Navigationsstruktur erwünscht.

Als Grundstock der Navigation sollte bis auf Ausnahmen das Baummodell dienen, welches Hyperlinks zu den wichtigsten Themen der Seite beinhaltet. Handelt es sich bei der Website um eine reine Präsentationsseite oder Seiten, die eine lineare Abfolge erfordern, sollte für die Unterseiten das Leitermodell angewendet werden.

Bei großen und sehr verschachtelten Websites, ist ein Tiefenaufbau mit dem Netzwerkmodell von Vorteil. Viele Querverweise sorgen dafür, dass ein User lange auf Ihrer Seite bleibt. Die Einstiegsseite muss jedoch übersichtlich die wichtigsten Themenbereiche ansprechen.

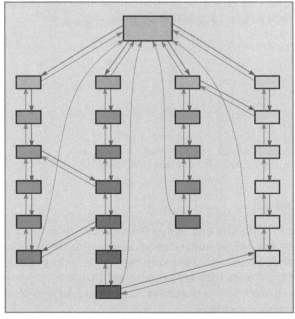

Der typische Aufbau einer Internetseite beinhaltet Teile aller Modelle

Neun Gebote für die Arbeit mit dem Web

» Gute Domain-Namen finden

Viele User geben auf gut Glück einen Domain-Namen in die Adresszeile des Browsers ein, um bestimmte Websites zu finden. Je logischer der Name Ihrer Domain ist, desto höher ist die Wahrscheinlichkeit, dass die Website gefunden wird. In der Praxis zeigt sich, dass sehr lange Domain-Namen ungern eingegeben werden. Das Gleiche gilt für Bindestriche. Mittlerweile gibt es leider so viele Domains, dass viele Namen bereits reserviert sind.

» Dateinamen richtig einsetzen

Die aktuellen Betriebssysteme bieten die Möglichkeit, lange Dateinamen jenseits der 8+3-Konvention zu verwenden – auch Umlaute sind mittlerweile möglich. Leider kann dies beim Webdesign zu Problemen führen, da einige Server andere Betriebssysteme wie beispielsweise UNIX nutzen. UNIX ist in der Lage, Groß- und Kleinschreibung zu unterscheiden.

Um Probleme mit anderen Servern zu vermeiden, ist es sinnvoll, sämtliche Dateinamen klein zu schreiben und die von MS-DOS bekannte 8+3-Regel einzusetzen. Wenn Sie acht Zeichen für den Dateinamen und drei Zeichen für die Dateierweiterung – das Suffix verwenden – und Umlaute und Sonderzeichen vermeiden, sind Sie grundsätzlich auf der sicheren Seite.

» Print- und Webdesign müssen sich nicht gleichen

Häufig blockiert man die eigene Kreativität, indem man versucht, die vom Printdesign bekannten Arbeitsweisen auch auf das Web zu übertragen. Lösen Sie sich von dieser Vorstellung, bedenken Sie die Interaktivität des Internets und setzen Sie Animationen gezielt als Eye-Catcher ein.

» Nicht zu technisch werden

Die Maxime „Never change a running system" widerspricht wohl dem technischen Fortschreiten, ist aber nicht völlig von der Hand zu weisen. Technische Neuerungen können echte Vorteile bringen, aber sie sollten nicht sofort eingesetzt werden. Wenn man Seiten ausschließlich auf Features wie JavaScript, CSS oder Flash-Animationen stützt, besteht die Gefahr, dass Webuser, die ältere Browser-Versionen nutzen, Probleme mit dem Aufbau der Seite haben. Mit sauberem HTML Code und richtig optimierten Grafiken erstellen Sie oft bessere, weil zuverlässigere Seiten. Sie erreichen so die große Surferschicht.

» Weniger ist manchmal mehr

Arbeiten Sie einzelne Seitenblöcke Stück für Stück aus, bevor Sie sie veröffentlichen. Internetuser sind schnell entnervt, wenn sie in der Hoffnung, interessante Informationen zu finden, einen Link anklicken und dann die Meldung „Under Construction" vorfinden. Übersicht ist mehr als 1.000 Features.

» Die Wichtigkeit der einzelnen Seiten im Auge behalten

Es kann durchaus passieren, dass man sich an grafischen Details festbeißt und dabei die Wichtigkeit der Hauptseiten vergisst. Je bedeutungsvoller ein Projektteil ist, desto mehr Zeit sollte ihm zugute kommen.

» Seiten im Praxis-Test

Testen Sie Ihre Website unter verschiedenen Bildschirmauflösungen und Browsern. Lassen Sie Ihre Website auch von Bekannten genau prüfen, um Problemen auf die Spur zu kommen.

» Achten Sie auf eine einheitliche Gestaltung

Corporate Design ist das große Stichwort beim Gestalten. Einzelne Seitenblöcke und Grafiken sollten ein einheitliches Bild ergeben, damit Ihre Website Wiedererkennungswert erhält.

» Ideen notieren

Bei der Vorarbeit an Ihrer Website werden Ihnen immer wieder Ideen kommen, die Sie eventuell verwirklichen möchten. Lassen Sie sich inspirieren, erstellen Sie Screenshots toller Websites. Notieren Sie all diese Ideen, die Kombination daraus ergibt später das runde Gesamtbild.

1.3 Tabellen und Frames – die grundlegenden Gestaltungselemente

Mit reinem HTML-Code ist es schwierig, komplexe Seiten zu gestalten. Deshalb sind bei der Verwendung vieler grafischer Elemente Werkzeuge notwendig, die das Layouten vereinfachen. Hierzu dienen HTML-Editoren wie beispielsweise Macromedia Dreamweaver. Die wichtigsten Mittel innerhalb dieser Editoren sind Tabellen und Frames.

Die Tabellen erlauben Ihnen eine fast beliebige Aufteilung der Grafik- und Textelemente auf einer Seite. So schreibt Photoshop bei der Speicherung von Grafiken, die in Slices unterteilt sind, einen HTML-Code, in dem die Slices in einer Tabelle angeordnet sind und zu einer Grafik zusammengefügt werden. Die Frames geben Ihnen die Möglichkeit, die einzelnen Seiten flexibel miteinander zu verbinden, und helfen, starre buchähnliche Strukturen aufzulösen.

Übersichtliche Seitengestaltung mit Tabellen

Die HTML-Sprache wurde in den letzten Jahren um Befehle erweitert, die eine direkte Platzierung von Objekten im Dokument unterstützen. Dabei hebt sich vor allem die Spracherweiterung CSS ab.

Mithilfe von CSS ist es endlich möglich, mit HTML Bilder exakt zu positionieren. Da bei der Entwicklung vieler Befehle von CSS Unterschiede zwischen den beiden führenden Browsern Microsoft Internet Explorer und Netscape Navigator bestehen, konzentrieren Sie sich im Moment noch auf die HTML-Standards.

CSS wird aber in der nächsten Zeit immer mehr an Bedeutung gewinnen. Tabellen übernehmen die Funktion von Platzhaltern. Da der Rahmen unsichtbar gemacht wird, können in den einzelnen Zeilen und Spalten Texte und Grafiken eingesetzt werden.

CSS –Cascading Style Sheets

CSS bietet den Webdesignern zum ersten Mal die Möglichkeit, Websites fast so frei zu gestalten, wie sie es aus Layout-Programmen gewöhnt sind. Texte und Bilder können frei positioniert werden, wobei sie sich überlappen dürfen. Weiterhin sind genaue Textformatierungen von Schriftart, -größe und Absatzabständen möglich. CSS wird sich in der Zukunft immer stärker durchsetzen.

Der einfache Grundaufbau einer Tabelle

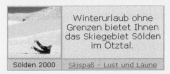

Die fertige Tabelle in der Browser-Ansicht

Die Planung Ihres Webauftritts **1**

Zur Verdeutlichung, was hinter den Kulissen passiert, haben wir hier den HTML-Code der Tabelle dargestellt. Die erste Zeile des Codes beschreibt die Gesamtbreite der Tabelle und die Stärke des Rahmens.

Der erste Sektor <tr> bis </tr> (tr = table row) definiert die Größe der ersten Tabellenzeile sowie deren Inhalt. Der zweite Sektor beschreibt entsprechend die untere Tabellenzeile.

```
<table width="300" border="1">
    <tr>
        <td width="100" height="100">
            <div align="center">BILD</div>
        </td>
        <td width="200" height="100">Platz für eine Bildbeschreibung, Platz für eine
        Bildbeschreibung, Platz für eine Bildbeschreibung, Platz für eine Bild-
        beschreibung</td>
    </tr>
    <tr>
        <td width="100" height="20">
            <div align="center">Titel</div>
        </td>
        <td width="200" height="20">
            <div align="right">Weitere Angaben</div>
        </td>
    </tr>
</table>
```

Flexibles Layout und Struktur mit Frames

Frames unterteilen ein einzelnes Browserfenster in mehrere Abschnitte. In jedem dieser Abschnitte kann eine einzelne HTML-Seite angezeigt werden. Damit ergeben sich viele Möglichkeiten vor allem als Navigations- oder Strukturierungshilfe.

Die Frames fordern gleichzeitig den Designer einer Webseite, denn durch Frames wird der Spielraum für das Layout stark erweitert. Es ist möglich, bestimmte Teile der Seite auszutauschen, nachdem der User einen Link angeklickt hat, während andere Bereiche sich nicht verändern.

Dies bedeutet, dass ein Konzept vorbereitet werden muss, in dem der Ablauf festgelegt wird. Zugleich erwachsen aus einer Unterteilung des Projekts in mehrere Bildschirme Probleme, die im Folgenden erläutert werden.

Die allermeisten Websites arbeiten mit Frames – sie werden in dieser Abbildung durch die grünen Linien dargestellt. Wie Sie Frames, wie in diesem Beispiel, unsichtbar machen, erfahren Sie in Kapitel 4

Nachteile von Frames

Der Einsatz von Frames will gut überlegt sein. Neben den vielen Vorteilen sind Frames mit mancherlei Nachteilen besetzt:

Zu viele, falsch platzierte oder zu breite Frames führen zu einer Überladung des Bildschirmes mit Informationen. Wird der Bildschirm in zu viele Frames eingeteilt, so kann es vorkommen, dass vor allem User, die mit einer geringen Auflösung von 800 x 600 Pixel arbeiten, nur einen kleinen Ausschnitt des Hauptframes sehen. Sie sollten sich deshalb bei der Planung der Website auf wenige, etwa zwei bis drei, Frames beschränken, also den Hauptframe und ein bis zwei Navigationsframes.

Ein Problem, das kaum behoben werden kann, sind die Suchmaschinen. Diese können mit Frames nicht gut umgehen. Wird eine Ihrer Seiten gefunden, zeigen die Suchmaschinen den direkten Verweis zu dieser Seite. Die Navigationsframes werden dabei nicht berücksichtigt.

Im Extremfall bedeutet das, dass der Besucher nur dieses eine Dokument aufrufen kann, da ihm die Seitennavigation nicht zu Verfügung steht. Um dieses Problem zu minimieren, sollte auf jeder Seite ein direkter Link zu Ihrer Hauptseite eingebunden werden, von wo aus der Besucher ihre gesamte Website besichtigen kann.

Wo und wann sollen Frames eingesetzt werden?

Mit dem Blick auf die Eigenschaften und Probleme der Frames sollte immer die Frage gestellt werden: Brauche ich unbedingt noch einen zusätzlichen Frame oder kann ich auf diesen verzichten, ohne das Seitendesign zu benachteiligen.

Grundsätzlich gilt: Benutzen Sie die Frames in Fällen, bei denen Sie nicht auf eine andere, einfachere Art das gleiche Ergebnis erzielen können. Beschränken Sie sich auf wenige gut überlegte und platzierte Frames, die als Navigationshilfe dienen sollen.

Bei sehr kleinen Websites, den so genannten Visitenkarten, kann auf das Feature Frame verzichtet werden. Komplexe Websites mit vielen Themenbereichen und Unterprojekten kommen dagegen ohne eine Aufteilung des Bildschirms nicht aus. Über gut gestaltete Navigationsleisten kann der Besucher direkt auf alle wichtigen Teile der Website zugreifen.

Das weitere Unterteilen des Hauptframes erscheint bis auf Ausnahmen übertrieben. Wichtige Informationen können in der Vielzahl von Bildschirmbereichen untergehen.

2. Bilder optimieren – Farbkorrektur und Retusche

Bilder, die aus dem Scanner bzw. der Digitalkamera stammen, sind oft noch nicht ganz perfekt. Ausschnitt und Auflösung müssen an das Layout angepasst werden und nicht ganz optimale Lichtverhältnisse lassen Farbstiche, Über- bzw. Unterbelichtung entstehen.

Der Scanvorgang verursacht häufig einen gewissen Schärfeverlust. In diesem Kapitel erfahren Sie nicht nur, wie Sie Farben und Kontrast ausgleichen, sondern auch wie Staub, Kratzer oder Moirés entfernt werden.

2.1 Ins richtige Format gebracht

Wenn Sie an die Arbeit für Ihre Website gehen, liegen die dafür vorgesehenen Bilder wahrscheinlich in ganz unterschiedlichen Formaten und Varianten vor. Einige Vorlagen müssen zunächst eingescannt werden, andere beziehen Sie vielleicht aus Datenbeständen, die eigentlich für klassische Druckverfahren vorgesehen waren und somit im TIF- oder EPS-Format vorliegen.

Halbtonbilder wie Fotografien lassen sich am besten im JPEG-Format im Internet publizieren. Das hängt mit den speziellen Komprimierungsalgorithmen zusammen.

Welche Formate noch im Web Verwendung finden und bei welchen Motiven sie am besten eingesetzt werden, erfahren Sie in Kapitel 3 „Optimieren von Bildern fürs Web". In diesem Abschnitt machen Sie zunächst eine für den Druck vorgesehene Datei webfähig.

EPS

EPS ist die Abkürzung für **E**ncapsulated **P**ost**S**cript – Dateien, die aus einem PostScriptfähigen Programm exportiert wurden und in anderen Programmen wie z. B. Layout-Programmen platziert werden können. Sie können nur begrenzt weiterverarbeitet werden. Der Begriff Encapsulated – also verkapselt – beschreibt, dass vor und nach der eigentlichen PostScript-Beschreibung wichtige Dateiinformationen gespeichert werden. Im Web können EPS-Dateien nicht platziert werden, das Format wird nicht von den gängigen HTML-Editoren unterstützt.

Um das gesamte Szenario der Anpassung darzustellen, haben wir eine Beispiel-datei gewählt, die zuvor für den konventionellen Druck als EPS im CMYK-Modus mit 300 dpi gespeichert wurde. Die Bildgröße beträgt 8,5 x 5,5 cm. Für das Web soll es nach diesem Projekt als JPEG im RGB-Format mit einer Auflösung von 72 dpi und in einem Ausschnitt von 7 x 4 cm vorliegen. Zunächst muss die Datei in das richtige Farbformat gebracht werden:

Diese Beispieldatei soll für das Internet aufbereitet werden

1 Öffnen Sie ein Bild, das im CMYK-Modus vorliegt. Wählen Sie *Bild/Modus/ RGB*. In der Kopfzeile der Datei zeigt Photoshop Ihnen sofort den aktuellen Modus an. Wenn Sie mit *Bild/Bildgröße* die Datenmenge kontrollieren, wer-den Sie feststellen, dass die Modusumwandlung bereits Speicherplatz spart, denn jetzt müssen nur noch drei statt vier Farbkanäle beschrieben werden.

2 Da das RGB-Format in der Lage ist, stärker gesättigte Farben zu verwalten, können Sie nach der Modusumwandlung die Sättigung wieder erhöhen. Wählen Sie *Bild/Einstellen/Farbton/Sättigung* und verschieben Sie den Reg-ler *Sättigung* etwa auf den Wert *+15* und bestätigen Sie die Dialogbox. Die Farben erhalten so mehr Leuchtkraft.

Features im RGB-Modus

Wundern Sie sich nicht, wenn Sie bei einem CYMK-Bild viele Photoshop-Features nicht anwenden können. Filter wie z. B. die Be-leuchtungseffekte sind nur im RGB-Modus einsetzbar. Die ganze Bandbreite an Möglichkeiten stellt Photoshop nur im RGB-Modus zur Verfügung.

Bildgröße und Auflösung anpassen

Im Menü *Bild* finden Sie die nötigen Funktionen, um Bildgröße, Auflösung und Ausschnitt einzustellen. Im hinteren Abschnitt dieses Kapitels erfahren Sie, wie Sie dies alternativ mit dem Freistellungs-Werkzeug vornehmen.

Dateien vergrößern: nur im Notfall

Glücklicherweise sind Dateien, die für den Druck vorgesehen sind, meist so hoch aufgelöst, dass es keiner Vergrößerung Bedarf – im Gegenteil, in der Regl muss die Gesamtpixelzahl verringert werden. Vermeiden Sie, wenn irgend möglich, Vergrößerungen von Bildern, die über 130 % hinausgehen. Photoshop bemüht sich zwar – je nach Interpolationsmethode –, möglichst unauffällig Bildpixel einzufügen, aber das Ergebnis ist grundsätzlich schlechter als das Original. Das Bild wirkt unscharf und weniger brillant.

1 Rufen Sie mit *Bild/Bildgröße* die zugehörige Dialogbox auf. Im oberen Bereich dieser Dialogbox zeigt Ihnen Photoshop die Pixel-Gesamtzahl. Wenn Sie das Kontrollkästchen *Bild neu berechnen mit* aktiviert haben, können Sie die Anzahl der Gesamtpixel nach Belieben ändern, Photoshop errechnet dann beim Vergrößern neue Pixel in das Bild bzw. löscht Pixel, wenn sie die Datei verkleinern möchten. Im Bereich *Dateigröße* können Sie auswählen, welche Maßeinheit Sie angezeigt bekommen möchten, und die neue Auflösung bestimmen. Geben Sie in das Feld *Auflösung* den Wert *72 dpi* ein, da dies zur Zeit und wohl auch in naher Zukunft die Standardauflösung im Web darstellt.

2 Aktivieren Sie das Kontrollkästchen *Proportionen beibehalten*. Dadurch wird verhindert, dass das Bild verzerrt wird. Klicken Sie außerdem das Kontrollkästchen *Neu berechnen mit:* an und wählen Sie die Interpolationsmethode *Bikubisch* – dies ist die beste Methode für das Berechnen von Fotografien. In Unterkapitel 2.2 erfahren Sie Details zu den drei Interpolationsmethoden. Bestätigen Sie die Dialogbox mit *OK*. Die neue Auflösung wird errechnet. Übrigens werden in Alphakanälen gespeicherte Auswahlmasken, Ebenen und Pfade auch entsprechend neu berechnet. Alphakanäle werden in Bilddateien zusätzlich zu den Farbkanälen gespeichert.

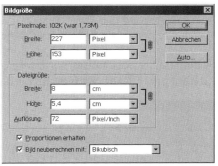

Mithilfe der Dialogbox Bildgröße passen Sie Dateigröße und Auflösung an Ihre speziellen Anforderungen an

Alpha-Kanäle

Alpha-Kanäle werden in Photoshop als Zusatzkanal zu den Farbkanälen gespeichert. Bildbearbeitungsprogramme erstellen Alphakanäle, wenn Sie eine Auswahl sichern. Die Informationstiefe beträgt 8 Bit, d. h., Sie können 256 Auswahlintensitäten speichern. Die Dateigröße erhöht sich durch das Speichern von Alphakanälen um die Datenmenge, die eine Graustufendatei dieser Größe benötigen würde.

Beschneiden mit dem Menübefehl Arbeitsfläche

Das Beispielbild passt noch nicht in das Gestaltungsraster der Website. Mithilfe der Dialogbox *Arbeitsfläche* wird das Bild im Folgenden beschnitten.

1 Wählen Sie *Bild/Arbeitsfläche*. Anhand dieser Dialogbox können Sie Bilder entweder beschneiden oder die Arbeitsfläche erweitern, um beispielsweise einen Schatten oder Rahmen um das Motiv anzulegen. Wählen Sie die Maßeinheit aus, mit der Sie arbeiten. In diesem Fall wurde cm gewählt und in das Feld Breite der Wert 7 cm und in das Feld Höhe 4 cm eingegeben. Im Bereich *Position* finden Sie neun Stützpunkte. Mit einem Mausklick auf eines der neun Felder fixieren Sie einen Stützpunkt, von dem aus die Erweiterung bzw. Beschneidung ausgeht. Da dieses Bild an allen Seiten gleichmäßig beschnitten werden soll, wurde der mittlere Stützpunkt angeklickt. Bestätigen Sie mit *OK*, sodass das Bild beschnitten wird.

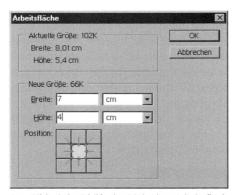

Das Bild wird mithilfe der Dialogbox Arbeitsfläche auf die Größe 7 × 4 cm beschnitten

2 Immer dann, wenn die Arbeitsfläche beschnitten wird, weist Photoshop Sie mit einer Warnmeldung darauf hin. Klicken Sie hier auf *Fortsetzen*.

Wird die Arbeitsfläche verkleinert, warnt Photoshop Sie mit dieser Meldung

2

Farbkorrektur und Retusche

Vergrößern der Arbeitsfläche

Wenn Sie die Arbeitsfläche einer Datei vergrößern, fügt Photoshop auf der Hintergrundebene automatisch Pixel in der zuvor definierten Hintergrundfarbe an. Achten Sie also vor dieser Operation auf die Farbeinstellung. Die neuen Bereiche aller anderen Ebenen bleiben transparent.

Bilder mit dem Freistellungs-Werkzeug berechnen

Wenn Sie für Ihre Website gleich mehrere Bilder zuschneiden und neu berechnen möchten, verwenden Sie dazu das Freistellungs-Werkzeug. Es hilft Ihnen, Bilder mit gleicher Auflösung und exakten Proportionen in Serie herzustellen.

1 Aktivieren Sie das Freistellungs-Werkzeug. Es befindet sich in der Werkzeug-Palette an dritter Position von oben links und ist auch mit dem Shortcut ⓒ auf Ihrer Tastatur anzusprechen. In der neuen Eigenschaftsleiste von Photoshop erscheinen daraufhin Optionsfelder zum Definieren der Freistell-Funktion. Geben Sie in die Felder *Breite, Höhe* und *Auflösung* die gewünschten Werte ein.

Wenn Sie die gewünschte Dateigröße bei aktivem Freistellungs-Werkzeug in der Eigenschaftsleiste eingeben, wird jedes Bild, das Sie anschließend beschneiden, genau auf diese Größe gerechnet

Abdecken nicht ausgewählter Bereiche

Beim Freistellung-Werkzeug hat Photoshop 6 eine weitere positive Eigenschaft bekommen. Nicht ausgewählte Bereiche werden abgedunkelt, wobei die Deckkraft wählbar ist. Eine gute Hilfe zum Beurteilen des neuen Ausschnitts. Die Option kann für besondere Fälle deaktiviert werden. Sobald Sie das Werkzeug verwenden und einen Markierungsrahmen aufziehen, verändert sich die Eigenschaftsleiste. Hier können Sie daraufhin Deckkraft und Farbe der Maske bestimmen.

2 Wenn Sie jetzt mit dem Freistellungs-Werkzeug einen Markierungsrahmen in der Datei aufziehen, ist dies nur innerhalb der eingestellten Proportionen möglich. Klicken Sie doppelt innerhalb dieses Markierungsrahmens, um den Freistell-Vorgang auszulösen. Photoshop beschneidet das Bild nicht nur, es wird auch in die vorgegebene dpi-Zahl umgerechnet. Mit dieser Methode können Sie sehr schnell eine ganze Reihe von Bildern auf das gewünschte Maß bringen.

Das Freistell-Werkzeug lässt nur Markierungen innerhalb der Proportionen zu, die Sie zuvor in der Eigenschaftsleiste definiert haben

Proportionen und Auflösung übernehmen

Liegt Ihnen ein Bild schon in den richtigen Dimensionen vor, die Sie anschließend auf alle anderen Bilder anwenden möchten, können Sie die Einstellungen dieses Bildes für weitere Bilder übernehmen.

1 Öffnen Sie das Bild, aktivieren Sie das Freistellungs-Werkzeug und klicken Sie in der Eigenschaftsleiste auf die Schaltfläche *Vorderes Bild* – die Bilddaten werden in die Eigenschaftsleiste übernommen. Wenn Sie jetzt weitere Bilder öffnen und das Freistellungs-Werkzeug benutzen, wird dieses mit den definierten Angaben beschnitten.

Wenn Sie mit der Arbeit dieser Bilder fertig sind, klicken Sie unbedingt in der Eigenschaftsleiste die Schaltfläche *Löschen*, anderenfalls könnte es passieren, dass Sie diese Einstellungen unbeabsichtigt auf Bilder eines anderen Projekts anwenden.

Als JPEG speichern

Wie oben bereits erwähnt, werden Fotografien in der Regel am besten als JPEG komprimiert. Woran das liegt, lesen Sie detailliert in Kapitel 3.2. Sie haben in Photoshop seit der Version 6.0 zwei Möglichkeiten, Dateien zu speichern.

Einerseits mit der herkömmlichen Methode *Datei/Speichern unter*. Hierbei erhalten Sie aber weniger Einstellungsmöglichkeiten, als wenn Sie mit der neuen Variante *Für Web speichern* arbeiten.

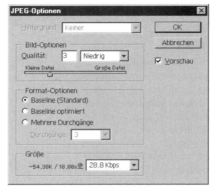

Diese Dialogbox erscheint, wenn Sie Datei/Speichern unter mit der Dateiart JPEG wählen

1 Wählen Sie *Datei/Für Web speichern*. Klicken Sie auf das Registerblatt *2fach*. Wählen Sie aus dem Listenfeld *Optimierungsformat* den Eintrag *JPEG*. Geben Sie in das Feld *Qualität* den Wert *45* ein.

Unterhalb des Vorschaufensters zeigt Ihnen Photoshop die Anzeigedauer von 2 Sekunden. Das Feld *Weichzeichnen* können Sie vernachlässigen, da selbst bei höchster Weichzeichnung keine Verringerung der Anzeigedauer erreicht wird.

2 Bestätigen Sie die Eingaben mit der Schaltfläche *OK*. Sie erhalten den Dialog zum Speichern der Datei.

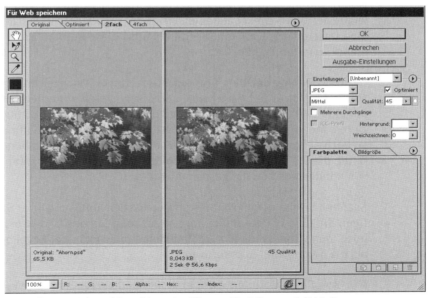

Der Dialog Für Web speichern bietet detailliertere Einstellungsmöglichkeiten

JPEG nicht mehrmals speichern

Achtung: Switchen Sie nicht zwischen verschiedenen Dateiformaten hin und her, wenn diese nicht verlustfrei komprimieren. Wenn Sie eine TIF-Datei als PSD abspeichern, um mit mehreren Ebenen arbeiten zu können und nach dem Verschmelzen der Ebenen wieder als TIF sichern, ist das kein Problem. Die Bildpixel werden 1:1 übernommen. Anders ist das bei Dateiformaten, deren Kompression beispielsweise durch Weichzeichnung Datenverluste erzeugt. Wenn Sie ein TIF zur Veröffentlichung im Internet als JPEG speichern, diese Datei etwa als Ebene einer PSD-Datei einfügen und dann wieder als JPEG ablegen, kommt es je nach Kompressionsstärke zu starken Qualitätsverlusten. Bedenken Sie dies bei der Planung Ihrer Website.

Schwieriger Fall: Scannen gedruckter Vorlagen

Es kommt vor, dass Vorlagen für die Bebilderung von Websites aus bereits gedruckten Publikationen – beispielsweise Katalogen – stammen. In diesem Fall ist viel Optimierungsarbeit gefragt, denn durch das Scannen gedruckter Bilder entstehen störende Muster, so genannte Moirés.

Diese Moirés entstehen immer dann, wenn sich zwei Muster überlagern – der Grund, warum TV-Moderatoren keine gestreiften Anzüge tragen, denn auch hier würde der Moiré-Effekt entstehen. Viele Scansoftwares verfügen mittlerweile über eine Descreening-Funktion, allerdings führt diese automatische Methode nicht immer zu guten Ergebnissen.

Das Descreening bewirkt mitunter eine zu starke Weichzeichnung. Die sicherste Methode, Moirés bei geringem Qualitätsverlust zu entfernen, ist, die Vorlagen mit hoher Auflösung zu scannen und dann in Photoshop die Auflösung zu reduzieren. Merken Sie sich als Faustregel, dass das Bild etwa fünfmal so groß bzw. so hoch aufgelöst gescannt werden sollte, als es tatsächlich benötigt wird. Eine Datei, die Sie für das Web mit 72 dpi benötigen, sollte also mit einer Auflösung von mindestens 360 dpi gescannt werden.

Scannen Sie mit der maximalen physikalischen Auflösung Ihres Scanners. Benötigen Sie eine höhere Auflösung, so rechnen Sie das Bild direkt in Photoshop hoch, denn Photoshops Interpolationsmethode ist in der Regel besser geeignet als die der meisten Scansoftwares.

Möchten Sie Graustufenbilder erstellen und verwenden aber Farbvorlagen, so scannen Sie diese zunächst auch im Farbmodus – auch hier gilt: Photoshop bekommt die Umwandlung oft besser hin als die Scansoftware.

Außerdem haben Sie bei dieser Technik die Möglichkeit, vor der Graustufenumwandlung noch bestimmte Farben beispielsweise mit *Farbton & Sättigung* oder

Selektiver Farbkorrektur zu verstärken oder abzuschwächen. Ist eine Vorlage zu dunkel, so hellen Sie diese bereits beim Scannen auf, denn einmal verschluckte Details können auch die leistungsstarken Korrekturwerkzeuge von Photoshop nicht wieder herausarbeiten.

Solche Moirés entstehen durch die Überlagerung zweier Raster

In diesem Beispiel soll ein CD-Cover gescannt werden, das später sowohl für einen Flyer als auch für die Website des Künstlers eingesetzt werden soll. Die Aufbereitung des Covers für das Web ist unproblematisch.

Es muss lediglich mit den eben erwähnten 360 dpi gescannt werden, dann auf 72 dpi heruntergerechnet und anschließend leicht geschärft werden. Schwieriger ist es, das Cover für den erneuten Druck im Flyer zu optimieren, da hier keine so starke Datenreduktion möglich ist. Gehen Sie wie folgt vor:

1 Scannen Sie eine Vorlage mit einer beliebigen Software – in diesem Fall ein CD-Cover im Format 12 x 12 cm – in Originalgröße mit einer Auflösung von 600 dpi ein, da die Vorlage nicht nur für das Web verwendet werdensoll.

2 Um die Rasterpunkte schon vor der Datenreduktion zu glätten, bearbeiten Sie das Bild einmal mit *Filter/Weichzeichnungsfilter/Weichzeichnen*.

3 Rufen Sie den Befehl *Bild/Bildgröße* auf und geben Sie in das Feld *Breite* den benötigten Wert, 6 cm, ein. Achten Sie darauf, dass die beiden Kontrollkästchen *Proportionen erhalten* und *Neu berechnen mit Bikubisch* aktiviert sind. Verringern Sie die *Auflösung* auf *300 dpi* und bestätigen Sie mit *OK*.

4 Nach der Neuberechnung ist das Moiré verschwunden. Da diese Operationen eine Weichzeichnung bewirkt haben, verwenden Sie als Finish den Befehl *Filter/Scharfzeichnungsfilter/Unscharf maskieren*. Stellen Sie eine *Stärke* von *50 %* bei einem *Radius* von *1 Pixel* und den *Schwellenwert 0* ein.

Gerettet – durch das Reduzieren der Datenmenge und den Einsatz der Filter ist das Moiré verschwunden

Den Menübefehl Filter verblassen einsetzen

Beim Schärfen ehemals moiré-haltiger Bilder ist Vorsicht geboten, da das ungeliebte Moiré dabei wieder zum Vorschein kommen kann. Sollte dies der Fall sein, müssen Sie nicht die gesamte Scharfzeichnung widerrufen. Der Befehl *Bearbeiten/Verblassen: Unscharf maskieren* gibt Ihnen die Möglichkeit, den Filter um genauso viel Prozent zu reduzieren, dass das Moiré gerade noch unsichtbar bleibt. Dieser Befehl passt sich automatisch dem zuletzt verwendeten Filter an. In der Version 5.0 befand sich diese Funktion übrigens im Menü *Filter*, jetzt in der Version 6.0 finden Sie sie im Menü *Bearbeiten*.

lpi

(**L**ines **p**er **I**nch) ist eine Maßeinheit aus dem Printsektor. Sie gibt an, wie fein oder grob das Raster ist, mit dem ein Halbtonbild gedruckt wird. Je höher die lpi-Auflösung, desto feiner ist das Raster. Wie fein dieses Raster sein darf, hängt von Druckverfahren und Papier ab. Je hochwertiger ein Papier ist, desto feiner darf die Rasterfrequenz sein. Kunstdrucke werden mit bis zu 200 lpi gedruckt. Die wohl am häufigsten verwendete Auflösung ist 150 lpi, die allermeisten Publikationen – Bücher, Broschüren, CD-Covers – werden mit dieser Rasterfrequenz gedruckt. Da Zeitungspapier aufgrund seiner Beschaffenheit stark Farbe aufsaugt, sind hier oft geringere Rasterfrequenzen zwischen 75 und 100 lpi nötig. Im Siebdruck sind noch kleinere Rasterfrequenzen gebräuchlich.

Moirés in Farbkanälen

Wenn Sie sich die einzelnen Farbkanäle der Bilddatei in der Kanäle-Palette *(Fenster/Kanäle einblenden)* anschauen, fällt auf, dass das Moiré von Kanal zu Kanal völlig unterschiedlich stark ausfällt. Dies hängt mit den verschiedenen Rasterwinkelungen zusammen, die beim Druck für die einzelnen Farben verwendet wurden. Diagonale Linien werden schlechter erkannt als waagerechte. Da Gelb in der Regel mit einem geringen Rasterwinkel – meist 0° – gedruckt wird, wird dieser Kanal auch am besten erkannt und erzeugt das deutlichste Moiré. Im RGB-Modus kommt dies dann im Blau-Kanal zum Tragen. Daher führt es oft zu guten Ergebnissen, wenn man die einzelnen Kanäle mit unterschiedlich starken Weichzeichnungen versieht. Diese Technik ist besonders hilfreich, wenn eine starke Reduktion der Datenmenge durch zu kleine Vorlagen nicht möglich ist. Die Stärke des Moirés ist übrigens auch von der Rasterweite der Vorlage abhängig. Ein Kunstdruck, der mit ca. 170 lpi gedruckt wurde verursacht nicht so starke Moirés wie etwa die Vorlage aus einer Zeitungs, die mit 90 lpi gedruckt wurde.

2

Farbkorrektur und Retusche

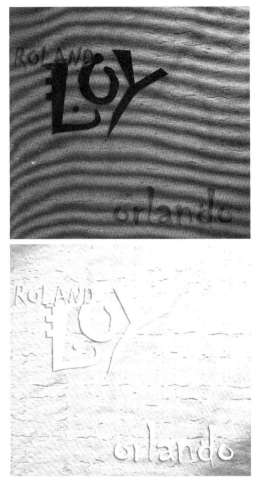

Die Moiré-Wirkung ist in den einzelnen Farbkanälen bedingt durch die Rasterwinkel völlig unterschiedlich

2.2 Verschiedene Interpolationsmethoden

Beim Skalieren, also Vergrößern und Verkleinern, ist es nötig, neue Pixel in das Bild einzurechnen bzw. vorhandene Pixel zu entfernen. Dies geschieht durch Interpolation. Die gewählte Interpolationsmethode bestimmt, auf welche Weise die Bildpunkte neu berechnet werden. Photoshop bietet Ihnen drei verschiedene Interpolationsmethoden an: *Pixelwiederholung*, *Bilinear* und *Bikubisch*.

Pixelwiederholung ist die schnellste aller Interpolationsmethoden. Hierbei wird kein Anti-Aliasing-Effekt verwendet – also keine Glättung von Kanten. Sie sparen mit dieser Methode zwar Rechenzeiten, aber in Bildern entsteht bei Verwendung dieser Methode schnell ein Treppcheneffekt. Diese Methode verwenden Sie am besten, wenn Sie Bilder mit waagerechten und senkrechten Linien skalieren.

Die Methode *Bilinear* erzeugt eine mittlere Qualität. Hierbei werden Mittelwerte benachbarter Pixel errechnet.

Bikubisch ist die für die meisten Bilder am besten geeignete Methode. Die Neuberechnung dauert zwar am längsten, geht aber auch am schonendsten mit den Bildern um. Sie erzielen hiermit bei Fotos die beste Qualität, daher ist es sinnvoll, diese Methode als Standard zu definieren.

Das Skalieren von Bildern geht im Grunde immer mit einem Qualitätsverlust einher – bei hoch aufgelösten Bildern weniger als bei niedrig aufgelösten. Es empfiehlt sich daher anschließend immer eine leichte Schärfung mit *Filter/Scharfzeichnungsfilter/Unscharf maskieren*. Möchten Sie eine Interpolationsmethode als Standard definieren, wählen Sie *Bearbeiten/Voreinstellungen/Allgemeine*. In der darauf folgenden Dialogbox wählen Sie aus dem Listenfeld *Interpolation* die gewünschte Methode.

Von links nach rechts wurden diese Beispiele mit den Interpolationsmethoden Pixelwiederholung, Bilinear und Bikubisch berechnet

2.3 Staub und Kratzer retuschieren

Es kommt in der Praxis nicht selten vor, dass Sie Vorlagen für den Druck und das Internet erhalten, die durch Staub und Fusseln beeinträchtigt sind.

Bei dem hier als Beispiel verwendeten Bild haben wir zur besseren Verdeutlichung allerdings noch etwas nachgeholfen.

Das Original: Anhand dieses Bildes werden die Auswirkungen der verschiedenen Störungs-Filter dargestellt

Die automatischen Methoden

Gerade wenn es wieder mal schnell gehen muss, sind die automatischen Staubentsorger von Photoshop ein Segen. Leider wirken die Methoden je nach Art der Verschmutzung unterschiedlich und es gibt keine „Patentmethode" zum Entfernen von Fusseln oder Kratzern. Wann welche Methode wie wirkt, erfahren Sie hier:

Störungen entfernen

Bei Verwendung dieses Filters recherchiert Photoshop innerhalb des gesamten Bildes bzw. der von Ihnen erstellten Auswahl Pixel mit starkem Kontrast, wie etwa Kanten, diese werden von der Bearbeitung ausgeschlossen.

Alle anderen Bereiche werden weichgezeichnet, wodurch Störungen entfernt werden können. Dies funktioniert leider nur bei kleinen Verschmutzungen.

Der Filter Störungen entfernen hilft bei diesem Beispiel wenig, da die Partikel zu groß sind, lediglich kleine Staubteilchen werden entfernt

Staub und Kratzer entfernen

Bei Verwendung dieses Filters ermittelt Photoshop Pixel, die sich stark vom übrigen Bild unterscheiden und entfernt diese. Dieser Filter ist in der Praxis gut einsetzbar, weil er variable Einstellungsmöglichkeiten bietet.

1 Wählen Sie *Filter/Störungsfilter/Staub & Kratzer entfernen.*

2 Schieben Sie zunächst den Regler *Radius* so weit nach rechts, bis sämtliche Fusseln verschwunden sind. Mit dem Radius legen Sie fest, wie groß der Umkreis ist, in dem Photoshop nach Kontrastunterschieden sucht.

Bei einem Radius von 6 Pixeln sind sämtliche Staubkörner entfernt, leider haben auch die Details der Wolken gelitten

3 Da unter diesem Vorgang auch wichtige Details des Bildes leiden, versuchen Sie diese anhand des Reglers *Schwellenwert* wieder so weit herauszuarbeiten, dass keine Fusseln zu sehen sind, Details aber wieder zum Vorschein kommen. Verschieben Sie also auch den Regler *Schwellenwert*, bis die Staubkörner gerade wieder erscheinen, und reduzieren Sie den Wert um eine Stufe.

Durch Anhebung des Schwellenwerts kommen die feinen Bereiche der Wolken wieder zum Vorschein

Dunkle und helle Bereiche vergrößern

Diese beiden Filter können im Notfall Verschmutzungen entfernen, wenn die anderen Filter nichts mehr ausrichten können. Es lohnt sich auf jeden Fall, sie auszuprobieren.

1 Da die Wirkung dieser Filter relativ stark ist und es zu Detailverlusten kommt, ist es sinnvoll, vor der Anwendung den Bildbereich auszuwählen, der die Verschmutzungen enthält. In diesem Beispiel haben wir den Himmel zunächst mit dem Lasso grob ausgewählt, sind mit dem Shortcut *Q* in den Maskenmodus gewechselt und haben dann mit *Filter/Weichzeichnungsfilter/Stark weichzeichnen* der Auswahl die harten Kanten genommen.

2 Nachdem wir durch erneutes Drücken des Buchstabens Q auf der Tastatur wieder in den Normalmodus gelangt sind, haben wir mit *Filter/Sonstige Filter/Helle Bereiche vergrößern* die zugehörige Dialogbox aufgerufen. Als Vergrößerungswert haben wir *2 Pixel* gewählt.

Die dunklen Flusen sind entfernt, nur leider wurden auch helle Störungen – kleine weiße Pixel vergrößert, sodass jetzt einige helle Flecken im Himmel auftauchen. Diese sind allerdings mit dem Stempelwerkzeug leicht zu retuschieren

Filter verwenden im Maskierungsmodus

Bedenken Sie bei der Erstellung schwieriger Auswahlmasken, dass Sie fast alle Filter und Farbkorrekturfunktionen wie etwa *Helligkeit & Kontrast* auch im Maskierungsmodus verwenden können. Durch die Verwendung dieser Funktionen lassen sich Maskenfehler beheben.

Das Vergrößern der hellen Bereiche – sprich der Wolken – hat zwar die Flusen entfernt, aber auch winzige weiße Störungen vergrößert. Diese werden im Folgenden mithilfe des Stempels entfernt.

Wirkungsvoll: Das Stempel-Werkzeug

Dieses Werkzeug ist eines der wichtigsten bei der Retusche-Arbeit mit Photoshop. Der Stempel macht nichts anderes, als einen von Ihnen vorher festgelegten Bereich an die Stelle zu kopieren, an der Sie danach mit der Maus klicken. Die Werkzeugspitzen des Stempels sind genau wie beim Pinsel-Werkzeug frei wählbar.

Wichtig ist zu entscheiden, ob bei jedem neuen Klick mit der Maus derselbe, vorher festgelegte Bereich kopiert werden soll oder ob Bildteile relativ zur Mausbewegung kopiert werden.

Sie regeln dies mithilfe der neuen Eigenschaftsleiste von Photoshop 6.0. Darin finden Sie das Kontrollkästchen *Ausgerichtet*. Ist es aktiviert, wandert der als Quellpunkt des Kopiervorgangs definierte Bereich mit der Mausbewegung, wobei Abstand und Richtung gleich bleiben.

Meist ist es praktikabler, das Kontrollkästchen zu deaktivieren, da Sie dann eine bessere Kontrolle über die Retuschierarbeit haben, denn wenn Sie dann die Maustaste loslassen und neu ansetzen, springt der Kopierursprung wieder an die Stelle, die Sie zuerst festgelegt haben.

Legen Sie den Ausgangspunkt zwischendurch lieber öfter neu fest, wenn Sie andere Tonwerte retuschieren möchten.

1 Zoomen Sie den Bildbereich, den Sie retuschieren möchten, in eine geeignete Ansicht. Halten Sie die [Alt]-Taste gedrückt, und klicken Sie in den Bildbereich, den Sie duplizieren möchten.

2 Deaktivieren Sie in der Eigenschaftsleiste das Kontrollkästchen *Ausgerichtet*, da diese Option in der Praxis oft eher störend wirkt.

3 Definieren Sie – ebenfalls in der Eigenschaftsleiste – die Größe der Werkzeugspitze und „überpinseln" Sie die Bildfehler.

Das Kreuz zeigt an, welcher Bereich des Bildes gerade kopiert wird

2.4 Farben und Kontrast korrigieren

Photoshop bietet Ihnen verschiedene Werkzeuge und Funktionen, um Farben und Helligkeit zu korrigieren. Welches dieser Korrekturmittel Sie einsetzen, hängt von Motiv und Problemstellung ab.

Helligkeit und Kontrast nachbearbeiten

Der Befehl *Bild/Einstellen/Helligkeit und Kontrast* lässt sich nur wenig steuern und ist daher für detaillierte Korrekturen weniger geeignet. Die Bearbeitung wirkt sich gleichmäßig auf sämtliche Bildpunkte aus.

Doch wenn Sie einem etwas zu flauen Bild insgesamt mehr Brillanz verleihen möchten, ist dies der schnellste Helfer bei dieser Aufgabe. Möchten Sie qualitativ sehr hochwertige Bilder publizieren, ist diese Funktion nicht zu empfehlen, da durch die Kontrasterhöhung in den hellen und in den dunklen Bereichen Bildinformation verloren gehen kann.

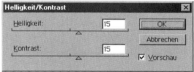

Bei Bildern, deren Farbwirkung grundsätzlich ausgeglichen ist, denen es aber an Brillanz mangelt, wirkt die Funktion Helligkeit & Kontrast auffrischend, sodass gar keine komplizierten Korrekturen mehr nötig sind

Die Farbbalance herstellen

Die Farbbalance-Funktion wirkt sich besonders gut bei Bildern aus, die einen gleichmäßigen Farbstich aufweisen. Die Farbmischung wird insgesamt verändert.

1 Das in diesem Beispiel verwendete Bild wirkt durch einen zu geringen Rotanteil insgesamt zu blaustichig und damit kühl.

2 Mit *Bild/Einstellen/Farbbalance* haben wir die zugehörige Dialogbox aufgerufen. Der Farbstich wirkt sich in den großen Flächen Rasen und Sand am stärksten aus. Diese Flächen liegen im mittleren Tonwertbereich, daher wurde die (standardmäßig schon aktive) Optionsschaltfläche *Mitteltöne* aktiviert.

3 Durch Aktivierung des Kontrollkästchens *Luminanz erhalten* wird verhindert, dass sich die Farbverschiebung auf die Helligkeit des Bildes auswirkt.

4 Der oberste Regler wurde auf den Wert *+30* und der unterste auf *-10* verschoben und somit mehr Rot und mehr Gelb zugegeben. Ziehen Sie die Regler also immer entgegengesetzt der Farbe, die den Farbstich ausmacht. Nach einem Klick auf *OK* gleicht Photoshop für Sie den Farbstich aus.

Dem Ursprungsbild fehlen Rot und Gelb

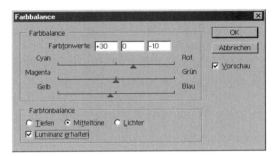

Die Farbbalance kann für Tiefen, Mitteltöne und Lichter separat bearbeitet werden

Gleichmäßige Farbstiche korrigieren Sie mit der Dialogbox Farbbalance mit wenigen Handgriffen

Selektive Farbkorrektur

Die gelben Flächen sind zu grün, die roten zu blau? Die selektive Farbkorrektur löst solche Probleme. Sie können mit dieser Funktion Korrekturen an einzelnen Farbtönen vornehmen. Die selektive Farbkorrektur basiert zwar auf dem CMYK-System, Sie verstärken oder verringern also die Cyan-, Magenta-, Gelb- und Schwarzanteile, aber Sie können sie trotzdem ebenfalls auf RGB-Bilder anwenden.

Sie haben in dieser Dialogbox die Auswahl zwischen neun Farbtönen: Rot, Grün, Gelb, Cyan, Blau, Magenta, Weiß, Grau und Schwarz. Da als Ausgangsfarbton sowohl die CMYK- als auch die RGB-Grundfarben auszuwählen sind, können Sie in Bildern z. B. den Blau-Anteil bearbeiten, wobei die cyanfarbenen Flächen wie etwa der Himmel nicht von der Bearbeitung angetastet werden.

1 Rufen Sie den Befehl *Bild/Einstellen/Selektive Farbkorrektur* auf. Im Beispielbild soll durch Verringerung der Cyan- und Magentaanteile in den weißen und grauen Tönen der Blaustich genommen werden. Um dies zu erreichen, wählen Sie zunächst aus dem Listenfeld *Farben* den Eintrag *Weiß* aus, verschieben Sie den Cyan-Regler auf *-40 %* und den Magenta-Regler auf *-10 %*. Wechseln Sie über das Listenfeld zu den Grautönen und verschieben Sie Cyan hier auf -40 % und Magenta auf -10 %. Der Blaustich ist beseitigt.

2 Da das Grün des Rasens zu bräunlich wirkt, muss Magenta entzogen werden. Wählen Sie aus dem Listenfeld *Farben* den Eintrag *Grüntöne* aus und verschieben Sie den Magenta-Regler ganz nach links auf den Wert *-100 %*.

3 Den Rottönen – unter die auch die Brauntöne fallen – muss Magenta zugefügt werden, damit diese stärker gesättigt erscheinen. Wählen Sie die Rottöne aus und schieben Sie Magenta auf *+20 %*.

Das Beispielbild vor und nach der selektiven Farbkorrektur

Farbkorrektur und Retusche **2**

Tonwertkorrektur und Gradationskurven

Tonwertkorrektur und Gradationskurven sind die Werkzeuge für den richtigen Kontrastumfang. Innerhalb der Dialogbox *Tonwertkorrektur* finden Sie außerdem das Histogramm, mit dem Sie die Tonwertverteilung des Bildes prüfen können. Wie Sie sie einsetzen, erfahren Sie hier.

Bildqualität mit der Tonwertkorrektur prüfen und korrigieren

Woran es liegt, dass ein bestimmtes Bild flau wirkt, kann Ihnen das Histogramm innerhalb der Tonwertkorrektur auf einen Blick verraten. Es zeigt die Verteilung der Farben im Bild. Hierbei können Sie entweder CMYK bzw. RGB insgesamt anzeigen lassen oder aus dem Listenfeld *Kanal* einen einzelnen Farbkanal auswählen. Farbstiche entlarvt das Histogramm auf einen Blick – es ist die Bestandsaufnahme Ihres Bildes.

Sie lesen anhand des Histogramms ab, wie viele Bildpunkte jedes einzelnen Helligkeitswerts vorhanden sind – dies ist auch für die einzelnen Farbkanäle möglich.

Die waagerechte Achse zeigt Ihnen, ob Helligkeits- bzw. Farbanteile über das gesamte Farbspektrum verteilt sind oder ob bestimmte Bereiche vollständig fehlen. Finden Sie am linken Rand der Achse keine Bildpunkte vor, so fehlen dunkle Bereiche, fehlen Bildpunkte ganz rechts, so sind keine hellen Bereiche vorhanden.

Einschränken der Tonkurve

Möchten Sie den Kontrast begrenzen, weil Sie ein Bild beispielsweise für den Druck vorbereiten möchten, dann schieben Sie die beiden Regler unterhalb des Rasterbalkens so weit nach innen, bis der gewünschte Tonwertumfang erreicht ist. Das Beispielbild liegt als CMYK-Datei vor. Es wurde zuvor für den Einsatz in einer Broschüre optimiert, daher wurden die Tiefen und die Lichter leicht beschränkt. Damit es in diesen Bereichen durch das Druckverfahren nicht zum Wegbrechen oder Zulaufen der Rasterpunkte kommt. Nun soll es für den Einsatz im Internet optimiert werden. Da der Tonwertzuwachs hier wegfällt, dürfen die Tonwerte wieder über das gesamte Spektrum gespreizt werden.

1 Zuerst wird das Bild mit *Bild/Modus/RGB* wieder in den RGB-Modus gebracht. Anschließend rufen Sie mit *Bild/Einstellen/Tonwertkorrektur* die gleichnamige Dialogbox auf.

2 Um die Kurve wieder über den gesamten Bereich zu spreizen, verschieben Sie den linken und den rechten Regler unterhalb der Tonkurve bis an den Rand der ersten Pixelgruppe. Bestätigen Sie mit einem Klick auf die Schaltfläche *OK*. Diese Aktion führt zu einer Erhöhung des Kontrasts.

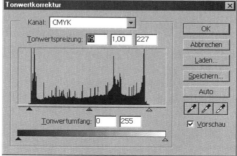

Für den Druck wurde diese Bild im Tonwert begrenzt, was am Histogramm deutlich zu erkennen ist

3 Rufen Sie die Tonwertkorrektur erneut auf, erst dann sehen Sie die Auswirkungen. In diesem Beispiel ist zu erkennen, dass durch die Tonwertspreizung Lücken in der Tonkurve entstanden sind.

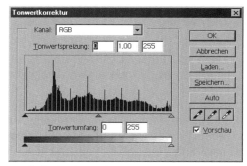

Durch die Spreizung der Tonwertverteilung von 0 bis 255 sind innerhalb des Histogramms Lücken entstanden

4 Da die Bilddatei für das Internet aber mit *Bild/Bildgröße* noch auf *72 dpi* heruntergerechnet wird, verschwinden diese Lücken durch den Rechenvorgang unter Verwendung der Interpolationsmethode *Bikubisch*. Diese Lücken machen sich auch nur dann negativ bemerkbar, wenn sie sehr groß sind oder die Bildauflösung sehr gering ist.

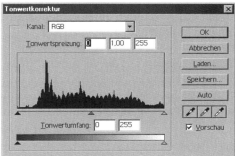

Durch das Verringern der Auflösung mit der Interpolationsmethode Bikubisch hat Photoshop Zwischenwerte errechnet, die die Tonwertkurve wieder gleichmäßig erscheinen lassen

Die Tonwertverteilung im Histogramm beurteilen

Grundsätzlich gilt, dass bei einem ausgewogenen Bild in sämtlichen Farbbereichen Bildpunkte vorhanden sein sollten, denn dann ist der Kontrast am ausgewogensten. Eine gleichmäßige Verteilung zeugt von hoher Qualität. Weist das Histogramm Lücken auf, so deutet dies auf unschöne Tonwertsprünge hin.

Andererseits ist es natürlich möglich, dass diese Tonwertsprünge beabsichtigt sind und als künstlerischer Effekt dienen. Wenn Sie Bilder für das Internet bearbeiten, dürfen diese alle Werte von o bis 255 aufweisen, beim Druck verhält sich das anders. Hier sollten keine Werte unter ca. 20 bzw. über ca. 235 vorkommen, denn diese neigen dazu, im Druck wegzubrechen bzw. zuzulaufen, was zu ungewollter Flächenwirkung führt.

Wenn Sie ausschließlich die mittleren Tonwerte korrigieren möchten, ohne dass Lichter und Tiefen davon berührt werden, schieben Sie den mittleren Regler unterhalb des Histogramms nach links, um das Bild aufzuhellen, und nach rechts, um es abzudunkeln.

Farbkorrekturen mit den Gradationskurven

Häufig kommt es vor, dass Bilder leicht unterbelichtet und somit zu dunkel sind. Möchten Sie solche Bilder drucken, verstärkt sich der Effekt – je nach Druckverfahren und verwendetem Papier – noch durch den technisch bedingten Tonwertzuwachs.

Der Tonwertzuwachs kommt bei den Mitteltönen am stärksten zum Tragen. Bei der Korrektur mithilfe der Gradationskurven können Sie Lichter, Mitteltöne und Schatten unabhängig voneinander bearbeiten.

Bei Bildern fürs Internet entfällt zwar der Tonwertzuwachs, aber die Korrekturmöglichkeiten sind auch hierfür komfortabel.

Das folgende Beispiel ist ein Spezialfall. Im oberen Bereich sind die Tonwerte ausgewogen – zum unteren Bildrand hin wird das Bild immer dunkler. Solche Problemfälle lösen Sie durch das Anwenden einer Verlaufsmaske und anschließender Anhebung der Tonwerte mit der Gradationskurve.

1 Vor der eigentlichen Bildkorrektur muss die Verlaufsmaske angelegt werden. Dazu wird in den Maskierungsmodus gewechselt. Sie erreichen das entweder durch einen Klick auf das Symbol *Maskierungsmodus* unten in der Werkzeug-Palette oder durch Drücken der Taste Q auf Ihrer Tastatur.

Das Symbol Maskierungsmodus

2 Aktivieren Sie das Verlaufs-Werkzeug. In der *Eigenschaftsleiste* definieren Sie die Art des Verlaufs. Für dieses Beispiel wurde ein linearer Verlauf von Schwarz zu Weiß gewählt – wenn Sie in den Maskierungsmodus wechseln, springen die Farbfelder automatisch auf Schwarz als Vordergrundfarbe und Weiß als Hintergrundfarbe, Vorder- und Hintergrundfarbe bestimmen innerhalb welches Tonwertbereichs die Maske verläuft. Als Modus wurde in der Eigenschaftsleiste *Normal* ausgewählt und die *Deckkraft* beträgt *100 %*.

3 Ziehen Sie mit dem Verlaufs-Werkzeug vom oberen Bildrand bis zum unteren. Die Verlaufsmaske ist erstellt und der untere Bildbereich ausgewählt. Wechseln Sie mit Q wieder zurück zum Normalmodus. Bedenken Sie, dass eine Verlaufsauswahl im Normalmodus nicht dargestellt werden kann. Die Auswahlmarkierung zeigt lediglich ein Rechteck an.

Links sehen Sie das Bild im Maskierungsmodus – rechts im Normalmodus, die Verlaufsauswahl ist im Normalmodus nicht darstellbar

4 Rufen Sie *Bild/Einstellen/Gradationskurven* auf. Fassen Sie in der Mitte der Kurve an und ziehen Sie die Kurve nach unten, das bewirkt ein Aufhellen der Tonwerte innerhalb der Auswahl. Falls auch Sie es verwirrend finden, dass ein Herunterziehen der Kurve eine Aufhellung bewirkt, klicken Sie auf den Doppelpfeil unterhalb der Kurve, dadurch wird sie gespiegelt.

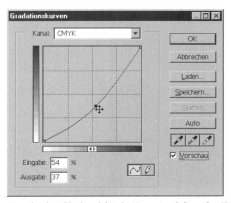

Standardmäßig bewirkt ein Herunterziehen der Kurve eine Aufhellung der Tonwerte

Oben sehen Sie das Bild vor der Tonwertanhebung – unten die per Verlaufsmaske und Gradationskurven korrigierte Fassung

Farbton und Sättigung

Farbstimmung verändern, Dramatik erhöhen, übersättigte Bereiche korrigieren – die Dialogbox *Farbton/Sättigung* macht's möglich. Mit diesem Befehl können Sie Farbton, Sättigung und Helligkeit des Gesamtbildes oder auch einzelner Farbtöne korrigieren. Das Beispielbild wirkt nicht ausgewogen – während die Blautöne übersättigt sind, fehlt es den anderen Farben an Leuchtkraft. Dies soll jetzt korrigiert werden.

1 Rufen Sie *Bild/Einstellen/Farbton/Sättigung* auf. Im Listenfeld *Bearbeiten* ist jetzt der Eintrag *Standard* ausgewählt. Verschieben Sie den Regler für die Sättigung nach rechts, dadurch wird sie erhöht.

2 Wählen Sie jetzt aus dem Listenfeld *Bearbeiten* den Farbkanal, der einzeln korrigiert werden soll – in diesem Fall Blautöne. Verschieben Sie die Regler, bis die Korrektur perfekt ist, und bestätigen Sie die Dialogbox mit *OK*.

Vorher – nachher; durch Erhöhung der Gesamtsättigung und Rücknahme der Sättigung der Blautöne wirkt das Bild ausgewogener

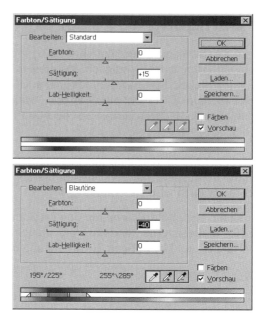

Die Korrektur des Bildes wurde erreicht, indem zunächst die Sättigung des gesamten Bildes erhöht und anschließend die Blautöne in der Sättigung verringert wurden

Bilder färben mit Farbton/Sättigung

Sie können mithilfe dieser Dialogbox Farbbilder in Duoton-Bilder verwandeln. Aktivieren Sie dazu das Kontrollkästchen *Färben*. Anschließend können Sie durch Verschieben der drei Regler den Wunschton erzeugen. Weiter hinten in diesem Kapitel wird das Erzeugen von Duoton-Bildern über den Duplexmodus beschrieben. Damit ist die Verteilung der Farben auf Lichter, Mitteltöne und Tiefen besser zu regeln, aber dieses ist eine schnelle Alternative bei Zeitmangel. Sie müssen dazu auch keine Modusänderung vornehmen. Kolorieren Sie auf diese Weise einfach Ihre RGB- oder CYMK-Bilder.

2.5 Schärfefilter im Praxiseinsatz

Ein Segen der digitalen Bildbearbeitung sind die Schärfefilter. Durch den Scanvorgang, Änderung von Auflösung und Bildgröße und auch Vorgänge wie Drehen verlieren Pixelbilder an Schärfe.

Diese holen Sie mit den Photoshop-Filtern wieder raus. Es stehen Ihnen vier verschiedene Filter zur Auswahl. Sie erreichen die Filter über *Filter/Scharfzeichnungsfilter*. Die Filter *Scharfzeichnen* und *stark Scharfzeichnen* wirken sich gleichmäßig auf alle Pixel aus, ohne dabei zu analysieren, wo eine Schärfung nötig ist.

Stark scharfzeichnen fällt in der Praxis meist zu stark aus. *Scharfzeichnen* wirkt gut bei unproblematischen Bildern mit einer gleichmäßigen, leichten Unschärfe bei relativ hoher Auflösung. Bei Bildern, die für das Internet mit einer Auflösung von 72 dpi gespeichert werden, ist selbst dieser Filter zu stark.

Vorsicht vor Überzeichnung

Der Eindruck der Scharfzeichnung entsteht durch Anhebung des Kontrasts benachbarter Pixel. Werden zu starke Scharfzeichner eingesetzt, kann es zu einer Übersättigung kommen.

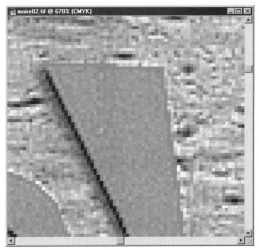

An den Kanten fällt die Übersättigung besonders auf

Intelligenter funktionieren die Filter *Kanten scharfzeichnen* und *unscharf maskieren*. Diese Filter analysieren das Bild und wirken sich nur auf ohnehin kontrastreiche Bildteile aus. Am praktikabelsten ist die Wirkung von *Unscharf maskieren*, da sie regelbar ist.

Von links nach rechts sehen Sie die Wirkung der Filter Scharfzeichnen, Stark scharfzeichnen, Konturen scharfzeichnen und Unscharf maskieren. Die Dateien haben eine Auflösung von 300 dpi

Hier sehen Sie die gleiche Filterreihenfolge – aber eine Auflösung von nur 72 dpi

Unscharf maskieren

Der Begriff „Unscharfmaske" stammt aus der klassischen Fotografie. Hierbei wurde ein unscharfes Positiv auf ein scharfes Negativ gelegt. Diese Kombination wurde vergrößert. Das Ergebnis ist eine Kantenbetonung, die zur Kontrasterhöhung führt. Die Optionen *Schwellenwert* und *Radius* machen die Funktion *Unscharf maskieren* so attraktiv.

Sie passen damit den Schärfegrad exakt den Anforderungen Ihres Bildes an. Um diese Funktionen in der Praxis richtig nutzen zu können, ist es sinnvoll, sich die Wirkungsweise bewusst zu machen. Beim *Unscharf* maskieren wird der Kontrast benachbarter Pixel, die unterschiedliche Helligkeitswerte aufweisen, zusätzlich erhöht.

Mit der Option *Radius* legen Sie fest, wie viele Pixel im Umkreis eines zu schärfenden Bereichs in die Kontrasterhöhung einbezogen werden. Je höher Sie den Wert drehen, desto mehr Pixel werden von der Schärfung berührt. Sie können einen Wert von 0,1 bis 250 Pixel wählen – doch in der Praxis bewähren sich Werte bis maximal 10 Pixel.

Alles darüber hinaus führt zu starker Übersättigung einzelner Pixel – dieser Effekt kann zwar künstlerisch eingesetzt werden, führt aber bei der klassischen Bildkorrektur nicht zu einer ausgewogenen Wirkung. Grundsätzlich gilt: Je höher die Auflösung eines Bildes ist, desto höher darf der Schwellenwert sein. Wenn Sie Bilder für das Internet erstellen, die in der Regel eine Auflösung 72 dpi aufweisen, sollte der Radius nicht über ca. 3 Pixel liegen.

Der Schwellenwert regelt, wie hoch der Kontrast zwischen benachbarten Bildpixeln sein muss, damit diese in die Schärfung einbezogen werden. Der Schwellenwert ist zwischen 0 und 255 Stufen regelbar. Je höher der eingestellte Schwellenwert, desto geringer fällt die Schärfung aus.

Ein geringer Schwellenwert bewirkt, dass Störungen in Bildern – etwa Fusseln oder durch Fotomaterial bedingte Körnung – verstärkt wird. Solche Bilder sollten besser mehrmals unter Vewendung eines höheren Schwellenwerts geschärft werden.

Bedenken Sie, dass jede Art der Schärfung am Bildschirm stärker wirkt als im Druck. Sämtliche Druckverfahren bewirken einen gewissen Schärfeverlust. Je nachdem, ob Sie Ihre Bilder für Printmedien oder am Bildschirm verwenden, sollten Sie die Schärfung anpassen.

2.6 Störungsfilter im Praxiseinsatz

Die Störungsfilter von Photoshop sind in der Lage, Störungen aus Auswahlmasken zu entfernen, extrem unscharfe Vorlagen zu retten und stufige Verläufe wieder gleichmäßig zu machen.

Leichteres Auswählen durch Entfernen von Störungen im Maskierungsmodus

Wer kennt das nicht? Sie möchten einen Bildbereich auswählen, der sich zu seiner Umgebung gut durch Farbe und Kontrast abhebt.

Daher sollte sich dieser Teil durch einen Klick mit dem Zauberstab oder der Funktion *Farbbereich auswählen* leicht auswählen lassen – wären da nicht die vielen kleinen Punkte anderen Tonwerts inmitten der Farbfläche.

Diese werden nicht in die Auswahl einbezogen. Beim Entfernen dieser Punkte via Radiergummi im Maskenmodus kann man schon mal die Nerven verlieren.

Im folgenden Beispiel sollen die oberen roten Bereiche der Schmetterlingsflügel zur weiteren Bearbeitung ausgewählt werden.

1 Dem Zauberstab (Shortcut W) wurde mithilfe der Eigenschaftsleiste der Toleranzwert *100* zugewiesen. Dieser hohe Wert ist nur durch den starken Kontrast zu den angrenzenden Flügelbereichen einsetzbar, bei den meisten Vorlagen würden durch diesen Wert zu viele Bereiche ausgewählt.

Im Bildbearbeiteralltag muss man häufig mit niedrigeren Toleranzwerten arbeiten.

Nach einem Klick in den linken Bereich wurde durch Halten der Umschalt-Taste und einen Klick in den rechten Bereich auch dieser ausgewählt. Trotz des hohen Werts gibt es einige Pixel innerhalb der Auswahl, die nicht mit einbezogen wurden. Diese werden durch die Anwendung von Störungsfiltern im Maskenmodus in die Auswahl integriert.

Die mit dem Zauberstab erstellte Auswahl weist noch Lücken auf

Die Maskenfarbe wurde dem Motiv angepasst

2 Wechseln Sie mit dem Shortcut ⟨Q⟩ in den Maskierungsmodus. Um die Auswirkungen des Filters besser beurteilen zu können, zoomen Sie in eine geeignete Ansicht. Rufen Sie dann *Filter/Störungsfilter/Staub & Kratzer entfernen* auf. Der ideale Radius und Schwellenwert variieren je nach Vorlage, in diesem Fall bewährt sich der Radius 5 Pixel bei einem Schwellenwert von 0 Stufen, weil damit alle Störungen in der Maske entfernt, die Ränder der Maske aber nicht zu stark geglättet werden.

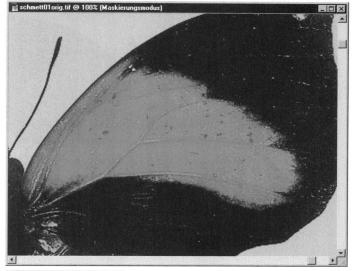

Da Sie je nach Größe der Störungen die Filtereinstellungen anpassen müssen, zoomen Sie in eine möglichst große Ansicht

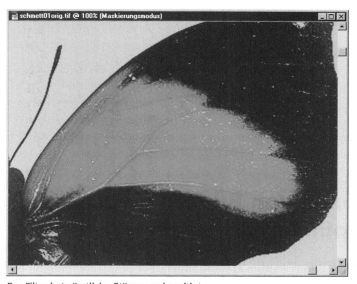

Der Filter hat sämtliche Störungen beseitigt

Farbkorrektur und Retusche

2

Der Wechsel zurück in den Normalmodus zeigt ebenfalls: keine Störungen mehr vorhanden

Ändern der Maskenfarbe im Maskierungsmodus

Wenn Sie mit dem Short $\boxed{Q}$ in den Maskierungsmodus von Photoshop wechseln, werden die Bereiche, die nicht ausgewählt sind, standardmäßig durch einen transparenten Rotton angezeigt. Wenn Sie ein Motiv bearbeiten, das hauptsächlich Rottäne aufweist, ist das Einschätzen der Maske bisweilen schwierig. Ändern Sie in diesem Fall die Maskenfarbe, indem Sie doppelt auf das Symbol *Maskierungsmodus* im unteren Bereich der Werkzeug-Palette klicken. Es öffnet sich die Dialogbox *Masken-Optionen*. Hier passen Sie Farbe und Deckkraft den Anforderungen Ihres Motivs an.

Extrem unscharfe Scans retten

Auch der Fall, dass Vorlagen eine Unschärfe aufweisen, die durch Schärfungsfilter nicht mehr zu retten ist, sollte nicht vorkommen. Auch hier unterscheiden sich wieder Theorie und Praxis. Probieren Sie in solchen Fällen aus, dem Bild Störungen hinzuzufügen, oftmals wirkt das Bild dadurch besser als durch erneutes Schärfen.

2.7 Tönen von Bildern – von der Optimierung zur Kreativtechnik

Duplex-Bilder werden erstellt, indem ein Graustufenbild mit einer Zusatzfarbe getönt wird. Sie kennen diesen Effekt aus der klassischen Fotografie, wo

Schwarzweißbilder gleichmäßig mit Sepia-Tönen eingefärbt wurden. Duplex-Bilder sind eine gute Methode, in Publikationen Farbe zu bringen und dabei die Druckkosten niedrig zu halten. Doch dies ist keineswegs der Hauptgrund, dass der Duplex-Effekt eingesetzt wird. Getönte Schwarzweißfotografien sind gerade im farbenfrohen Internet ein attraktives Stilmittel. Es gibt unterschiedliche Wege, um schöne Tönungen zu erzeugen.

Erzeugen von Bildern im Duplexmodus

Egal, ob Sie eine farbige oder schwarzweiße Vorlage verwenden, Sie müssen Ihr Bild zunächst konvertieren, um anschließend den Modus *Duplex* anwählen zu können.

1 Wählen Sie den Befehl *Bild/Modus/Graustufen*, falls Sie nicht ohnehin ein Graustufenbild verwenden, um eine farbige Vorlage in ein Schwarzweißbild zu verwandeln.

Die Farbvorlage muss zunächst in den Graustufenmodus umgewandelt werden

Das gleiche Bild im Modus Graustufen

2 Anschließend rufen Sie den Befehl *Bild/Modus/Duplex* auf, es erscheint die Dialogbox *Duplex-Optionen*. Wählen Sie aus dem Listenfeld *Bildart* den Eintrag *Duplex*.

3 Klicken Sie auf das Farbfeld *Druckfarbe 2*, um anschließend eine zweite Farbe auszuwählen.

4 Die Verteilung der beiden Farben regeln Sie, indem Sie auf die Miniaturabbildung der Gradationskurven klicken. Es öffnet sich daraufhin eine größere, zu bearbeitende Ansicht der Kurve.

5 Da der Duplexmodus zum einen nicht direkt farbsepariert werden kann und viele Formate diesen Modus nicht unterstützen, nehmen Sie abschließend eine Modusumwandlung in das gewünschte Farbformat – RGB oder CMYK – vor.

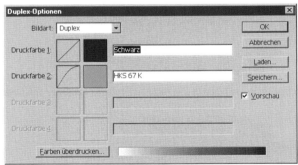

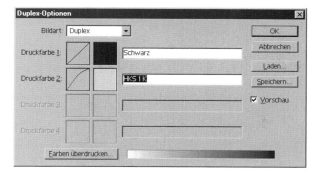

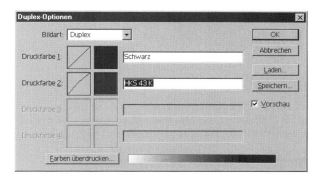

Bereiche maskieren und entfärben

Neben der gleichmäßigen Färbung durch Zusatzfarben wie beim Duplexmodus ist es ebenfalls ein beliebtes Stilmittel, innerhalb eines Bildes Farbe und Graustufen zu kombinieren.

In diesem ersten Beispiel sollen die Farbtöne der Trauben erhalten bleiben und der Hintergrund entfärbt werden.

Das Originalbild

1 Um die Trauben auszuwählen, wurde zunächst die Dialogbox *Auswahl/Farb-bereich auswählen* aufgerufen. Ein erster Klick in die Blätter wählt schon ei-nen großen Teil des Hintergrunds aus. Anschließend wurde die *Addieren-Pi-pette* – die mittlere der drei Schaltflächen – aktiviert und sämtliche Berei-che ausgewählt, die noch nicht in die Auswahl einbezogen waren. Durch das Verschieben des Toleranzwerts wurde die Auswahl weiter optimiert.

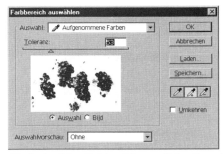

Mit der Funktion Farbbereich auswählen lässt sich auf komfortable Weise eine Auswahl erstel-len – sofern die Farbtöne sich klar voneinander unterscheiden

Das Ergebnis der Auswahl weist noch einige Lücken auf

2 Zum Vervollständigen der Auswahl wurde wieder per Shortcut ⌷Q⌷ in den Maskierungsmodus gewechselt, das Werkzeug Pinsel ausgewählt und mit Schwarz als Vordergrundfarbe Bereiche überpinselt, die nicht in die Auswahl gehören.

Anschließend wurden mit Weiß als Vordergrundfarbe fehlende Bereiche einbezogen. Anschließend wechseln Sie zurück zum Normalmodus.

Überpinseln Sie einfach die Bereiche im Maskenmodus, die nicht in die Auswahl gehören

3 Zurück im Normalmodus rufen Sie *Bild/Einstellen/Farbton/Sättigung* auf. Entfernen Sie die Farben der Blätter, indem Sie den Regler für die Sättigung auf den Wert *-100* schieben.

Entfärben Sie den Hintergrund durch Entfernen der Sättigung

4 Die Farbwirkung der Trauben soll verstärkt werden. Wählen Sie daher *Auswahl/Auswahl umkehren* und rufen Sie erneut *Farbton/Sättigung* auf, um die Sättigung der Trauben zu erhöhen. Dadurch wird der Kontrast *Farbe/Schwarzweiß* noch verstärkt.

Nach dem Umkehren der Auswahl wird die Sättigung der Trauben erhöht

5 Da einige Farben sowohl im Hintergrund als auch in den Trauben vorkamen, muss an den Rändern noch etwas retuschiert werden. Entfernen Sie mit *Auswahl/Auswahl aufheben* die Auswahlmaske und aktivieren Sie das Werkzeug Schwamm. Aktivieren Sie in der Eigenschaftsleiste die Option *Sättigung verringern* und wählen Sie eine relativ kleine Werkzeugspitze, um gut an den Details arbeiten zu können. Bei hohem Zoomfaktor entfernen Sie jetzt die farbigen Höfe rund um die Trauben.

Bei solch komplexen Motiven kommt man um den letzten Schliff nicht immer herum

Die Originalschattierungen der Trauben blieben erhalten

Tönen bestimmter Bildbereiche eines Monochrombildes

Im Gegensatz zum vorherigen Beispiel sollen hier nicht die Originalfarben erhalten bleiben, sondern ein Bild in Graustufen gewandelt und dann manuell eingefärbt werden.

1 Wenn Sie ein Farbbild als Vorlage verwenden, entfernen Sie auch hier mit der Dialogbox *Farbton/Sättigung* die Farbanteile. Verwenden Sie ein Graustufenbild, so konvertieren Sie es in den Modus RGB.

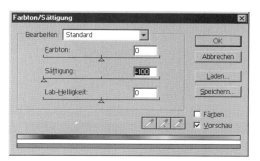

Als Ausgangsbild benötigen Sie ein monochromes Bild im CMYK- oder RGB-Modus

2 Aktivieren Sie das Werkzeug Pinsel aus der Werkzeug-Palette. Da beim Übermalen der relevanten Bildteile die Luminanz der Vorlage erhalten bleiben muss, wird nicht wie gewohnt im Modus *Normal* gemalt. Wählen Sie in der Eigenschaftsleiste den Eintrag *Farbe* aus dem Listenfeld *Modus*. Wählen Sie aus einer der Farb-Paletten eine Farbe oder klicken Sie auf den Farbwähler unten an der Werkzeugleiste, um eine Vordergrundfarbe zu definieren, hier wurde zunächst ein Violettton mit den Werten *R 50*, *G 0* und *B 50* gewählt. Übermalen Sie anschließend den gewünschten Bildteil.

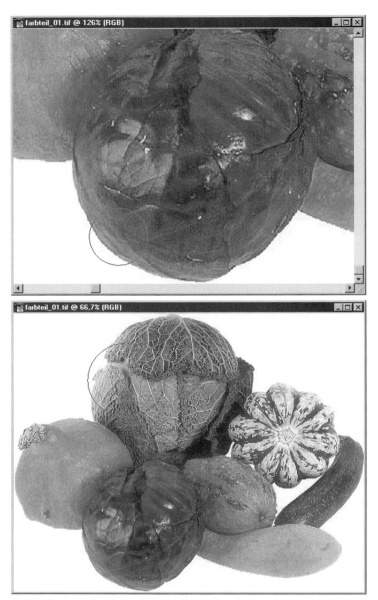

Praktisch – im Modus Farbe werden weiße Flächen nicht angetastet, da beim Malen die Luminanz dieselbe bleibt. Passen Sie die Größe der Werkzeugspitze dem aktuell zu färbenden Motivteil an

3. Optimieren von Bildern fürs Web

Das Optimieren von Bildern für das Internet ist der Kernpunkt der Webdesigns. Der Grundsatz heißt: bestmögliche Qualität bei kleinstmöglicher Dateigröße. Je nach Beschaffenheiten einer Grafik und deren Funktion auf Ihrer Website, eignen sich unterschiedliche Formate zu Optimierung.

Schon während der Erstellung einer Grafik sollten Sie den Blick auf die spätere Optimierung werfen. Im Internet haben sich zwei Bildformate etabliert, das GIF- und das JPEG-Format. Das GIF-Format eignet sich vor allem für einfache Grafiken, die glatte Flächen aufweisen und die mit einer geringen Farbtiefe auskommen.

Wenn sie Fotos optimieren, welche farb- und detailreich sind, bietet die JPEG-Komprimierung in der Regel die besten Ergebnisse, doch auch hierbei gibt es Ausnahmen.

In einigen Fällen ist nicht sofort ersichtlich, welche Komprimierungsmethode die bessere ist, oder Dateien weisen gar so unterschiedliche Bereiche auf, dass es sinnvoll ist, diese anhand von Slices in Bereiche aufzuteilen, welche ganz unterschiedlich komprimiert werden.

3.1 GIF – Graphics Interchange Format

Das GIF liefert unschlagbare Features für das Web und eine sehr gute Kompressionsrate bei Grafiken, die große Flächen mit einheitlicher Farbgebung enthalten. Die Möglichkeiten, Bereiche transparent abzubilden, Animationen zu speichern und die Datenmenge auf ein Minimum zu reduzieren, machen das GIF zum wichtigsten Dateiformat für das Internet.

Der Interlaced Modus, ist ein weiteres Highlight von GIF. Hierbei wird das Bild in vier Schichten abgespeichert und dann auf der Website geladen, sodass der Betrachter das Bild schon während des Aufbaus erkennen kann. GIF arbeitet mit zwei Arten der Kompression: Zum einen beschränkt es das Farbspektrum des Bildes auf maximal 256 Farben, zum anderen kommt die so genannte LZW-Komprimierung zum Einsatz.

LZW-Komprimierung

Die Reduzierung der Farben in eine 256-Farben-Tabelle ist nicht die einzige Komprimierung, mit der GIF arbeitet. Es wird beim Speichern zusätzlich eine Mustererkennung eingesetzt, die nach Ihren Erfindern Lempel, Ziv und Welch benannt wurde: die LZW-Komprimierung. Sie kennen dieses absolut verlustfreie Verfahren eventuell schon vom Speichern als TIF.

LZW arbeitet folgendermaßen: Es sucht im Bild von oben nach unten und von links nach rechts nach gleichen Pixelfolgen und speichert die Beschreibung in eine Referenz. Findet LZW Pixelfolgen mit identischer Farbe, so wird die Beschreibung der Folge gespeichert und nicht jedes einzelne Pixel.

Optimieren einer GIF-Datei

In diesem Beispiel wird eine Datei, die prädestiniert ist, für die Speicherung als GIF auf verschiedene Arten optimiert: als GIF mit einer eigenen Farb-Palette, als JPEG und als GIF unter Verwendung der Web-Farb-Palette.

GIF-Optimierung mit eigener Farb-Palette

1 Öffnen Sie die Datei *farbkreis.psd* in PhotoShop. Sie können die Datei von der DATA BECKER-Website herunterladen oder eine ähnliche Datei verwenden. Die Datei liegt als PSD-Datei vor, da der Farbkreis einen transparenten Hintergrund aufweist, aber TIF nicht in der Lage ist, Transparenz zu speichern.

2 Wählen Sie den Befehl *Datei/Für Web speichern*. Aktivieren Sie das Register *4fach*, dadurch erhalten Sie vier Vorschauabbildungen. Im ersten Fenster wird das Originalbild angezeigt.

Klicken Sie das zweite Fenster an und wählen Sie als Optimierungsformat den Eintrag *GIF*, der Farbreduzierungsalgorithmus soll *Perzeptiv* sein, da keine Rasterung verwendet werden soll, wählen Sie *Kein Dither* aus dem Listenfeld *Dithering-Algorithmus*. In das Feld *Lossy* geben Sie den Wert *0* ein und in das Feld *Farben* die Anzahl *8*.

3 Da die Grafik mit transparentem Hintergrund exportiert werden soll, aktivieren Sie das Kontrollkästchen *Transparenz*. Diese Option ist nur bei der Speicherung als GIF möglich, nicht jedoch bei JPEG.

Die Anzeigedauer wurde hierbei auf zwei Sekunden reduziert, wobei eine Dateigröße von 5,085 KByte erreicht wurde. Bei einer Originalgröße von 625 KByte ein gutes Ergebnis. Im nächsten Abschnitt testen Sie die Optimierung mit dem JPEG-Verfahren.

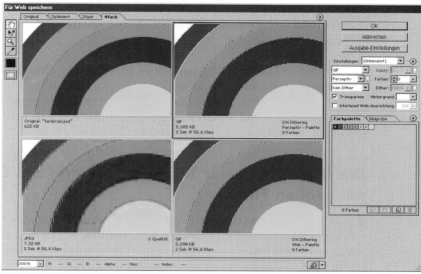

Der Unterschied zwischen dem GIF mit eigener Palette und dem mit websicheren Farben ist mit bloßen Augen kaum zu erkennen, die Qualität des JPEG fällt bei gleicher Ladezeit jedoch deutlich ab

Die verschiedenen Farbreduzierungsalgorithmen

Wenn Sie eine Grafik mit einer Farbinformation von 24 Bit als GIF speichern, so muss eine neue Farb-Palette aufgebaut werden. Da das GIF-Format nur 8 Bit unterstützt, wird der Informationsgehalt einer 24-Bit-Palette auf 256 Farben reduziert.

Um den Verlust zu kontrollieren und damit möglichst gering zu halten, erhalten Sie die Möglichkeit, zwischen verschiedenen Konvertieroptionen zu wählen. Je nach Grafik bringen verschiedene Optionen unterschiedliche Ergebnisse. Die *Adaptive Konvertierung* erstellt eine Palette, deren Farbauswahl sich nach den Farbtönen des Originalbildes richtet.

Enthält das Original z. B. überwiegend die Farben Rot und Blau, so wird bei der Konvertierung das Gewicht auf diese Farben gelegt. Bei der Methode *Perzeptive Konvertierung* erstellt Photoshop eine Palette, die Farben enthält, die das menschliche Auge am besten wahrnimmt.

Die *Selektive Konvertierung* arbeitet mit einer Palette, die ähnlich der Option *Perzeptiv* arbeitet. Zusätzlich werden hierbei jedoch große Farbbereiche berücksichtigt und in die Palette aufgenommen; außerdem wird dem Erhalt von Webfarben Vorzug gegeben.

Des Weiteren stehen Ihnen folgende Paletten zu Verfügung: System (Windows), System (Mac OS) und Web. Diese Paletten begrenzen sich auf fest defnierte Farben für das jeweilige Medium.

Sie erhalten damit die Möglichkeit einer exakten Farbdarstellung bei Usern, die mit der 8-Bit-Farbdarstellung arbeiten. Diese Paletten liefern allerdings meist nicht so gute Ergebnisse.

Bei der Option *Exakte Palette* handelt es sich nicht um eine Farbkonvertierung. Diese Palette steht nur dann zur Verfügung, wenn das Bild im Original nicht mehr als 256 Farben besitzt. Sie erhalten bei dieser Option die gesamte Farb-Palette des Originalbildes. Mit der Option *Eigene Palette* können Sie eine eigene Palette erstellen.

Die Schwächen der JPEG-Optimierung bei Grafiken mit großen Flächen

1 Aktivieren Sie das dritte der Vorschaufenster und wählen Sie aus dem Listen-feld *Einstellungen* den Eintrag *JPEG niedrig*. Selbst bei dieser geringen Qualitätsstufe wird eine Anzeigedauer von drei Sekunden erreicht – mehr als bei der GIF-Optimierung.

2 Um die Datenmenge weiter zu reduzieren, geben Sie in das Feld *Qualität* den Wert *0* ein. Die Anzeigedauer wird auf die gewünschten zwei Sekunden re-duziert, allerdings sind die für JPEG-Komprimierung typischen Störungen stark sichtbar.

3 JPEG ist zwar nicht in der Lage, Transparenz zu speichern, aber auch hier können Sie eine Farbe für den Hintergrund angeben, indem Sie das Listen-feld *Hintergrund* öffnen und dann den Eintrag *Andere* wählen. Geben Sie hier die gewünschte Hintergrundfarbe ein. In diesem Beispiel wurde die Farbe *Cyan* mit den Werten *R 0*, *G 255*, *B 255* verwendet. Leider werden auch hierbei die Störungen sichtbar, sodass ein fließender Übergang zum Website-Hin-tergrund nicht erreicht werden kann. Dieses Problem besteht bei der Spei-cherung als GIF nicht, da es in der Lage ist, Transparenz zu verwalten.

GIF-Optimierung mit websicheren Farben

Um sicherzustellen, dass jede der von Ihnen gewählten Farben im Web gleich dargestellt werden, wurde ein Standardschema entwickelt. Hierbei wurde fest-gelegt, dass jeder Rot-, Grün- und Blauwert einer Farbe durch die Zahl 51 teilbar sein muss. Dadurch stehen Ihnen sechs Werte (0, 51, 102, 153, 204 und 255) pro Farbkanal zur Verfügung. Dies ergibt 6 x 6 x 6, also 216 mögliche Farben. Dieses Schema wird von sämtlichen Systemen und Browsern korrekt dargestellt.

1 Aktivieren Sie das vierte der Vorschaufenster und wählen Sie aus dem Listen-feld *Einstellungen* den Eintrag *GIF Web-Palette*. Durch diese Einstellung stel-len Sie sicher, dass alle Farben der Datei auf sämtlichen Systemen gleich angezeigt werden. Es wird direkt eine Anzeigedauer von zwei Sekunden er-reicht.

2 Sie können die Datenmenge noch weiter reduzieren, indem Sie in das Feld *Farben* den Wert *8* eintragen. Dadurch entsteht kein Qualitätsverlust, aber die Datei verliert noch weitere 2 KByte.

3 Aktivieren Sie das Kontrollkästchen *Transparenz*. Um harte Übergänge zwischen den nicht transparenten Teilen Ihrer Grafik und dem Hintergrund zu verhindern, sollten Sie die Farbe zum Angleichen transparenter Pixel im Auswahlfeld *Hintergrund* auswählen.

Dadurch werden die Randpixel geglättet und an den Hintergrund angeglichen. Anderenfalls kann es am Übergang von Grafik zu Hintergrundfarbe zur Treppchenbildung kommen. Öffnen Sie das Listenfeld *Hintergrund* und wählen Sie den Eintrag *Andere*. Jetzt können Sie direkt die RGB-Werte eingeben, die der Hintergrund Ihrer Website aufweist – in diesem Beispiel *R 0*, *G 255* und *B 255*.

4 Klicken Sie das Kontrollkästchen *Interlaced Web-Ausrichtung* an und geben Sie in das zugehörige Eintragfeld den Wert *100 %* ein. Interlaced ist normalerweise für vergleichsweise große GIF-Dateien mit mehr als 10 Kbyte eine besonders interessante Option.

Das Bild wird hierbei in Etappen übertragen, was im Browser so aussieht, als käme zunächst ein unscharfes Bild an, das dann sukzessiv schärfer wird, bis es komplett geladen ist. Der Trick dabei ist, dass die Pixelreihen nicht von oben bis unten durchcodiert werden, sondern zuerst jede achte Reihe, also 1, 9, 17, 25 usw, dann die genau dazwischen liegenden Reihen, die Reihen 5, 13, 21, 29 und dann die weiteren Reihen gespeichert werden.

5 Da diese Komprimierung für die Publikation im Web das beste Ergebnis darstellt, klicken Sie jetzt auf die Schaltfläche *OK*. Es erscheint die Dialogbox *Optimiert Version speichern unter*. Sichern Sie die Datei auf Ihrer Festplatte.

So funktioniert die Farbreduzierung bei GIF

Ein RGB-TIF ohne Komprimierung speichert jedes einzelne Pixel mit einer Farbinformation von 24 Bit. Davon ausgehend, dass eine Datei gar nicht so viele Farben benötigt, ermittelt GIF, welche Farben in der Bilddatei überwiegend vorhanden sind, und beschränkt die Anzahl der Farben auf maximal 256 bzw. 8 Bit plus eine Farbtabelle, in der die benötigten Farben definiert sind.

Je weniger Farben im Bild vorhanden sind, desto geringer wird auch der Speicherbedarf, den das Bild als GIF benötigt. Wenn Grafiken nur eine geringe Anzahl von Farben beinhalten und nur eine kleine Farbtabelle zu verwalten ist, ergibt sich eine verlustfreie Darstellung im GIF-Format.

Möchten Sie die Datenmenge noch weiter reduzieren, können Sie die Anzahl der Farben kontrolliert reduzieren. Farbtiefen unter 32 Farben sollten jedoch ausschließlich für einfache Grafiken vorbehalten sein.

Dithering simuliert Farbübergänge

Um weitere Verbesserungen bei der GIF-Komprimierung zu erzielen, können Sie die Option *Dithering* einsetzen. Dabei wird das Bild mit einem Raster versehen. Kommt ein Bild nicht mit 256 Farben aus, so ermöglicht das Rastern, Farbübergänge zu simulieren.

Feine Details, die bei der Farbreduzierung verloren gehen und zu Flächen zusammengefasst werden, werden so wieder darstellbar. In diesen Flächen werden aus der vorhandenen Farbtabelle ähnliche Farben hinzugerechnet, um eine Art Körnung zu erzeugen.

Dithering erhöht den Speicherbedarf etwas, da durch das Reduzieren gleichmäßiger Farbmuster die LZW-Komprimierung nicht mehr zum Einsatz kommen kann. Sie können zwischen den Dither-Arten *Diffusion, Muster* und *Störungsfilter* wählen.

Welche Methode das beste Ergebnis bringt, hängt von der Bildvorlage ab. In den meisten Fällen bringt die Option *Diffusion* optimale Erfolge. Des Weiteren können Sie die Stärke des Dithermusters einstellen. Der Wert bewegt sich zwischen 0 und 100 %.

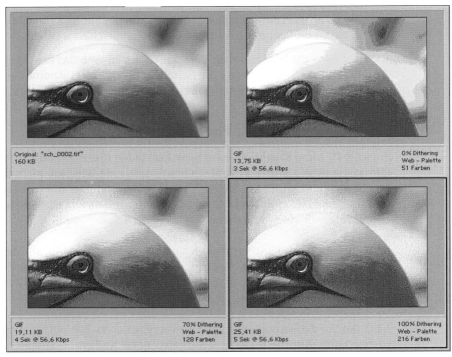

Sie sehen von oben links nach unten rechts die Original-Datei, eine Ansicht ohne Dithering, Dithering mit der Stärke 70 % und Dithering mit der Stärke 100 %

3.2 JPEG: Joint Photographic Experts Group

Die JPEG-Kompression ist am besten für Bilder geeignet, die viele Details enthalten, und funktioniert durch eine Trennung von Helligkeitsinformation und Farbinformation. Der Kompressions-Algorithmus wird auf eine Pixelgruppe von 8 x 8 Pixeln angewendet.

Innerhalb dieser Gruppe werden Helligkeit und Farben je nach Kompressionsfaktor angeglichen. Das Verfahren eignet sich also nur begrenzt für Kanten und Schrift. Diese Verringerung der Dateigröße wird als Lossy-Komprimierung bezeichnet – sie ist also nicht verlustfrei.

JPEG nur einmal speichern

Speichern Sie JPEG-Dateien unbedingt nur einmal, denn jedes neue Speichern bedeutet eine weitere Verschlechterung der Bildqualität. Es empfiehlt sich grundsätzlich, alle JPEGs aus einer TIF- oder PSD-Datei zu erstellen. Bewahren Sie daher möglichst die Originaldaten auf, falls Sie eine Datei erneut in abweichender Größe als JPEG speichern müssen.

Dateien als JPEG speichern

Photoshop bietet zwei Möglichkeiten, die JPEG-Komprimierung einzustellen. Zum einen können Sie einfach den Befehl *Datei/Speichern unter* verwenden, zum anderen *Datei/Für Web speichern*. Die Einstellungsmöglichkeiten bei der zweiten Variante sind allerdings vielfältiger.

1 Laden Sie die Datei *vogel.tif* von der DATA BECKERWebsite. Wählen Sie den Befehl *Datei/Speichern unter*. Wählen Sie aus dem Listenfeld *Format* den Eintrag *JPEG* und klicken Sie auf die Schaltfläche *Speichern*.

2 Sie erhalten Die Dialogbox *JPEG-Optionen*. Hier können Sie entscheiden, mit welcher Qualität das JPEG abgespeichert wird. Wählen Sie in diesem Fall die Qualitätsstufe *12*.

3 Im Bereich *Format-Optionen* können Sie entscheiden, welche Speichermethode Sie auswählen möchten. Wählen Sie *Baseline (Standard)*. Diese Optimierungsart wird von den meisten Webbrowsern unterstützt. Wenn Sie die Option *Baseline optimiert* wählen, wird die Farbqualität des Bildes zwar leicht erhöht und die Datenmenge noch etwas reduziert, aber diese Methode wird nicht von allen Browsern unterstützt. Die Option *Mehrere Durchgänge* entspricht dem Interlaced-Modus beim Speichern von GIFs. Auch hierbei wird das Bild sukzessive aufgebaut, um dem Betrachter schnell eine Vorschau zu liefern.

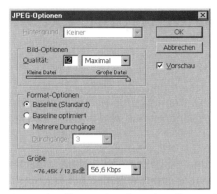

Verwenden Sie zunächst diese Einstellungen für die JPEG-Komprimierung

4 Klicken Sie auf *OK*, wenn Sie alle Einstellungen vorgenommen haben. Die Originaldatei *Vogel.tif* besitzt eine Dateigröße von *136 KByte*. Durch die Speicherung als JPEG mit maximaler Qualität wurde eine Größe von 77 KByte erreicht. Würden Sie die niedrigste Qualität mit dem Wert *0* verwenden, so hätte die Datei nur noch eine Größe von 9 KByte.

Hier wurden die Qualitätseinstellungen 12, 6 und 0 verwendet. Die Datei finden Sie im Ordner Adobe/Photoshop 6.0/Beispiele/Wissenschaft.psd

Dateien als JPEG optimieren

Bei einer starken Kompression kann es bei kontrastreichen Kanten zur Bildung störender Mustern und Streifen kommen. Sie können diesen Umstand zum Teil mit der Option *Weichzeichnen* bereinigen.

1 Öffnen sie die Datei *Wissenschaft.psd* aus dem Verzeichnis *Adobe\Photoshop 6.0\Beispiele* und wählen Sie *Datei/Für Web speichern*.

2 Klicken Sie auf das Register *2fach* und wählen Sie aus dem Listenfeld *Einstellungen* den Eintrag *JPEG hoch*. Die Datei benötigt jetzt bei einer Übertragungsgeschwindigkeit von *56,6 Kbps* 17 Sekunden für die Anzeige.

3 Testen Sie die Option *Weichzeichnen*. Hierbei können Werte zwischen 0 und 2 gewählt werden, wobei Schritte von 0,01 erlaubt sind. Geben Sie den Wert *0,5* in das Feld ein. Das Bild erscheint etwas weicher und die Anzeigedauer kann um weitere 3 Sekunden reduziert werden. Diese Option sollte vorsichtig angewendet und die Einstellung von 0,5 bei den meisten Vorlagen nicht überschritten werden. Wenn Sie die Datei speichern möchten, klicken Sie auf *OK*.

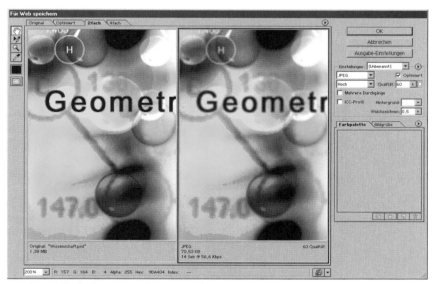

Mit der Weichzeicnhen-Option können Sie die Dateigröße noch etwas verringern

Störungen entfernen verringert die Dateigröße

Viele Störungen innerhalb eines Bildes verringern die Kompressionsrate. Um die Datenmenge zu reduzieren, wählen Sie vor der Optimierung von JPEGs *Filter/Störungen entfernen*.

3.3 Optimieren kleiner Dateien

Bei den oben beschriebenen Beispielen ist die Entscheidung für das jeweilige Dateiformat eindeutig. Es gibt aber Grafiken, bei denen die Wahl des Dateiformats nicht so klar ist. Dies kann beispielsweise bei Buttons mit vielen Farbabstufungen und Schatten der Fall sein. Gerade in solchen Fällen leistet die PhotoShop-Funktion *Auf Dateigröße optimieren* eine große Hilfe.

1 Laden Sie die Beispieldatei *button.tif* von der DATA BECKER-Website. Öffnen Sie diese in Photoshop und wählen Sie *Datei/Für Web speichern*.

2 Aktivieren Sie das Register *4fach*. Klicken Sie die zweite der vier Vorschauabbildungen an und wählen Sie aus dem Listenfeld *Optimierungsformat* den Eintrag *GIF*. Öffnen Sie das Menü *Optimiert*, Sie finden es rechts neben dem Listenfeld *Einstellungen* in Form eines umrandeten Pfeils, und wählen Sie den Eintrag *Auf Dateigröße optimieren*. Geben Sie in das Feld *Gewünschte Dateigröße* den Wert *2 KB* ein und bestätigen Sie mit *OK*.

3 Wählen Sie jetzt das dritte der Vorschaubilder mit einem Mausklick aus und entscheiden Sie sich diesmal im Listenfeld *Optimierungsformat* für den Eintrag *JPEG*. Optimieren Sie auch hier auf die Dateigröße *2 KB*. Vergleichen Sie beide Bilder. Beim Heranzoomen der Bilder sind geringfügige Unterschiede an den Farbübergängen und Buchstabenrändern zu erkennen. Die JPEG-Buttons wirken etwas weicher, die GIF-Buttons aber sauberer.

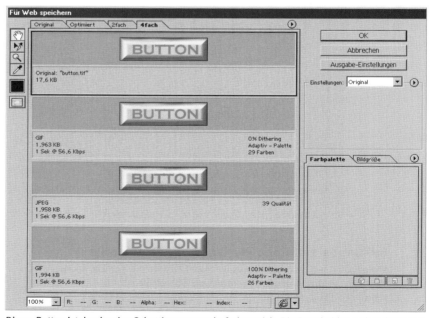

Dieser Button ist durch seine Schattierungen sehr farbenreich. Die Entscheidung über das Dateiformat ist nicht mehr so eindeutig

4 Ähnlich verhält sich die Situation bei sehr kleinen Fotografien. Diese werden oft als Vorschaubilder, so genannte Thumbnails, die durch ein Anklicken vergrößert werden, eingesetzt. Laden Sie die Abbildung *thumbnail001.tif* von der DATA BECKER-Website und wiederholen Sie die eben beschriebene Prozedur mit dem Unterschied, dass Sie hier eine Zielgröße von 3 KByte eingeben. Vergleichen Sie wieder beide Komprimierungsarten. Der Grund dafür, dass bei kleinen Fotos auch mit dem GIF-Format gute Ergebnisse erzielt werden, liegt an der geringen Gesamtzahl der Pixel. Dadurch begrenzt sich auch die Anzahl der Einzelfarben, die das Bild enthalten kann. Bei der in diesem Beispiel verwendeten Zielgröße von *3 KByte* liefern beide Formate Ergebnisse, die sich qualitativ kaum unterscheiden.

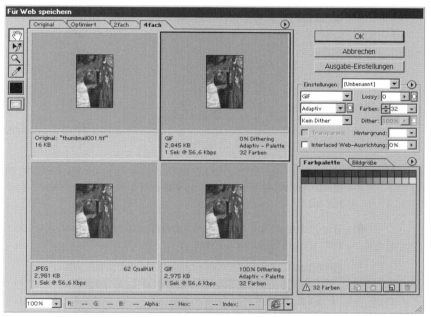

Auch bei den Thumbnails sind sich beide Formate ebenbürtig

3.4 Gewichtete Optimierung: Slices

Manche Grafiken sind so aufgebaut, dass Bereiche vorliegen, die prädestiniert für die JPEG-Komprimierung sind – andere Bereiche dagegen sollten als GIF optimiert werden. Werden diese Grafiken mit dem einen oder anderen Format komprimiert, so müssen an bestimmten Stellen Qualitätsverluste in Kauf genommen werden. Häufig kommt dieser Fall bei Werbebannern vor, die sowohl fotografische Elemente als auch Volltonflächen oder Schrift enthalten. Viele Websites begrenzen die Dateigröße, die ein Werbebanner aufweisen darf. Diese liegt in der Regel zwischen 10 und 14 KByte. Im folgendem Beispiel wird ein Banner mit der röße 60 x 468 Pixel mithilfe von Slices optimiert. Auch dieses Beispiel finden Sie auf der DATA BECKER-Website unter dem Namen *chrom.psd*.

GIF- und JPEG-Optimierung vergleichen

Um einen direkten Vergleich anzustellen, wird die Grafik zunächst auch als reine GIF- und JPEG-Datei gespeichert.

1 Öffnen Sie die Datei *Chrom.psd*. Die Grafik belegt in diesem Dateiformat 201 KByte. Ziel ist es, die Dateigröße bei bester Qualität auf 12 KByte zu minimieren.

2 Wählen Sie den Befehl *Datei/Für Web speichern*. Weisen Sie einem der Vorschaubilder das Format JPEG zu und wählen Sie aus dem Menü im Bereich *Einstellungen* den Befehl *Auf Dateigröße optimieren*.

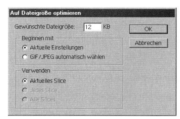

Stellen Sie die Gewünschte Dateigröße und aktivieren Sie die Option Aktuelle Einstellungen, um die Dateien miteinander zu vergleichen

3 Geben Sie die Größe *12 KB* ein und bestätigen Sie mit *OK*. Die Qualitätseinstellungen des JPEG-Formats werden nun getestet. Speichern Sie das Ergebnis ab.

4 Wiederholen Sie die Prozedur mit dem GIF-Format. Komprimieren Sie auch die GIF-Grafik auf *12 KByte*.

Das GIF-Bild (oben) wirkt grobkörnig, das JPEG-Bild dagegen zu weich

Vergleichen Sie zunächst beide Bilder. Insgesamt fällt die als JPEG komprimierte Grafik positiv auf. Beim GIF-Format musste die Farbanzahl auf 10-12 Farben reduziert werden. Dies ist vor allem bei der farbreichen Hintergrundfläche nicht ideal. Die Fläche verliert den flüssigen Effekt. Bei der geringen Farbanzahl kann auch das Dithering das Ergebnis nicht ausreichend verbessern.

Um die gewünschte Dateigröße von 12 KByte zu erreichen, musste für die JPEG-Komprimierung eine *Qualität* von 35 definiert werden. Bei dieser Qualität schlagen die JPEG-typischen Störungen zu Buche. Dies fällt besonders an Buchstabenrändern und dem Logo im linken Teil der Grafik auf. Keine der Grafik bietet eine gute Qualität. Mit einer Unterteilung der Grafik in Slices und einer separaten Optimierung einzelner Grafikbereiche können Sie trotzdem ein optimales Ergebnis erhalten.

Die Grafik in Slices aufteilen

Im Folgenden teilen Sie das Bild in drei verschiedene Slices auf. Diese Slices erhalten dann verschiedene Optimierungseinstellungen, sodass alle Bereiche ideal komprimiert werden.

1 Öffnen Sie erneut die Grafik *Chrom.psd*. Wählen Sie aus der Werkzeugleiste das Slice-Werkzeug und ziehen Sie einen Slice über dem rechten oberen Bereich auf. Photoshop findet automatisch zwei weitere Slice-Einteilungen – nehmen Sie den Vorschlag an. Die einzelnen Slices werden nummeriert. Der aufgezogene Slice hat die Nummer 2, der linke die Nummer 1, und der untere die Nummer 3. Diese Bezeichnungen werden im Folgendem benutzt.

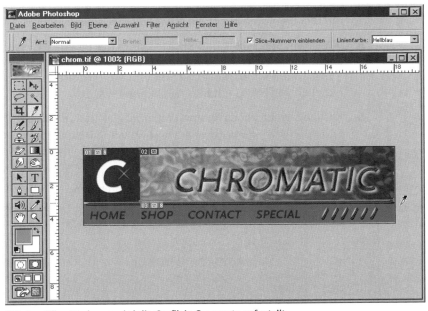

Mit dem Slice-Werkzeug wird die Grafik in Segmente aufgeteilt

2 Zoomen Sie den Bereich, an dem sich die drei Slices treffen, auf 600 %, um die einzelnen Pixel sichtbar zu machen.

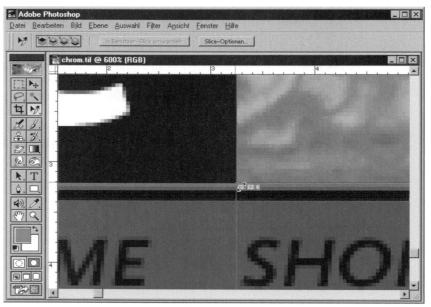

Die Slice-Grenzen müssen genau positioniert werden

3 Wählen Sie das Slice-Auswahlwerkzeug aus der Werkzeug-Palette und bewegen Sie den Mauszeiger auf die linke untere Ecke des *Slice 2*.

4 Passen Sie das rechte obere Slice so an, dass der untere Rand genau an dem oberem Rand der Trennlinie zur Navigationsleiste liegt.

5 Aktivieren Sie *Slice 3* und klicken Sie in der Palette *Werkzeugoptionen* die Schaltfläche *In Benützerslice umwandeln*. Dadurch ändern Sie den Status des Slices und können diesen verändern. Weiterführende Informationen zum Erstellen von Slices erhalten Sie in Kapitel 5.

6 Klicken Sie den linken Rahmen von *Slice 3* an und verschieben Sie ihn bis zum äußeren linken Rand des Bildes. Dadurch haben Sie in diesen Slice die gesamte Navigationsleiste und die abgrenzende Linie aufgenommen.

7 Ändern Sie anschließend *Slice 1* in ein Benutzerslice. Das *Slice 1* erfasst den dunkelblauen Grafikbereich mit dem Firmenlogo.

Eine optimale Aufteilung der Grafik in drei Slices

Die Grafik ist in Slices aufgeteilt. Die einzelnen Segmente umfassen Bildelemente ähnlicher Struktur. Einheiten wie die Trennlinie zwischen dem oberen und unteren Teil der Grafik dürfen grundsätzlich nicht auf verschiedene Slices unterteilt werden.

Die Unterschiede beim Komprimierungsformat und Einstellungen würden zu grafischen Differenzen an den Grenzen der Slices führen. Ein Beispiel für eine falsche Aufteilung der Grafik sehen Sie in der folgenden Abbildung.

Achten Sie beim Aufteilen in Slices darauf, dass Elemente wie Trennlinien nicht unterschiedlich optimiert werden

Die Optimierung von Slices

Nachdem die Grafik in Slices aufgeteilt wurde, kommen wir zur Optimierung einzelner Bildbereiche. Bei der Speicherung von Slices wird jedes Slice als einzelne Grafik gespeichert und die Bilder durch Befehle in HTML zusammengesetzt.

1 Wählen Sie im Menü *Datei* den Befehl *Für Web speichern*. Klicken Sie auf das Register *2fach*. Unter dem Originalbild erscheint ein voroptimiertes Bild.

2 Zoomen Sie die *Ansicht* auf *200 %*, in dem Sie die Tastenkombination Strg + + benutzen. Die Veränderungen des Bildes werden so deutlicher.

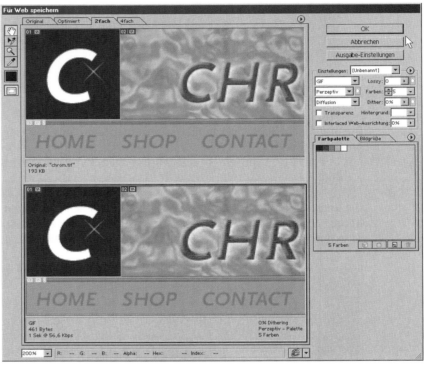

In der Dialogbox Für Web speichern sind die Slices einzeln optimiert

3 In der linken oberen Ecke der Dialogbox befindet sich eine Werkzeugleiste mit den wichtigsten Optionen. Aktivieren Sie das Slice-Auswahlwerkzeug.

4 Klicken Sie im Vorschaubild *Slice 1* an und wählen Sie dafür das Optimierungsformat *GIF* aus.

5 Verringern Sie nun die Anzahl der Farben, bis eine sichtbare Änderung der Grafik erfolgt. Da dieses Slice sehr wenige Farbübergänge enthält, können die Farben bis auf eine Anzahl von 5 reduziert werden. Das Slice benötigt 0,45 KByte Speicherplatz.

Das Slice 1 wird als GIF optimiert

6 *Slice 3* wird ebenfalls als *GIF* optimiert. Aufgrund der Trennlinie, die sich in diesem Slice befinden, beinhaltet das Bild mehrere Farbübergänge. Bei einer Farbanzahl von 12 ist die Grenze erreicht, an der die Qualität sich verschlechtert. Das Slice braucht ca. 1,79 KByte Speicherplatz.

Slice 3 wird ebenfalls im GIF-Format gespeichert. In diesem Slice werden 12 Farben verwaltet

7 Wählen Sie nun *Slice 2* aus. Diese Grafik enthält zahlreiche Farbtöne und wird daher mit dem Optimierungsformat *JPEG* komprimiert. Um die Gesamtgröße der Datei von 12 KByte nicht zu überschreiten, muss dieses Slice unter 9 KByte liegen. Wählen Sie den Befehl *Auf Dateigröße optimieren* und geben Sie *9* ein. Die von Photoshop berechnete Qualitätseinstellung liegt bei dem Wert *40*. Werden die Optionen *Optimiert* und *Mehrere Durchgänge* aktiviert, so verkleinert sich die Datei auf 8,43 KByte.

Das farbenreiche Slice 2 wird am besten als JPEG gespeichert

Mit der Aufteilung des Bildes in Slices konnten drei Bilder erstellt werden, deren Qualität deutlich über der Qualität vergleichbarer JPEG- und GIF-Dateien liegt. Die Kompressionsstärke der einzelnen Formate konnte nun gezielt auf die dafür prädestinierten Bereiche angewandt werden. Die Slice-Bilder haben insgesamt einen Speicherbedarf von 10,67 KByte.

Alle Bildsegmente zusammen belegen nur 10,67 KByte Speicherplatz. Die Qualität schlägt die einfach optimierten Bilder um Längen ...

Speichern optimierter Slices

Da die Einzelbilder in dem HTML-Dokument positioniert werden, muss noch ein HTML-Code geschrieben werden – dieser benötigt ebenfalls Speicherplatz. Der vom Programm erstellte HTML-Code ist programmiertechnisch sehr gut und liefert kleine Dateien. Sie können zwischen zwei unterschiedlichen HTML-Formen wählen: den Tabellen und dem CSS (Cascading Style Sheet).

1 Klicken Sie in der Dialogbox *Für Web speichern* die Schaltfläche *Ausgabe-Einstellungen*. Es erscheint das gleichnamige Fenster. Hier können direkt vor dem Speichervorgang alle Einstellungen angepasst werden.

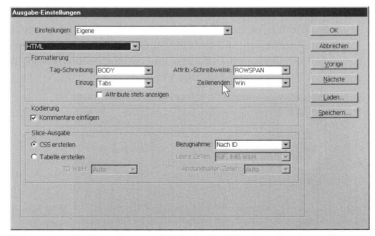

Bei den Ausgabe-Einstellungen wird die Art der Slice-Ausgabe eingestellt

2 Aktivieren Sie eine der Slice-Ausgaben. Zur Auswahl stehen die Optionen *CSS erstellen* und *Tabelle erstellen*. Bestätigen Sie die *Ausgabe-Einstellungen*. Sie gelangen so zurück zu der Dialogbox *Für Web speichern*.

3 Sind die *Ausgabe-Einstellungen* ausgewählt, so wählen Sie die Option *Tabelle erstellen* und bestätigen die Auswahl mit *OK*. Sie gelangen so zu der Dialog-box *Speichern unter*.

4 Klicken Sie auf *OK*, um zum Dialogfenster *Optimiert-Version speichern unter* zu gelangen. Wählen Sie hier den Namen der zu speichernden HTML-Datei und bestätigen Sie mit Speichern. Die Grafik wird nun in Form von drei sepa-raten Bildern und einer HTML-Datei gespeichert. Die Teilbilder, die den Slices entsprechen, werden in ein Verzeichnis gespeichert, das eine Ebene über der HTML-Datei liegt. In der HTML Datei befinden sich Angaben zur Position der einzelnen Bilder auf dem Bildschirm. Je nach Slice-Ausgabe-Einstellungen beinhaltet der Quellcode Tabellen oder CSS-Befehle.

Slice-Ausgabe über CSS oder Tabellen

Wird die Einstellung *Slice-Ausgabe* aktiviert, so erscheinen im Auswahlfeld *Be-zugnahme* folgende drei Optionen: *Nach ID, Eingebunden* und *nach Klasse*. Bei der Option *Nach ID* wird jedem Slice eine *ID* (Identifikationsnummer) vergeben. Die Positionierung erfolgt mithilfe von Stilen, wobei jedem Stil eine eindeutige ID zugewiesen wird.

Auch bei der Einstellung *Nach Klasse* werden den Slices eindeutige IDs zugewie-sen, die anschließend mithilfe von Klassen positioniert werden. Im Gegensatz dazu werden bei der Option *Eingebunden* die einzelnen Slices direkt über die Angaben im ‹DIV›-Tag positioniert. Mit der Einstellung *Eingebunden* werden die kleinsten Dateien erzeugt, auch wenn der daraus resultierende HTML-Code etwas unübersichtlich erscheint.

Die Einsparungen liegen zwischen 20 und 30 %, was bei einer großen Anzahl Slices und HTML-Dateien ab 5 KByte ins Gewicht fällt. Da der HTML-Code im Nachhinein nicht verändert wird, empfehlen wir die Einstellung *Eingebunden*.

Wird die *Slice-Ausgabe* über Tabelle angeklickt, so wird die Option zum Füllen leerer Tabellendatenzellen aktiviert. Die Ergebnisse der einzelnen Einstellungen unterscheiden sich in der Dateigröße praktisch nicht voneinander. Ein wichtiger Punkt ist die Option *TD W&H*.

Hier kann einer der drei Varianten: *Immer, Nie* oder *Auto* gewählt werden. Mit dieser Option wird die Anwendung von Breiten- und Höhen-Attributen für Tabel-lendaten geregelt. Wir empfehlen, die Einstellung auf *Auto* zu behalten. Die an-dere wichtige Option *Abstandhalter-Zellen* sollte ebenfalls auf *Auto* gestellt sein. Werden Abstandhalter nicht aktiviert, so können komplizierte Tabellen in Einzel-segmente zerfallen.

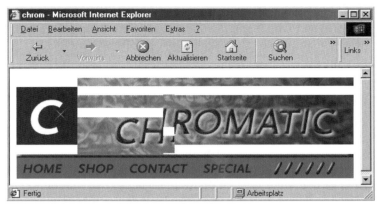

Bei nicht aktivierten Abstandshaltern zerfallen Abbildungen in einzelne Slices

Zur Veranschaulichung der Unterschiede des HTML-Codes von Tabellen und CSS vergleichen Sie die Quellcodes. Folgender Code beschreibt die Tabellenversion:

```
<!— ImageReady Slices (chrom.psd) —>
<TABLE WIDTH=510 BORDER=0 CELLPADDING=0 CELLSPACING=0>
    <TR>
      <TD>
        <IMG SRC="images/chromTabelle_01.gif" WIDTH=92 HEIGHT=91></TD>
      <TD>
        <IMG SRC="images/chromTabelle_02.jpg" WIDTH=418 HEIGHT=91>
        </TD>
    </TR>
    <TR>
      <TD COLSPAN=2>
        <IMG SRC="images/chromTabelle_03.gif" WIDTH=510 HEIGHT=38>
        </TD>
    </TR>
</TABLE>
<!— End ImageReady Slices —>
```

Folgender Quellcode wurde mithilfe von CSS eingebunden:

```
<!— ImageReady Slices (chrom.psd) —>
<DIV STYLE="position:absolute; left:0px; top:0px; width:92px; height:91px; ">
    <IMG SRC="images/chromCSS_01.gif" WIDTH=92 HEIGHT=91></DIV>
<DIV STYLE="position:absolute; left:92px; top:0px; width:418px; height:91px; ">
    <IMG SRC="images/chromCSS_02.jpg" WIDTH=418 HEIGHT=91></DIV>
<DIV STYLE="position:absolute; left:0px; top:91px; width:510px; height:38px; ">
    <IMG SRC="images/chromCSS_03.gif" WIDTH=510 HEIGHT=38></DIV>
<!— End ImageReady Slices —>
</BODY>
```

Bei optimalen *Slice-Ausgabe*-Einstellungen erhielten wir Dateien, die etwas über 0,5 KByte groß waren. Die HTML-Dateien mit dem Tabellencode waren dabei etwas kleiner als die mit dem CSS-Code.

Als Ergebnis erhalten wir eine optimierte Grafik, die ca. 11,2 KByte groß ist. Im Vergleich zu den ähnlich großen Versionen, die ausschließlich mit GIF oder JPEG komprimiert wurden, weist das Slice-Bild eine eindeutig bessere Qualität auf. Die so optimierten Grafiken wirken trotz des geringen Speicherverbrauchs sehr professionell.

3.5 Optimieren von GIF-Animationen

Eine Animation besteht aus einer Reihe von Bildern, die in einzelnen Frames gespeichert werden. Die Frames werden mit einer bestimmten Zeitverzögerung nacheinander angezeigt.

Die Illusion einer Bewegung entsteht durch das Anzeigen von Frames in schneller Abfolge. Sie können Animationen in ImageReady in zwei Formaten, als eine Reihe von GIF-Dateien oder als QuickTimeTM-Film speichern.

Die Optimierung animierter GIF-Dateien funktioniert genauso wie die Optimierung einfacher GIF-Bilder. Da GIF-Animationen mit vielen Farben sehr schnell zu viel Speicherplatz verbrauchen, sollten Sie möglichst Grafiken einsetzen, die wenige Farbübergänge beinhalten.

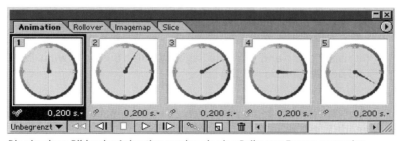

Die einzelnen Bilder der Animation werden als eine Reihe von Frames angezeigt

Das eigentliche Optimieren der GIF-Animationen geschieht in ImageReady. Das Programm bietet ein *Optimierungsfenster*, das der Dialogbox *Für Web speichern* sehr ähnelt.

Das Optimierungsfenster wird sofort nach dem Öffnen einer animierten GIF-Datei aufgerufen. ImageReady bietet eine spezielle Dithering-Technik. ImageReady gleicht die Dither-Muster in allen Frames an, sodass kein Flimmern auftritt. Die Optimierung einer GIF-Animation soll an einem Beispiel vorgeführt werden.

1 Starten Sie ImageReady und laden Sie die auf der DATA BECKER-Website befindliche GIF-Datei goldmuenze.gif. Die Datei wird sofort in dem Optimierungsfenster geöffnet. Unter dem Registerblatt *Original* sehen Sie die Angabe zur Größe der noch nicht optimierten Datei – sie beträgt 42,3 KByte.

2 Klicken Sie nun auf das Register *4fach*. Das Bild erscheint nun in vier Fens-
tern. Im linken oberen Fenster befindet sich das Original. Daneben befinden
sich die Fenster zur Optimierung der Datei. Aktivieren Sie mit einem Klick
eines der Bilder.

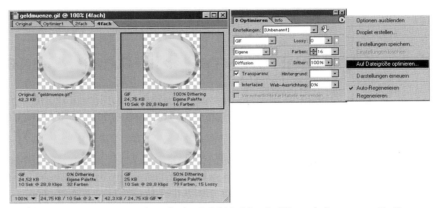

Auch im Programm ImageReady steht der Befehl Auf Dateigröße optimieren ... zur Verfügung

3 Sollte die Dialogbox *Optimieren* nicht neben dem Fenster erscheinen, so rufen Sie diese über den Befehl *Fenster/Optimieren einblenden* auf.

4 Klicken Sie auf den runden Button, der sich rechts der Register befindet.
Wählen Sie aus dem Menü den Befehl *Auf Dateigröße optimieren*. Da es sich
bei dieser Animation um eine aufwändige Frameabfolge handelt, die sehr
wenige identische Flächen beinhaltet, sollte das Ziel der optimierten Version zwischen 20 und 30 KByte liegen. Wählen Sie die gewünschte Dateigröße
und bestätigen Sie mit *OK*.

5 Variieren Sie die einzelnen Einstellungen wie *Lossy, Dithering-Technik* und
Farb-Palette, um das beste Ergebnis zu bekommen. Wir erreichten befriedi-
gende Ergebnisse bis zu einer Dateigröße von 25 KByte mit den Einstellun-
gen *Lossy 0, 100 % Dithering,* dem *Dithering-Algorithmus Diffusion* und *16
Farben*. Wenn Sie die Einstellungen betrachten wollen, so öffnen Sie dazu die
Datei *goldmuenzeoptimiert.gif*.

6 Wenn Sie mit dem Ergebnis zufrieden sind, so sollten Sie noch definieren,
ob die Animation in einer Endlosschleife abgespielt werden soll oder ob nur
eine bestimmte Anzahl von Sequenzen dargestellt wird. Rufen Sie dazu die
Palette *Animation* mit *Fenster/Animationen einblenden* auf. In der linken
unteren Ecke der Palette befindet sich ein Auswahlmenü, in dem Sie auswählen können, wie oft die Animation ablaufen soll.

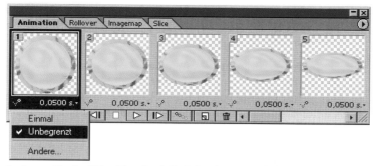

In diesem Menü wählen Sie, wie oft die Animation angezeigt werden soll

7 Haben Sie ein befriedigendes Ergebnis erreicht, speichern Sie die Animation mit dem Befehl *Datei/Optimiert-Version speichern unter.*

Animierte Bereiche möglichst gering halten

Achten Sie im Vorfeld der Projektierung einer GIF-Animation darauf, dass Sie nur eine geringe Anzahl animierter Bereiche verwenden. Das bedeutet, dass Pixel, die sich in einzelnen Frames übereinander liegen, möglichst gleich bleiben. Sie können einen kleinen Film mit 100 Frames erstellen, der nur wenige KByte einnimmt, wenn Sie mit wenigen Farben arbeiten und ein wenige Pixel großes Objekt in Bewegung halten. (Laden Sie sich als Beispiel die Datei *uhr.gif* von der DATA BECKER-Website). Im Gegensatz dazu können Sie mit einer kurzen, aber fotografischen Animation, in der sich die gesamte Farbgebung des Bildes verändert, eine datenintensive Animation erschaffen.

3.6 Kreative Komprimierung

Die bisherigen Beispiele verfolgen die Grundidee, beste Qualität bei möglichst geringem Speicherbedarf zu erzielen. Zum Ende des Themas zeigen wir Ihnen Beispiele dafür, dass es nicht immer so sein muss. Starke Komprimierung verändert eine Grafik drastisch. Diesen Ansatz können Sie sich zu Nutze machen und quasi als Filter verwenden. Zusammen mit dem optischen Effekt bekommen Sie eine Grafik mit minimalem Speicherbedarf. Wir haben für Sie zwei Grafiken vorbereitet, die sich sehr gut für unser Vorhaben eignen. Sie können die Dateien *Pfirsich.tif* und *Apfel.tif* von der DATA BECKER-Webseite herunterladen.

Effekte mit Farbenreduzierung erzielen

1 Öffnen Sie die Datei *Pfirsich.tif*. Das Bild wurde mit der 24-Bit-Farb-Palette erstellt. Um das Bild auf wenige Farben zu reduzieren und dabei gute Ergebnisse zu bekommen, muss noch ein wenig Vorarbeit geleistet werden.

2 Wählen Sie den Befehl *Filter/Weichzeichnungsfilter/Gaußischer Weichzeichner* aus. Es öffnet sich die Dialogbox *Gaußischer Weichzeichner,* in der die Stärke der Weichzeichnung über die Radiusgröße angegeben werden kann.

3 Geben Sie als Radiusgröße einen Wert von ca. *1,5 Pixeln* ein. Der Effekt gleicht Pixel im angegebenen Radius einander an, wodurch einzelne Pixel, die sich in ihrer Farbgebung von den umliegenden unterscheiden, entfernt werden. Es entstehen bei der Farbreduzierung zusammenhängende Flächen.

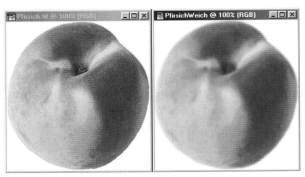

Der Pfirsich wird weichgezeichnet

4 Wählen Sie wieder den Befehl *Für Web speichern.* Weisen Sie dem Vorschaublid das Format *GIF* zu und verringern Sie die Farbanzahl auf beispielsweise 5. Setzen Sie den Wert für *Dithering* auf 0 %. Dadurch bekommen Sie sehr harte Farbübergänge und das Bild wirkt plakativ. Je nach Einstellung der Palettenart ergeben sich geringe Unterschiede. Wählen Sie die Palette *Web,* um sicherzustellen, dass Ihre Bilder auf allen Systemen gleich dargestellt werden.

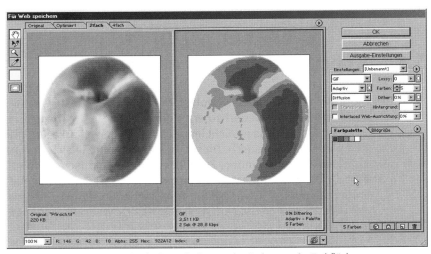

Ohne Dithering entstehen durch die Reduzierung der Farben große Farbflächen

5 Doppelklicken Sie auf eines der fünf Kästchen, welche die Farben symbolisieren. Das Dialogfenster *Farbwähler* wird geöffnet. Hier kann die gerade angeklickte Farbe durch eine andere ersetzt werden.

6 Klicken Sie im Rechteck mit der Farbauswahl auf einen passenden Farbton und bestätigen Sie die Auswahl mit *OK*. Die Originalfarbe wird nun ersetzt. Besteht ein Bild wie hier nur aus wenigen Farben, aktivieren Sie im Farbwähler die Option *Nur Webfarben*. Bietet die auf 216 Farben begrenzte Webpalette die von Ihnen gesuchten Farben nicht, deaktivieren Sie diese Option, allerdings gehen Sie damit das Risiko ein, dass diese Farbe in einigen Browsern falsch dargestellt wird.

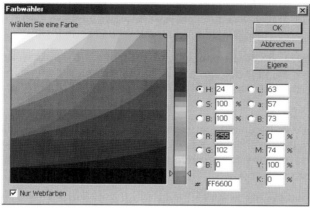

Im Farbwähler lassen sich die Farben austauschen

7 Wiederholen Sie den Schritt bei allen übrigen Farben. Wenn Sie dabei eine Webfarbe auswählen, so wird dies durch einen Punkt im dazugehörigen Farbkästchen gekennzeichnet. Klicken Sie auf *OK*, sobald Sie mit den Farbeinstellungen zufrieden sind, und speichern Sie das GIF-Bild.

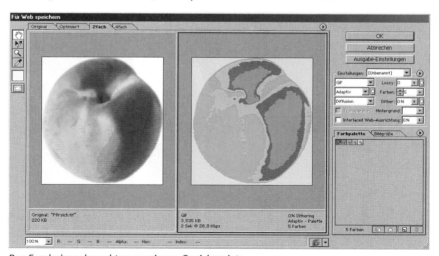

Das Ergebnis verbraucht nur geringen Speicherplatz

Das Ergebnis gleicht dem Photoshop-Effekt *Tontrennung*. Solche Grafiken können gut als Blickfang eingesetzt werden. Der Speicherbedarf von 3,5 KByte ist für eine Grafik dieser Größe bemerkenswert gering.

Effekte mit Farbangleichung kreieren

In diesem zweiten Beispiel wird eine Kombination verschiedener Methoden eingesetzt. Zunächst reduzieren Sie auch hier die Anzahl der Farben und fassen dann zwei Farbflächen zu einer zusammen. Anschließend wird mit Dithering die Grenzstruktur der Farbflächen aufgelöst.

1 Öffnen Sie die Datei *Apfel.tif* und wenden Sie auch auf dieses Bild den Effekt *Gaußischer Weichzeichner* an. Wählen Sie anschließend wieder *Für Web speichern* und weisen Sie dem Vorschaublid das Format *GIF* zu.

2 Verringern Sie die Farbanzahl auf 4. Stellen Sie den Dithering-Wert vorerst auf *0 %*. Die hart abgegrenzten Farbflächen sind dadurch leichter zu bearbeiten. Der Apfel ist in 3 Farbflächen aufgeteilt, die jedoch nicht harmonisch wirken.

Bei einer weiteren automatischen Verringerung der Farbtiefe auf drei Farben werden die Farbflächen so zusammengefasst, dass der Apfel an Plastizität verliert. Um dies zu verhindern, werden vorhandene Farbflächen manuell zusammengefasst.

3 Doppelklicken Sie in der Farb-Palette auf das erste der braunen Farbkästchen. Der Farbwähler wird geöffnet. Ändern Sie die Farbe, indem Sie einen Rotton auswählen, und bestätigen Sie mit *OK*.

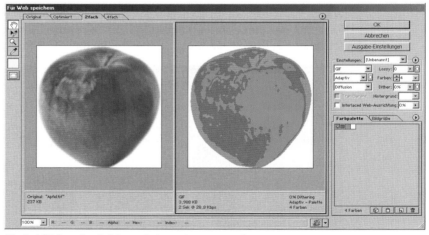

Die Farbflächen des Apfels erscheinen etwas ungeordnet

4 Wählen Sie nun das zweite braune Farbkästchen und weisen Sie ihm die gleiche rote Farbe zu. Dadurch verringert sich in der Farb-Palette die Anzahl der Farben auf drei. Der zentrale Bereich des Apfels erscheint nun als eine gleichmäßige Farbfläche.

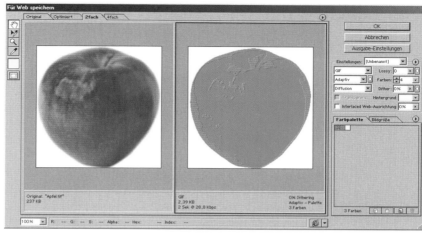

Die beiden Farben wurden manuell zusammengefasst

5 Anschließend wird der hellbraune Farbton durch Gelb ersetzt und der weiße Hintergrund durch Blau. Durch die glatten Flächen wirkt der Apfel jetzt zweidimensional.

6 Dieses kann hervorragend mit der Zugabe von Dithering aufgehoben werden. Geben Sie im Eingabefeld *Dithering* den Wert *100 %* ein. Durch das Auflösen der Farbübergänge erscheint der Apfel trotz minimaler Farbmenge plastischer. Bei einer Grafik, die lediglich eine Dateigröße von 3,7 KByte hat, ein erstaunliches Ergebnis.

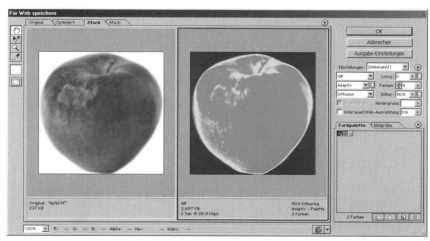

Nur drei Farben, welch eine Wirkung ...

Die beiden Beispiele dienen als Anregung dafür, wie Sie die Optimierungsverfahren als kreatives Stilmittel nutzen können. Durch gezielte Farbreduzierung lassen sich filterähnliche Effekte erzeugen und gleichzeitig viel Speicherplatz sparen.

Optimieren von Bildern fürs Web   3

4. Elemente fachmännisch in Frame-Strukturen einfügen

Frames machen beim Webdesign einiges möglich. Bereiche des Bildschirms lassen sich nach Bedarf ein- und ausblenden, Seiten können durch andere ausgetauscht werden und die Inhalte werden übersichtlich in Navigationsleisten aufgeführt und strukturiert.

Ein unangenehmer Nebeneffekt ist die hohe Fehlerquelle bei der Verknüpfung von HTML-Dokumenten innerhalb der Frames sowie die schwierige Einbindung grafischer Elemente. Diese Problematik wird im nächsten Kapitel an einem komple

en Projekt erläutert.

4.1 Eine Navigationsleiste in Photoshop erstellen

Bevor Sie in diesem Projekt die praktische Arbeit mit Frames durchführen, werden im Folgenden die Hauptbegriffe zu diesem Thema erläutert.

Frames unsichtbar machen

Der wichtigste Punkt, um mit Frames designtechnisch arbeiten zu können, ist, die Rahmen zu entfernen, mit denen ein Browser die Frames standardgemäß kennzeichnet. Sie erstellen zunächst ein einfaches Frameset in einem beliebigen Texteditor.

Als Frameset wird eine HTML-Datei bezeichnet, in der die Angaben zur Aufteilung des Bildschirms in Bereiche definiert wird. In dieser Datei werden Angaben zur genauen Größe und Umrahmung der einzelnen Frames gemacht und die Frames eindeutig benannt, was später bei der Verlinkung sehr wichtig ist.

1 Öffnen Sie einen Texteditor z. B. mit *Start/Programme/Zubehör/Editor*. Tippen Sie den in der Abbildung dargestellten Code ab. Der Teil des Codes, der für die Erstellung der beiden Frames zuständig ist, ist in der Abbildung grün unterlegt dargestellt.

```
probe.htm - Editor                              _ □ ×
Datei  Bearbeiten  Suchen  ?
<html>
<head>
<title></title>
</head>

<frameset cols="100,1*">
   <frame name="leftFrame" src="probe.htm">
   <frame name="mainFrame" src="rollenpage.htm">
</frameset>

<body>
</body>
</html>
```

Mit diesem einfachen HTML-Code wird ein Fenster in zwei Frames aufgeteilt

2 Wählen Sie im Editor-Fenster *Datei/Speichern unter* und geben Sie in das Feld
Dateiname beispielsweise den Namen „index.htm" ein. Wichtig ist hierbei,
dass Sie die Dateierweiterung „.htm" eingeben. Wechseln Sie zum Explorer
und klicken Sie die eben gespeicherte Datei doppelt an, sodass sie in Ihrem
Standardbrowser geöffnet wird. Schauen Sie sich das Ergebnis bei unterschiedlich großen Fenstereinstellungen an. Sie erkennen die Trennlinie, die
kennzeichnet, wo die beiden Frames aufeinander treffen. Bei einer geringen
Fenstergröße erscheint zusätzlich eine Bildlaufleiste.

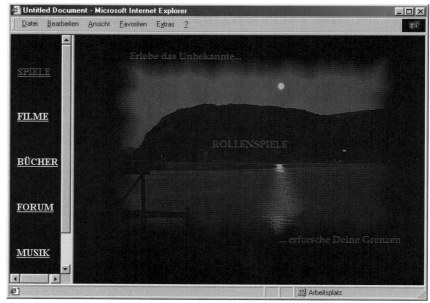

Rahmen und Bildlaufleisten stören mitunter das Layout einer Website

3 Fügen Sie dem bisher erstellten HTML-Code den in der Abbildung farbig markierten hinzu. Speichern Sie die Datei erneut und rufen Sie diese noch einmal
im Browser auf. Sowohl der Framerahmen als auch die Bildlaufleiste sind
verschwunden. Dieses Ergebnis ist für das nun folgende Projekt von großer
Bedeutung.

Angaben zu Frames

Die Angaben, welche die Frames steuern, befinden sich immer innerhalb der HTML-Tags <Frameset....> und </Frameset>. Im einleitenden Tag <Frameset...> wird mit cols="100,1*" bestimmt, dass das Fenster in zwei Spalten aufgeteilt wird. Davon ist die linke 100 Pixel breit, die rechte füllt den verbleibenden Raum des Browserfensters aus. Die einzelnen Frames werden mit folgenden Befehlen beschrieben: name="leftFrame" hier wird dem linken Frame ein eindeutiger Name (in diesem Fall *leftFrame*) zugeweisen. Der Name ist bei der Verlinkung der einzelnen Frames von großer Bedeutung.

```
probe.htm - Editor
Datei  Bearbeiten  Suchen  ?
<html>
<head>
<title></title>
</head>

<frameset cols="100,1*" frameborder="NO" border="0" framespacing="0">
  <frame name="leftFrame" scrolling="NO" noresize src="probe.htm">
  <frame name="mainFrame" src="rollenpage.htm">
</frameset>

<body>
</body>
</html>
```

Mit den grün markierten Befehlen werden die unerwünschten Effekte unterbunden

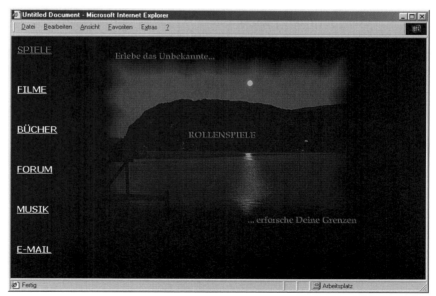

Die gleiche Website ohne die Rahmenbegrenzungen

4

Elemente in Frame-Strukturen einfügen

HTML-Befehle zur Unterdrückung von Rahmen

Die Befehle zur Unterdrückung des Rahmens werden im einleitendem Tag <Frameset> definiert. Da sich die beiden führenden Browser Internet Explorer und Netscape Navigator nicht über eine ein-
heitliche Form der Rahmen-Unterdrückung einig sind, werden drei
Befehle benötigt. Die Befehle *frameborder="NO"* und *framespacing
="0"* bedeuten nach Microsoft-Syntax, dass kein Rahmen angezeigt
wird und der Abstand der Framefenster 0 Pixel beträgt. In der Netscape-Syntax wird mit *border="0"* die breite des Rahmens auf 0
Pixel gesetzt, was ihn ebenfalls unsichtbar macht.

HTML-Befehle zur Unterdrückung von Bildlaufleisten

Die Bildlaufleisten werden für einzelne Frames mit dem Befehl *scrol-
ling="NO"* verhindert. Mit der weiteren Angabe noresize wird verhindert, dass der Betrachter die Größe der Frames ändern kann
und trotzdem keine Bildlaufleiste angezeigt wird.

Frameübergreifende Navigationsleiste

Ein praktikables Beispiel für unsichtbare Frames sind Navigationsleisten, die über
mehrere Frames verteilt sind und dabei trotzdem wie eine Einheit wirken. Die
Frames werden dabei unsichtbar gemacht und die Grenzen der Einzelgrafiken
exakt aneinander angepasst.

In diesem Beispiel wird eine Website erstellt. Das Beispiel ist für große Websites
geeignet, da durch eine doppelte Navigationsleiste viele Unterprojekte übersichtlich geordnet werden können. In der übergeordneten Navigationsleiste werden
die Hauptthemen dargestellt, die zu mehreren untergeordneten Leisten führen.
Das Beispiel ist komplex und wird vom Design bis zu Einbindung in HTML durchgeführt.

Als HTML-Editor wurde der weit verbreitete Dreamweaver von Macromedia gewählt. Die dazugehörigen HTML-Codes erlauben jedoch eine exakte Nachahmung
des Projekts in anderen Editoren.

Grundstruktur der Navigation

An erster Stelle des Projekts wird in PhotoShop die Grundstruktur mithilfe von
Pfaden erstellt.

Vorbereitung des Dokuments

1 Wählen Sie den Befehl *Datei/Neu*. Geben Sie eine Breite von *720* und eine
Höhe von *480 Pixel* ein. Diese Dokumentgröße ist sowohl für Webseiten mit
800 x 600 als auch 1.024 x 768 geeignet. Wählen Sie eine Auflösung von *72*

Pixel/Inch und den Farbmodus *RGB-Farbe.* Aktivieren Sie des Weiteren die Inhalt-Option *Transparent.*

2 Wählen Sie den Befehl *Ansicht/Neue Hilfslinie* und geben Sie den Wert *50 px* mit der Ausrichtung *Vertikal* ein. Bestätigen Sie mit *OK.* Die erstellte Hilfslinie befindet sich 50 Pixel vom linken Rand des Dokumentfensters entfernt und markiert den Rand des linken Navigationsteils.

3 Erstellen Sie nun mit dem Befehl *Neue Hilfslinie* horizontale Hilfslinien an den Positionen *30, 85, 140, 195, 250, 305, 360* und *460 px.* Mithilfe dieses Gestaltungsrasters können Sie die Elemente exakt ausrichten.

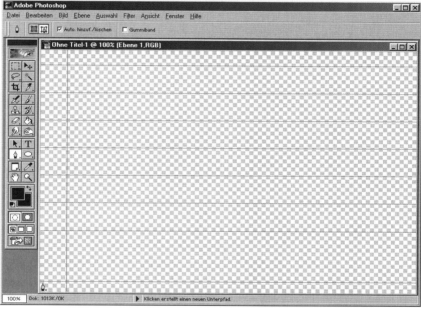

Das vorbereitete Dokument mithilfslinien

Erstellen des Pfades

Pfadoptionen
Durch einfaches Klicken setzten Sie Punkte, die mit einer geraden Linie verbunden werden. Durch Klicken und Ziehen verwandeln Sie den Abschnitt zwischen Punkten in eine Kurve. Mit dem Direkt-Auswahl-Werkzeug können einzelne Punkte des Pfades im Nachhinein verschoben und bearbeitet werden.

1 Wählen Sie aus der Werkzeug-Palette den Zeichenstift ⓟ. Mit diesem Werkzeug wird die Kontur der Navigationsleiste gezeichnet. Achten Sie darauf, dass in der Palette *Werkzeug-Optionen* die Option *Dem Formbereich hinzufügen* aktiviert ist. Klicken Sie auf den linken Rand der untersten Hilfslinie

Elemente in Frame-Strukturen einfügen

4

im Dokumentfenster. Damit ist der Anfangspunkt des Pfades erstellt. Ziehen Sie einen Pfad auf, der der Abbildung gleicht.

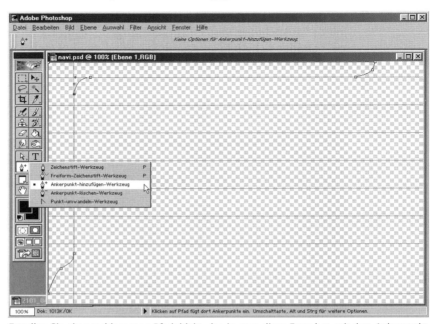

Erstellen Sie ein geschlossenen Pfadobjekt, das in etwa diese Form hat, mit dem Ankerpunkt-hinzufügen-Werkzeug können Sie zusätzliche Punkte setzten

2 Schließen Sie den Pfad, indem Sie mit dem Pfad-Werkzeug den Anfangsknoten anklicken – nur geschlossene Pfade können mit einer Füllung versehen werden. Der Pfad hat seine Grundform erhalten. Da der linke Teil der Navigationsleiste nicht aus einer einfachen Geraden bestehen soll, müssen noch weitere Punkte hinzugefügt und positioniert werden. Allerdings können Sie die Schritte 4 bis 9 vernachlässigen, falls Sie das Beispiel nicht exakt nachbauen möchten.

3 Wählen Sie das Ankerpunkt-hinzufügen-Werkzeug aus der Werkzeugleiste. Wird nun eine Stelle des Pfades angeklickt, die keinen Knoten besitzt, so wird an dieser Stelle ein neuer Punkt erstellt. Wird ein schon vorhandener Knoten angeklickt, so verwandelt sich der Mauszeiger in das Direkt-Auswahl-Werkzeug und der Punkt lässt sich verschieben.

4 Klicken Sie mit dem Ankerpunkt-hinzufügen-Werkzeug auf die Schnittpunkte zwischen horizontalen Hilfslinien und Pfad und erstellen Sie so sechs neue Knoten. An diesen Stellen werden Einbuchtungen für die Knöpfe modelliert.

5 Fügen Sie zwischen den einzelnen Hilfslinien jeweils vier weitere Knoten hinzu. Klicken Sie mit dem Ankerpunkt-hinzufügen-Werkzeug die Knoten an den Schnittstellen an und verschieben Sie diese nach links. Verschieben Sie die beiden mittleren Punkte zwischen den Hilfslinien ebenfalls ein wenig nach links. Beim Anklicken der Ankerpunkte erscheinen Griffpunkte, mit deren Hilfe sich Krümmungen der Kurven anpassen lassen. Gleichen Sie alle Einbuchtungen und Kurvenverläufe mithilfe der Griffpunkte entsprechend der Abbildung an.

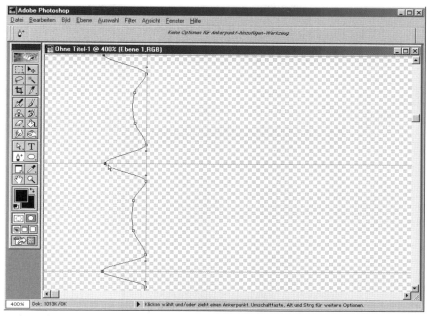

In die Einbuchtungen des Pfades werden die Navigationsbuttons platziert

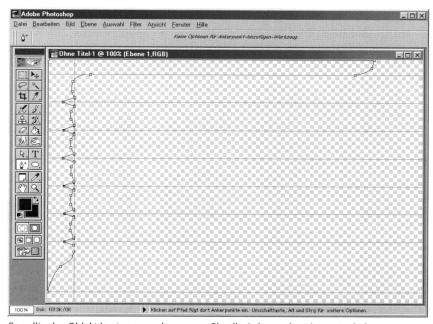

So sollte das Objekt in etwa aussehen, wenn Sie alle Ankerpunkte eingesetzt haben

Füllung der Navigationsleiste

Der Umriss der Navigationsleiste ist fertig gestellt. Im Folgenden wird dieser mit einer Füllung versehen.

1 Öffnen Sie mit dem Befehl *Fenster/Pfade einblenden* die Pfad-Palette. Wählen Sie aus dem Menü der Pfad-Palette den Befehl *Pfadfläche füllen*. Wählen Sie aus dem Listenfeld *Füllen mit* die Option *Vordergrundfarbe*. Als Füllmethode wird der Modus *Normal* und *100 %* Deckkraft gewählt. Bestätigen Sie die Eingaben mit *OK*. Die Fläche innerhalb des Pfades wird mit der eingestellten Vordergrundfarbe gefüllt.

Mit diesen Einstellungen wird der Pfad gefüllt

2 Rufen Sie mit *Fenster/Ebenen* die Ebenen-Palette auf. Wählen Sie aus dem Paletten-Menü den Eintrag *Fülloptionen*. Die Dialogbox *Ebenenstil* wird geöffnet.

3 Aktivieren Sie die Kontrollkästchen *Schlagschatten* und *Glanz*, dadurch werden die Effekte unter Beibehaltung der Standardeinstellungen aktiviert.

4 Wechseln Sie zum Register *Struktur*, indem Sie nicht nur das Kontrollkästchen aktivieren, sondern den Eintrag anklicken. Sie finden hier das Listenfeld *Muster*, öffnen Sie es durch einen Klick auf den Listenpfeil und wählen Sie das Muster *Holz* aus. Verwenden Sie für *Skalierung* und *Tiefe* wieder die Standardeinstellungen.

5 Es fehlen noch die Einstellungen für die Farbüberlagerung. Wechseln Sie jetzt zu diesem Register und klicken Sie auf das Feld *Farbe für Überlagerung einstellen*. Definieren Sie den Grünton mit den Werten *R 0*, *G 102* und *B 0*. Die voreingestellte Vordergrundfarbe wurde damit vollständig überlagert. Bestätigen Sie mit *OK*.

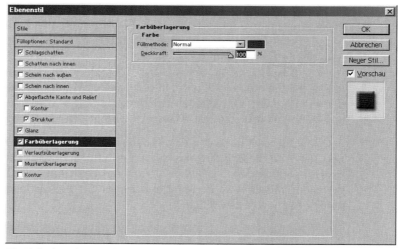

Die Dialogbox Ebenenstil bietet eine Vielzahl von Optionen, mit denen Flächenfüllungen gestaltet werden können

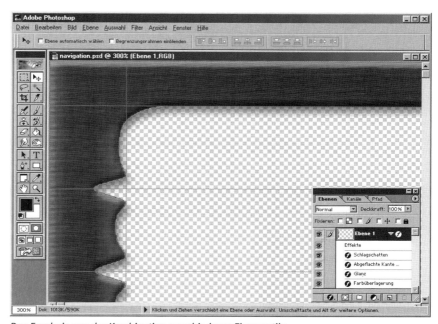

Das Ergebnis aus der Kombination verschiedener Ebenenstile

Erstellung der Buttons

Der Grundriss der Navigationsleiste ist fertig gestellt. Als Nächstes erstellen Sie mithilfe des Ellipsen-Werkzeugs die Buttons. An erster Stelle werden die Buttons der linken Leiste platziert. Diese Leiste wird bei der späteren Einbindung in HTML in einem dauerhaft sichtbaren Frame eingebunden. Die Buttons werden dann über Imagemaps mit Links hinterlegt.

Da die Ellipsen ebenfalls Pfadobjekte sind, muss der bisher aktive Arbeitspfad der Navigationsleiste deaktiviert werden. Die Buttonpfade müssen auf einer gesonderten Ebene liegen, sonst würden sich alle Veränderungen des Grundpfades auch auf die Buttons auswirken.

1 Aktivieren Sie die Pfad-Palette. In der Palette befindet sich der Arbeitspfad, der den Pfad der Navigationsleiste darstellt. Klicken Sie in der Pfad-Palette unterhalb des Arbeitspfades. Dadurch wird er deaktiviert.

2 Erstellen Sie zwei neue vertikale Hilfslinien an den Positionen *10* und *90 Pixel*. Dies sind die Begrenzungslinien der Buttons, die mit einer Breit von *80 Pixel* angelegt werden. Wählen Sie aus der Werkzeug-Palette das Ellipsen-Werkzeug mit dem Shortcut U und ziehen Sie eine Ellipse zwischen den beiden begrenzenden Hilfslinien.

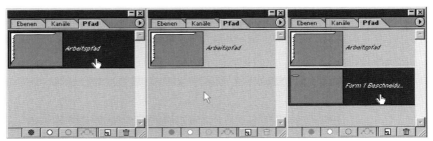

Im linken Bild ist der Arbeitspfad noch aktiviert, durch einen Klick in die graue Fläche unterhalb des Pfades wird er deaktiviert, nach der Erstellung des ersten Buttons entsteht eine neue Pfadebene

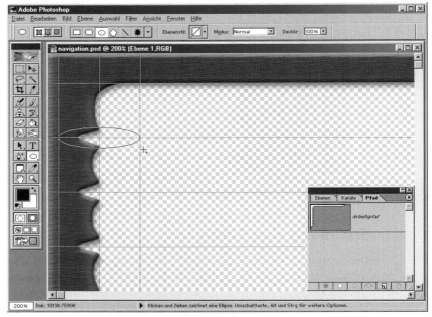

Die Buttons werden zwischen den Hilfslinien platziert

3 Wählen Sie das Pfadkomponenten-Auswahl-Werkzeug mit dem Shortcut ⒜, das durch den schwarzen Pfeil dargestellt wird. Halten Sie die ⒜lt-Taste gedrückt, klicken Sie den gerade erstellten Button an und ziehen Sie ihn bei gehaltener ⒜lt-Taste nach unten zur nächsten Einbuchtung der Navigationsleiste. Beim Loslassen der Maustaste entsteht der zweite Button.

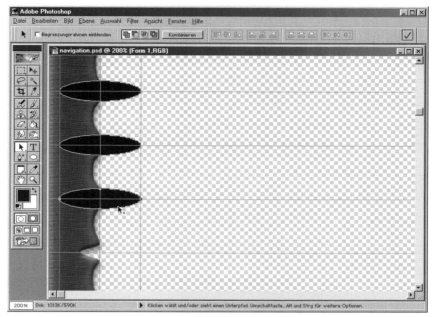

Die Buttons werden mithilfe der ⒜lt-Taste dubliziert

4 Duplizieren Sie auf diese Weise alle Buttons und platzieren Sie diese in die Einbuchtungen der Navigationsleiste, sodass insgesamt sechs Buttons eingesetzt werden. Nachdem die Buttonpfade positioniert wurden, werden diese mit einer Füllung versehen.

5 Aktivieren Sie die Ebenen-Palette. Da die Buttons mit den gleichen Effekten wie die Navigationsleiste versehen werden sollen, müssen Sie die Fülloptionen nicht einzeln einstellen. Klicken Sie mit der linken Maustaste in der Palette *Ebene 1* auf den Eintrag *Effekte*. Ziehen Sie bei gehaltener Maustaste die Effekte auf die Ebene *Form 1*. Alle Effekte und Einstellungen wurden nun auch auf die Buttons übertragen.

Durch das Kopieren der Effekte von Ebene 1 auf die Ebene Form 1 werden alle Effekte übernommen

6 Klicken Sie in der Ebene *Form 1* den Effekt *Farbüberlagerung* doppelt an. Es öffnet sich die dazugehörige Dialogbox. Die Farbe der Buttons soll etwas heller werden, damit sie sich von der Leiste abhebt. Definieren Sie den Grünton *R 0*, *G 153* und *B 0* und bestätigen Sie mit *OK*. Alle Buttons erscheinen nun etwas heller.

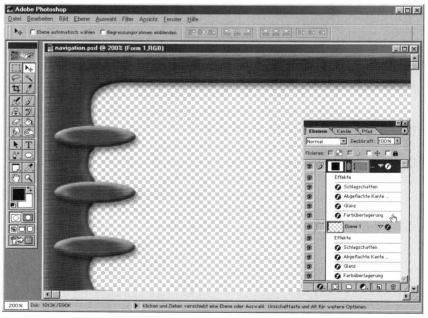

Den Buttons werden die Effekte der Navigationsleiste zugewiesen. Nur der Farbton ist heller gewählt

Die obere Buttonleiste generieren

Ähnlich dem linken Teil der Leiste werden nun am oberen Rand Buttons eingefügt.

1 Wechseln Sie zur Pfad-Palette und deaktivieren Sie den gerade bearbeiteten Pfad. Die Buttons der oberen Leiste werden auf einer neuen Pfad-Ebene erstellt.

2 Wählen Sie das Ellipsen-Werkzeug aus und zeichnen Sie im oberen Teil des Dokumentfensters eine Ellipse, die 100 Pixel breit und 25 Pixel hoch ist.

Kontrollieren Sie die Größe mithilfe der Info-Palette. Hier erhalten Sie genaue Angaben zu Objektgröße, -position und -farbe. Sie wird mit dem *Fenster/Informationen einblenden* geöffnet.

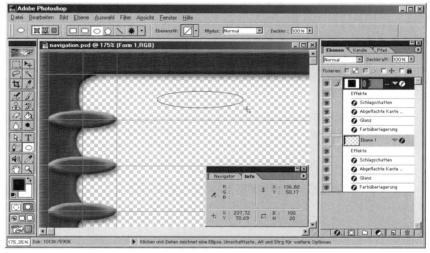

Setzen Sie die Buttons der oberen Leiste auf eine neue Ebene

3 Aktivieren Sie das Direkt-Auswahl-Werkzeug und klicken Sie den Pfad – die äußere Umrandung der neuen Ellipse – an.

Klicken Sie dann auf den oberen Ankerpunkt und ziehen Sie ihn um 10 Pixel nach unten. Klicken Sie die beiden seitlichen Knotenpunkte des Pfades an und modellieren Sie mithilfe der erscheinenden Griffpunkte ein sichelförmiges Objekt.

4

Elemente in Frame-Strukturen einfügen

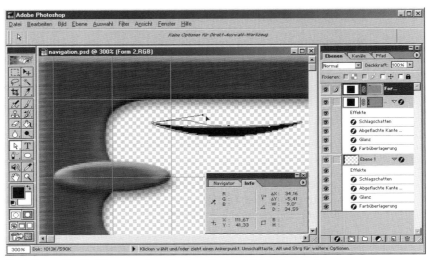

Modellieren Sie die Ellipse so, dass sie etwa die abgebildete Form hat

4 Ziehen Sie in der Ebenen-Palette die Effekte der *Ebene 1* auf die neue Button-Ebene. Der Pfad übernimmt nun alle Effekte der *Ebene 1*. Doppelklicken Sie in der Button-Ebene auf den Eintrag *Effekte*.

Den Buttons der oberen Leiste wird zusätzlich der Effekt *Schein nach Außen* zugewiesen, aktivieren Sie dazu das entsprechende Kontrollkästchen in der Dialogbox *Ebenenstil*. Verwenden Sie die von Photoshop vorgeschlagenen Standardeinstellungen.

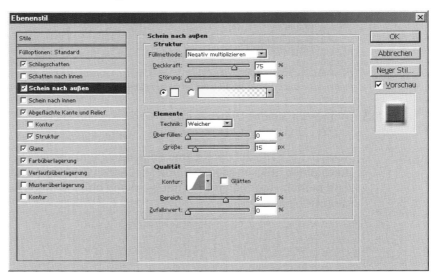

Durch den Effekt Schein nach außen wirken die Buttons leuchtend

5 Erstellen Sie eine horizontale Hilfslinie bei *35 Pixel*. Richten Sie an dieser den Button etwa so aus, wie hier abgebildet.

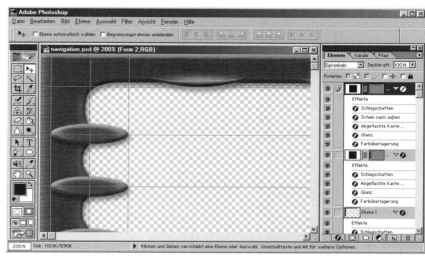

Die Buttons der oberen Leiste werden später in Dreamweaver beschriftet

6 Duplizieren Sie auch diesen Button durch Ziehen bei gehaltener ⟨Alt⟩-Taste und erstellen Sie so zwei weitere Buttons, die ebenfalls an der Hilfslinie ausgerichtet werden. Die Struktur der Navigationsleiste ist erstellt.

Um das Ergebnis ohne Hilfslinien zu betrachten, wählen Sie ⟨Strg⟩+⟨H⟩. Durch erneutes Wählen dieser Tastenkombination rufen Sie die Hilfslinien wieder auf.

7 Die Buttons müssen noch beschriftet werden. Aktivieren Sie das Textwerkzeug und rufen Sie mit *Fenster/Zeichen* die Zeichen-Palette auf. Wählen Sie als Schriftart beispielsweise die *Staccato222 BT* in einer Größe von *17 Punkt* und der Textfarbe *Weiß*.

8 Klicken Sie auf den ersten Button und erfassen Sie das Wort *SPIELE*. Bestätigen Sie die Bearbeitung der Tetebene durch einen Klick auf das Häkchen in der Palette *Werkzeug-Optionen*. Halten Sie die ⟨Strg⟩-Taste gedrückt und zentrieren Sie das Wort auf dem Button. Gehen Sie so für alle Buttons vor. Photoshop erstellt für jedes Wort eine neue Textebene.

9 Verbinden Sie alle Textebenen, wenn Sie die Beschriftung abgeschlossen haben, indem Sie in der Ebenen-Palette in das leere Quadrat vor der jeweiligen Ebene klicken.

Das Kettensymbol zeigt an, welche Ebenen verbunden sind, wobei die aktuelle Ebene ein Pinselsymbol aufweist. Zum verschmelzen der Ebenen wählen Sie *Ebene/Verbundene auf eine Ebene reduzieren*.

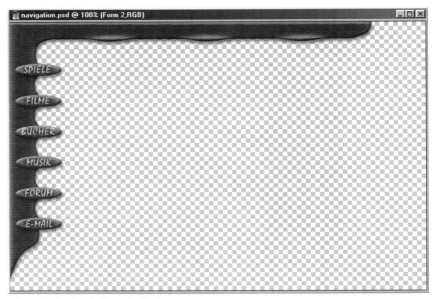

Die grafische Bearbeitung ist fertig

Die beschrifteten Buttons auf der linken Seite der Navigationsleiste gehören zum Hauptmenü, das permanent eingeblendet sein wird. Die obere Leiste gehört zum Unterframe, in dem sich die Beschriftungen ändern.

Wir beschriften deshalb die oberen Buttons später im HTML-Editor. Die grafische Bearbeitung der Navigationsleiste ist hiermit abgeschlossen.

Aufteilung der Navigationsleiste mit Slices

Die fertige Navigationsleiste besteht noch aus einem Teil. Da die Frames später jeweils einen Teil der Gesamtgrafik enthalten werden, muss diese aufgeteilt werden. Verwenden Sie dazu das Slice-Werkzeug, auf dessen Benutzung auch im Kapitel 5 eingegangen wird.

1 Wählen Sie das Slice-Werkzeug aus der Werkzeug-Palette. Ziehen Sie bei gehaltener linker Maustaste ein Slice auf, mit dem Sie den gesamten linken Teil der Navigationsleiste erfassen. Achten Sie darauf, dass Sie den Schatten der linken Navigationsleiste in den Slice aufnehmen. Beim Loslassen der Maustaste wird die Grafik in zwei Slices unterteilt.

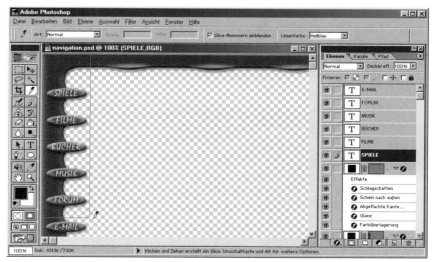

Der erste Slice trennt den linken Teil der Navigationsleiste vom Rest der Grafik

2 Ziehen Sie einen weiteren Slice auf, das die obere Navigationsleiste erfasst. Insgesamt sind drei nummerierte Slices entstanden.

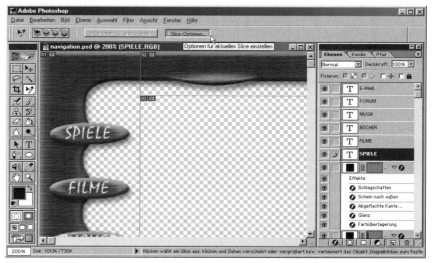

Die einzelnen Grafiksegmente werden über die Slice-Optionen genau angepasst

3 Wählen Sie das Slice-Auswahlwerkzeug. Mit diesem Werkzeug kann die Position und Größe der Slices nachbearbeitet werden. Klicken Sie mit dem Werkzeug in das *Slice 1*, das den linken Leistenteil beinhaltet. In der Werkzeug-Options-Leiste erscheint die Schaltfläche *Slice Optionen*, in der Sie Größe und Benennung der Slices einstellen können. Sollte die Palette *Werkzeug-Optionen* nicht sichtbar sein, aktivieren sie diese mit dem Befehl *Fenster/Werkzeug-Optionen* einblenden.

4 Klicken Sie auf die Schaltfläche *Slice-Optionen*, es öffnet sich das entsprechende Dialogfenster. Geben Sie dem Slice einen Namen wie z. B. *leistelinks*
und stellen Sie die Abmessungen wie folgt ein: *X: 0, Y: 0, B: 100* und *H: 480*.
Das Slice ist damit genau 100 Pixel breit und 480 Pixel hoch. Die genaue Breite
wird bei der Erstellung von HTML-Frames von Bedeutung sein. Bestätigen Sie
die Angaben mit *OK*.

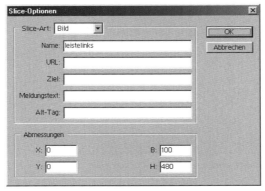

Vergeben Sie einen eindeutigen Namen für das Slice

5 Aktivieren Sie das *Slice 2*, das die obere Leiste beinhaltet, und klicken Sie
wieder auf die Schaltfläche *Slice-Optionen*. Nennen Sie das Slice *leisteoben*
und stellen Sie die Abmessungen auf *X: 100, Y: 0, B: 620* und *H: 45*. Bestätigen Sie die Angaben mit *OK*.

Optimierung von Slices

Die Navigationsleiste ist nun aufgeteilt, die einzelnen Teile müssen aber noch
webgerecht optimiert werden.

1 Wählen Sie den Befehl *Für Web speichern*. Klicken Sie in der gleichnamigen
Dialogbox das Register *2fach* an. Dadurch erscheint rechts vom Originalbild
die Vorschau der aktuellen Optimierungseinstellungen.

2 Aktivieren Sie das Slice-Auswahlwerkzeug mit dem Shortcut K und klicken
Sie bei gehaltener Umschalt-Taste die Slices *1* und *2* an. Dadurch werden beide
markiert.

3 Wählen Sie das Optimierungsformat *JPEG* und die Qualitätseinstellung *60*.
Bei diesen Einstellungen erscheinen die optimierten Navigationsleisten in
guter Qualität. Aktivieren Sie die Optionen *Optimiert* und *Mehrere Durchgänge*. Achten Sie darauf, dass im Feld *Weichzeichnen* der Wert *0* eingetragen
ist, da sonst die Schrift zu unscharf wirkt. Wählen Sie aus dem Listenfeld *Hintergrund* den Eintrag *Schwarz*. Unter dem optimierten Bild erscheint die genaue Größe der Datei, die leicht unter *18 KB* liegt. Dies ist für eine aufwändige Navigationsleiste ein relativ geringer Wert. Bestätigen Sie die Einstellungen mit *OK*. Sie gelangen zur Dialogbox *Optimiert-Version speichern unter*.

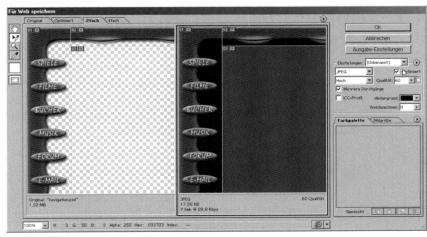

Optimieren Sie die Navigationsleiste im JPEG-Format

4 Geben Sie der Datei einen Namen, beispielsweise *navi.jpg* und bestätigen Sie mit *Speichern*. Die Navigationsleiste wird als HTML-Datei gespeichert, die auf die Teilgrafiken *leistelinks* und *leisteoben* verweist. Diese für uns interessanten Grafiken befinden sich in dem Verzeichnis *images* oberhalb der HTML-Datei.

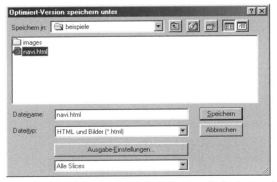

Beim Speichern der HTML-Datei wird automatisch ein Verzeichnis namens images angelegt

Die Navigationsleiste wurde in diesem Beispiel mit Slices aufgeteilt und diese gespeichert. Als Alternative könnten auch zwei Einzelgrafiken erstellt werden, die unabhängig voneinander optimiert wurden. Die Vorteile der Slice-Funktion bestehen darin, dass wir an einer Grafik arbeiten, wodurch eine maximale Übersicht garantiert wird.

Die Grafik wird erst im Nachhinein segmentiert und die Optimierung geschieht einheitlich. Die einzelnen Teile der Grafik werden nach der Optimierung in einem neuen Verzeichnis *images* gesichert. Dabei wird ebenfalls eine HTML-Datei erstellt, die die einzelnen Grafikteile positioniert. Diese ist in unserem Beispiel nur ein Nebenprodukt, das gelöscht werden kann.

4.2 Einbindung der Navigationsleiste in HTML

Dieser Abschnitt befasst sich mit dem eigentlichen Zusammensetzen der Einzelteile. Wie schon erwähnt, ist dazu ein HTML-Editor notwendig. Es werden Schritt für Schritt einzelne HTML-Seiten und Framesets erstellt. Die einzelnen Frames und Seiten werden anschließend zusammengefügt.

Die Hauptnavigationsleiste einbinden

Als Erstes erstellen Sie die einzelnen Seiten *Hauptnavigation, Unternavigation, thematische Seite*. Beginnen Sie mit der übergeordneten Navigationsleiste. Das Vorgehen ist am Beispiel von Macromedia Dreamweaver dargestellt.

1 Öffnen Sie den HTML-Editor Dreamweaver und wählen Sie den Befehl *Ändern/ Seiteneigenschaften*. Geben Sie im Eingabefeld *Titel* einen passenden Namen, wie etwa *HAUPTLEISTE* ein und weisen Sie der Seite einen schwarzen Hintergrund zu.

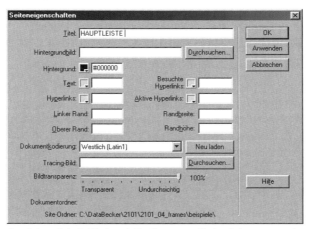

Der Seite wird ein Titel und die Hintergrundfarbe Schwarz vergeben

2 Um Fehlermeldungen von Dreamweaver zu vermeiden, speichern Sie die Datei mit *Datei/Speichern unter*, bevor die Grafiken eingefügt werden. Dadurch sind relative Verknüpfungen zu den Bilddateien möglich. Speichern Sie alle HTML-Dateien unterhalb des Verzeichnisses *images*.

3 Wählen Sie den Befehl *Einfügen/Bild*. Es öffnet sich die Dialogbox *Bildquelle auswählen*. Klicken Sie die Grafik *leistelinks.jpg* aus dem Verzeichnis *images* an. Den Namen *leistelinks* haben Sie während der Unterteilung der Grafik in Slices vergeben. Bestätigen Sie mit *Auswählen*. Die Grafik wird in die Datei eingefügt.

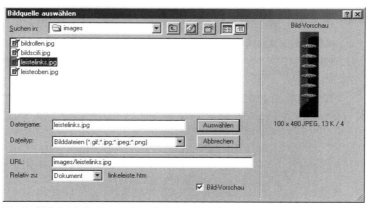

Die Grafik leistelinks.jpg wird in die Seite eingefügt

4 Rufen Sie den Befehl *Fenster/HTML-Quelle* auf, um die HTML-Einstellungen überprüfen zu können. Um die Position der Navigationsleiste genau zu bestimmen, reicht der einfache HTML-Code nicht aus. Es muss zur HTML-Erweiterung CSS zurückgegriffen werden. Wählen Sie dazu den Befehl *Ändern/ Layout-Modus/Tabellen in Ebenen konvertieren* und bestätigen Sie die darauf folgende Dialogbox mit *OK*.

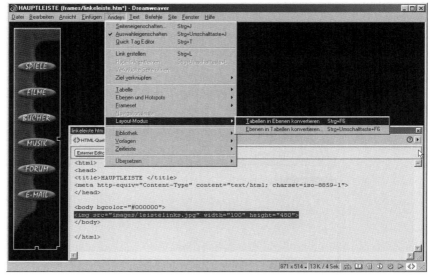

Um die Navigationsleiste genau platzieren zu können, wird der Layout-Modus verändert. Über die Ebenen können die Grafiken pixelgenau positioniert werden

5 Stellen Sie sicher, dass die Eigenschaftsleiste aufgerufen ist, falls nicht, erscheint sie mit dem Befehl *Fenster/Eigenschaften*. Klicken Sie auf den Rahmen der Grafik. In der *Eigenschaftsleiste* erscheinen die Angaben zur Grafik in Pixel (px).

6 Geben Sie in die Eingabefelder *L* und *O* jeweils den Wert *opx* ein. Dadurch wird der Grafik der Abstand von *o Pixeln* vom linken *(L)* und oberen *(O)* Fensterrand zugewiesen. In der HTML-Quelle erscheit: *position: absolute; left: opx; top:opx.* Dies ist der Ausdruck für die absolute Positionierung der Grafik in der oberen linken Fensterecke.

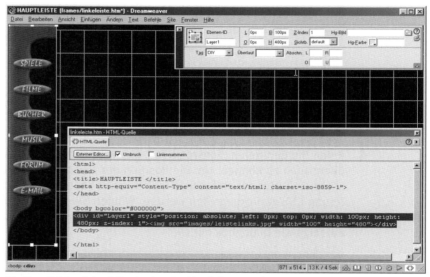

Die Hauptleiste wird auf die absolute Position left: opx und top: opx gesetzt. Damit befindet sich die Grafik in der linken oberen Ecke

7 Wählen Sie nun den Befehl *Datei/Speichern unter* und sichern Sie das Ergebnis im Verzeichnis unterhalb des *images*-Verzeichnisses mit dem Dateinamen *linkeleiste.htm.*

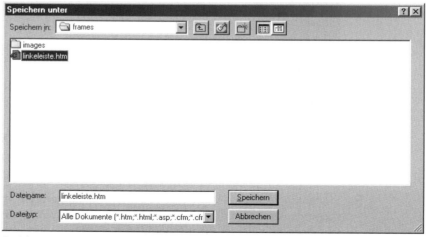

Speichern Sie die Datei unterhalb des Verzeichnisses images

Die waagerechte Leiste einbinden

Als Nächstes erstellen Sie die Navigationsleiste für das Menü *Spiele* erstellt.

1 Erstellen Sie eine neue Datei und speichern Sie sie unter dem Namen *obere-leiste.htm*. Weisen Sie auch hier einen schwarzen Hintergrund zu. Fügen Sie mit dem Befehl *Einfügen/Bild* die Datei *leisteoben.jpg* ein.

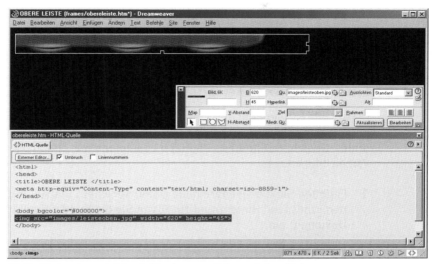

Die Grafik der oberen Leiste wird in ein neues Dokument eingefügt

2 Wechseln Sie erneut in den *Ebenen*-Modus, in dem die Grafiken genau ausgerichtet werden können. Positionieren Sie auch diese Grafik in der linken oberen Ecke über die Eingabe der Werte *L:opx* und *O:opx*. Speichern Sie die Datei.

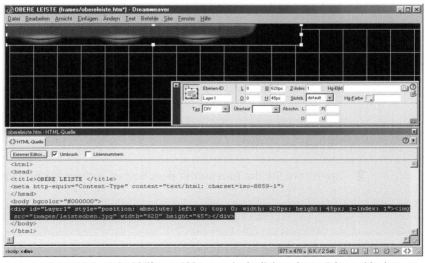

Auch die obere Leiste wird mithilfe von CSS-Layern in der linken oberen Ecke positioniert

Elemente in Frame-Strukturen einfügen

4

Die obere Leiste wird mit dem Namen obereleiste.htm gespeichert

Eine Beispielseite gestalten

Diese Seite wird erstellt, um Ihnen das Endergebnis deutlich zu machen. Sie benötigen dazu die Datei *bildrollen.jpg*, die sich auf der DATA BECKER-Website befindet. Speichern Sie diese Bilddatei zusammen mit den anderen Grafiken im Verzeichnis *images*.

1 Erstellen Sie eine weitere neue Datei, speichern Sie sie und weisen Sie einen schwarzen Hintergrund zu. Fügen Sie die Bilddatei *bildrollen.jpg* in das Dokument ein.

Die Grafik für die Rollenspiele Seite wird in ein neues Dokument eingebunden

2 Speichern Sie die Datei unter dem Namen *rollenpage.htm* ab.

Diese Seite wird als Rollenpage.htm gesichert

Framesets bauen

Alle HTML-Einzelseiten sind erstellt – *linkeleiste.htm, obereleiste.htm und rollenpage.htm*. Die einzelnen Dateien werden nun in Frames zusammengesetzt. Zur besseren Verdeutlichung werden die Frameset-Dateien im einfachen Texteditor erstellt und die gerade erstellten HTML-Dateien in Frames platziert.

Sie erstellen zwei unabhängige Frames, die den Bildschirm in zwei Teile segmentieren. Das übergeordnete Frame enthält die Hautnavigationsleiste, die links eingeblendet wird. Im rechten Frame wird das untergeordnete Frameset eingeblendet, das aus der oberen Leiste mit Unterthemen und dem Seiteninhalt besteht.

Untergeordnetes Frameset

Zunächst wird das untergeordnete Frameset erstellt, das die obere Navigationsleiste und den eigentlichen Seiteninhalt enthält. Als Beispiel wird das Frameset für das Thema *Spiele* angefertigt.

Öffnen Sie einen Texteditor und erstellen Sie ein Frameset mit einem oberen Frame, der 45 Pixel hoch ist, und einem unterem Frame, der den Rest des Bildschirms einnimmt. Weisen Sie dem oberen Frame die Datei *obereleiste.htm* zu und dem unteren Frame die Datei *rollenpage.htm*. Speichern Sie das Frameset unter dem Namen *spieleframe.htm*. Sie können die Syntax aus dem folgenden Bild abtippen.

Wichtig für Sie ist der Codebereich zwischen den beiden ‹Frameset....› und ‹/Frameset›. Im einleitendem Tag ‹Frameset...› wird bestimmt: *rows="45,1*"*

Das Fenster wird in zwei Reihen aufgeteilt. Davon ist die obere 45 Pixel hoch (so wie die Grafik der oberen Navigationsleiste) und die untere den Rest des Bildschirms.

frameborder="NO" und *framespacing="0"* bedeuten nach Microsoft-Syntax, dass kein Rahmen angezeigt wird und der Abstand der Framefenster 0 Pixel beträgt.

border="o" entspricht der Netscape-Syntax und bestimmt die Breite des Rahmens, die in unserem Fall o Pixel beträgt.

Unterhalb dieser Angaben werden die einzelnen Frames beschrieben:

name="Frameoben" Hier wird dem oberen Frame ein eindeutiger Name zugewiesen. Dies ist sehr wichtig bei der Verlinkung der einzelner Frames. Das Gleiche geschieht mit dem unteren Frame.

scrolling="NO" und noresize verhindern, dass ein Scrollbalken eingeblendet wird und der Betrachter die Größe der Frames ändern kann.

src="obereleiste.htm" Mit diesem Befehl wird die Quelle für das Frame angegeben. Wie Sie der Abbildung entnehmen können, wurde im oberen Frame die Datei *Obereleite.htm* und im unteren die *Rollenpage.htm* geöffnet.

Die Frames werden am sichersten in einem einfachen Texteditor erstellt. Das Unterframe Rollenspiele beinhaltet ein 45 pixel-breites Frameoben und ein relatives Frameunten. Im oberen Frame werden die obere Navigationsleiste, im unterem die einzelnen Seiten mit Inhalten erstellt

Übergeordnetes Frameset

Nun wird der übergeordnete Frame erstellt.

1 Öffnen Sie eine neue Datei im Texteditor.

2 Teilen Sie das Fenster in zwei Frames auf. Das linke Frame mit der Bezeichnung *Framelinks* wird mit der Breite von *100 Pixel* versehen, die der Breite der linken Navigationsleiste entspricht. Das rechte Frame nimmt den Rest des Bildschirmes ein.

3 Weisen Sie dem Frame *Framelinks* die Datei *linkeleiste.htm* und dem rechten Frame das gerade erstellte Frameset *spieleframe.htm* zu.

4 Speichern Sie die Datei unter dem Namen *hauptframe.htm*.

```
hauptframe.htm - Editor
Datei  Bearbeiten  Suchen  ?

<html>
<head>
<title>Hauptframe</title>
</head>

<frameset cols="100,*" frameborder="NO" border="0" framespacing="0">
  <frame name="Framelinks" scrolling="NO" noresize src="linkeleiste.htm">
  <frame name="Framerechts" src="spieleframe.htm">
</frameset>

<body>
</body>
</html>
```

Das Hauptframe unterteilt sich in das 100 Pixel breite Frame Framelinks und das relative Frame Framerechts. In Framelinks erscheint die Hauptnavigationsleiste, im Framerechts das Unterframe Rollenspiele

5 Öffnen Sie die Datei *hauptframe.htm* im Browser, um zu überprüfen, ob die Zuweisungen korrekt waren.

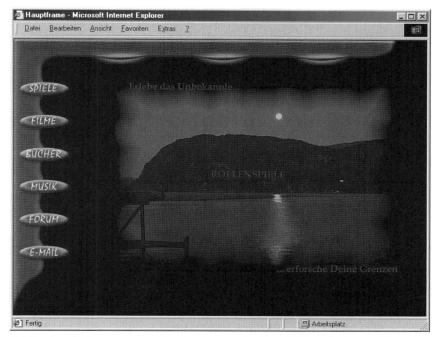

Das Ergebnis im Browser kann sich sehen lassen: eine übersichtliche Navigationsleiste ohne Übergänge

Die Framesets sind erstellt und mit einzelnen Dateien gefüllt.

4

Elemente in Frame-Strukturen einfügen

Pixelverschiebung bei Netscape

Die übergangsfreie Navigationsleiste ist für den Internet Explorer kein Problem. Leider fügen die Netscape-Browser bis Version 4.75 1 Pixel „Seitenrand" hinzu. Dies führt dazu, dass das linke Frame theoretisch nur 99 Pixel breit ist. Würde man dieses Problem durch die Vergrößerung des linken Framefensters um 1 Pixel beheben wollen, so würde ein Abstand zwischen den Grafikteilen bei der Internet-Explorer-Darstellung entstehen. Das Problem kann nur umgangen werden, indem der Übergang zwischen den beiden Grafikteilen einen geraden Verlauf hat. Bei schrägen Übergängen entsteht bei Netscape leider eine Stufe.

Weitere Verknüpfungen

Die Framestruktur ist fertig. Jetzt können einzelne Unterseiten erstellt und in das Projekt eingebunden werden. Um die Navigation zu ermöglichen, werden in die obere Leiste jeweils Textlinks eingefügt.

Die Buttons der Hauptleiste werden mit Imagemaps unterlegt. Dies kann wieder bequem im Programm Dreamweaver durchgeführt werden.

Textlinks in die obere Leiste einfügen

1 Rufen Sie in Dreamweaver die Datei *spieleframe.htm* auf. Die im Texteditor erzeugte Zuweisung der Frameinhalte wird sichtbar.

2 Beschriften Sie die Buttons mit Titeln wie z. B. *Rollenspiele, Adventure* und *Strategie.*

3 Wechseln Sie erneut in den *Ebenen*-Modus, in dem auch die Texte genau ausgerichtet werden können.

4 Positionieren Sie die Texte genau über den Buttons der oberen Leiste. Auch dies geschieht über die Eingabe der Werte *L* und *O* in der Box *Eigenschaften*.

5 Verknüpfen Sie die Titel mit einzelnen Seiten, beispielsweise *rollenpage.htm*. Als Ziel wird das untere Frame *Frameunten* festgelegt. Dies geschieht über die Eingabe *Ziel: Frameunten*. Im HTML-Code wird dies durch den Ausdruck *target="Frameunten"* formuliert.

Als Ziel für die Seite rollenpage.htm wird das Frame Frameunten festgelegt

6 Speichern Sie die veränderte Datei erneut.

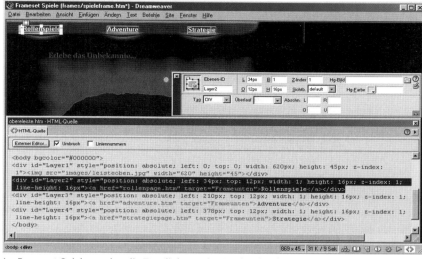

Im Frameset Spiele werden die Textelinks an den Navigationsbuttons positioniert

Imagemaps der Hauptleiste

Die Hauptnavigationsleiste besitzt bereits beschriftete Buttons. Die Zuweisung der Verknüpfungen erfolgt in diesem Fall über Imagemaps – in Dreamweaver und einigen anderen Programmen Hotspots genannt. Es handelt sich dabei um maussensitive Bereiche die der Button-Größe angepasst werden und mit Links unterlegt sind.

1 Öffnen Sie in Dreamweaver die Framedatei *hauptframe.htm*.

2 Klicken Sie in der Box *Eigenschaften* auf das *Tool für rechteckige Hotspots*.

3 Ziehen Sie Rechtecke über die einzelnen Buttons. Die so erstellten Hotspots werden hellblau hervorgehoben.

4 Weisen Sie jedem Hotspot einen Link zu. So wird der Hotspot über dem Button *Spiele* mit dem Frameset *spieleframe.htm* verlinkt. Als Ziel wird das große Frame *Framerechts* angegeben. Dies geschieht über die Eingabe *target ="Framerechts"*.

Zielangabe im übergeordneten Frame

Leider verschluckt Dreamweaver gern die Angabe.

Die Imagemaps haben das Frame Framerechts als Ziel

5 Speichern Sie die Änderungen ab.

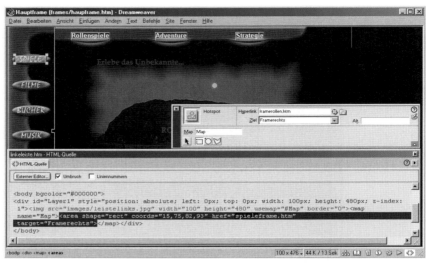

Im Hauptframe wird die linke Navigationsleiste mit Image Maps unterlegt, die auf den Inhalt im rechten Frame verweisen

6 Schauen Sie sich das Ergebnis im Browser an. Probieren Sie dabei die Funktionalität der Links aus. Werden alle Dateien in den gewünschten Frames geöffnet?

Die fertige Navigationsleiste

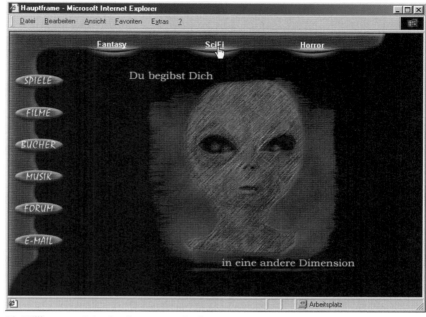

Die Willkommen-Seite des Untermenüs Bücher

5. Gekonntes Arbeiten mit Slices

Slices können Sie bei der Arbeit mit Photoshop und ImageReady für verschiedene Einsatzgebiete nutzen. Mit Slices teilen Sie eine Grafik in rechteckige Bereiche auf.

Sie können diese Bereiche mit Hyperlinks, Rollover und Animationen versehen. Zusätzlich haben Sie die Möglichkeit, einem Slice den Status *Kein Bild* zuzuweisen, in diesem Fall können Sie in den Slice Text eingeben, der als HTML-Text gespeichert wird.

5.1 Salami-Taktik: Sinn und Zweck von Slices

Slices unterteilen Ihre Bilder in funktionale Bereiche. Wenn Sie ein Bild für die Veröffentlichung im Web speichern, wird für jedes einzelne Slice eine eigene Datei angelegt, die individuelle Farb-Paletten und Kompressionseinstellungen enthält.

Wenn Sie beispielsweise ein Bild speichern, das eine Animation enthält, und somit als GIF gespeichert werden muss, können Sie für die Animation ein eigenes Slice anlegen und den Rest der Datei z. B. als JPEG speichern. Dies kann enorm viel Speicherplatz sparen und somit die Anzeigedauer Ihrer Bilder deutlich verringern.

Slice-Typen

Wenn Sie neue Slices mit dem Slice-Werkzeug erstellen, werden diese von Photoshop und ImageReady als Benutzer-Slices bezeichnet. Jede neue Ebene einer Datei besitzt grundsätzlich ein ebenenbasiertes Slice, das Sie allerdings in ein Benutzer-Slice umwandeln und bearbeiten können. Zusätzlich zu Benutzer- und ebenenbasierten Slices erstellen Photoshop und ImageReady Auto-Slices, welche die übrigen Bereiche der Datei abdecken. Auto- und ebenenbasierte Slices werden unterschiedlich dargestellt. Benutzer- und ebenenbasierte Slices werden durch eine durchgezogene Linie gekennzeichnet, Auto-Slices durch eine gepunktete Linie.

5.2 Ein Banner in Slices aufteilen

Photoshop und ImageReady verwenden leicht voneinander abweichende Bearbeitungsmöglichkeiten für Slices. Um Sie mit beiden Varianten vertraut zu machen, beginnen wir die Arbeit an diesem Projekt zunächst in Photoshop, speichern die Datei und wechseln dann zu ImageReady.

Dieses Banner kombiniert Ebenen- und Benutzer-Slices, ein Kein-Bild-Slice, eine Animation und eine Slice-Verknüpfung

Photoshop versus ImageReady

Die Bearbeitungsmöglichkeiten für Slices sind in Photoshop und ImageReady unterschiedlich. Benutzer-Slices können in ImageReady verschoben, dupliziert, kombiniert, unterteilt, skaliert, gelöscht, angeordnet, ausgerichtet und verteilt werden. Zum Ändern von ebenenbasierten Slices und Auto-Slices sind nicht so viele Optionen verfügbar, allerdings können Sie diese jederzeit in Benutzer-Slices umwandeln. In Photoshop können Sie Slices unterteilen, kombinieren, ausrichten oder verteilen. Wenn Sie diese Bearbeitungsfunktionen benötigen, wechseln Sie mit *Datei/Springen zu/ImageReady*, sodass Sie auf die Funktionen zurückgreifen können

Die Bilddatei vorbereiten

1 Laden Sie die Datei *namibia.tif* von der DATA BECKER-Website und öffnen Sie sie im Photoshop.

Jede Bilddatei, die Sie in Photoshop oder ImageReady öffnen, erhält automatisch einen ebenenbasierten Slice

2 Falls die Slice-Markierungen bei Ihnen noch nicht angezeigt werden, wählen Sie *Ansicht/Einblenden/Slices*. Die Bilddatei muss vergrößert werden, damit sie die Animation und den HTML-Text aufnehmen kann. Drücken Sie als

Shortcut den Buchstaben Ⓓ auf Ihrer Tastatur, um *Weiß* als Hintergrundfarbe einzustellen. Wählen Sie *Bild/Arbeitsfläche*, mit dieser Funktion vergrößern Sie die Datei.

Geben Sie in das Feld *Breite* den Wert *400* ein und fixieren Sie den Ausgangspunkt für die Vergrößerung, indem Sie im Bereich *Position* das mittlere der drei rechten Quadrate anklicken, dadurch wird die Datei ausschließlich nach links vergrößert.

Mithilfe des Befehls Bild/Arbeitsfläche wurden der Datei am linken Rand Bildpixel zugefügt

3 Rufen Sie mit *Fernster/Informationen einblenden* die Info-Palette auf. Stellen Sie sicher, dass die Maßeinheit Pixel ist. Wählen Sie dazu den Eintrag *Palettenoptionen* aus dem *Palettenmenü*. Wählen Sie im Bereich *Zeigerkoordinaten* die Maßeinheit *Pixel* aus.

4 Aktivieren Sie das Werkzeug Auswahlrechteck, und ziehen Sie eine Auswahlmarkierung auf, welche die gesamte Höhe der Datei markiert, aber nur von der X-Position 150 Pixel bis zur X-Position 240 Pixel reicht, also eine Breite von 90 Pixeln aufweist.

Wählen Sie diesen Bereich der Datei aus

5 Aktivieren Sie das Verschieben-Werkzeug. Halten Sie die Umschalt-Taste gedrückt, um die Mausbewegungen horizontal einzuschränken. Klicken Sie in den markierten Bildausschnitt und ziehen Sie ihn bis an den linken Rand der Datei. Da das exakte Positionieren bei einer 100 %-Ansicht bisweilen schwierig ist, haben Sie die Möglichkeit, mit der Tastenkombination Strg+Leertaste temporär zum Zoom-Werkzeug zu wechseln.

Klicken Sie in die Datei, um die Ansicht zu vergrößern, die Auswahl bleibt erhalten und Sie können anschließend mit dem Verschieben fortfahren. Heben Sie nach dem Verschieben die Auswahl mit Strg+Ⓓ auf.

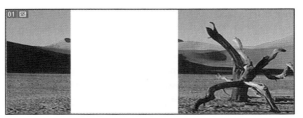

Der linke Teil des Bildes wurde an den linken Rand der Datei verschoben

Slices erstellen

1 Aktivieren Sie das Slice-Auswahlwerkzeug. Es befindet sich zusammen mit dem Slice-Werkzeug an der dritten Stelle von rechts oben in der Werkzeug-Palette. Sie erreichen es auch mit dem Shortcut ⓚ.

2 Klicken Sie in die Datei. Der ebenenbasierte Slice ist ausgewählt. Falls die Palette *Werkzeugoptionen* nicht eingeblendet ist, rufen Sie sie aus dem Menü *Fenster* auf. In dieser Palette finden Sie die Schaltfläche *In Benutzer-Slice umwandeln.* Klicken Sie darauf. Das Slice erhält daraufhin acht Stützpunkte, mit deren Hilfe Sie das Slice verändern können.

3 Bewegen Sie den Mauszeiger über den rechten mittleren Knotenpunkt der Slice-Auswahl, und verschieben Sie die Auswahlmarkierung so weit nach links, bis genau der linke Bildteil bedeckt ist. Zoomen Sie auch hier in eine größere Darstellung, um zu kontrollieren, dass das Slice exakt über dem linken Bildteil liegt. Photoshop erstellt automatisch ein Autoslice, das den übrigen Bereich der Datei abdeckt.

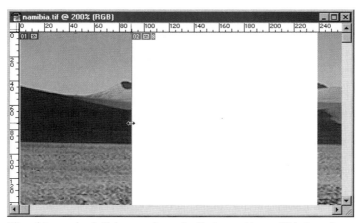

Slices können durch Ziehen an einem der Knotenpunkte modifiziert werden

4 Klicken Sie das von Photoshop neu erstellte Autoslice an und wählen Sie erneut *In Benutzer-Slice umwandeln.* Ziehen Sie diesmal am mittleren linken Stützpunkt nach rechts bis zum Beginn des Bilds. Photoshop erstellt in der Mitte ein neues Autoslice.

Den Text für die Animation einfügen

1 Aktivieren Sie das Text-Werkzeug, und achten Sie darauf, dass die Option *Textebene erstellen* in der Palette *Werkzeug-Optionen* aktiviert ist – anderenfalls würde Photoshop eine Textmaske erstellen. Ziehen Sie einen Textrahmen auf, der etwa das obere Viertel des mittleren Slice ausfüllt.

Erfassen Sie das Wort *NAMIBIA*. Markieren Sie den Text mit *Auswahl/Alles Auswählen* und formatieren Sie ihn mithilfe der Palette *Werkzeug-Optionen* in der Schriftart *Arial Bold* in einem Schriftgrad von *28 pt*. Wählen Sie aus dem Listenfeld *Glättung einstellen* den Eintrag *Scharf* und klicken Sie auf die Schlatfläche *Text zentrieren*.

2 Klicken Sie auf die Schaltfläche *Paletten*, und kontrollieren Sie in der Palette *Absatz*, dass sämtliche Felder den Wert *o* aufweisen. Klicken Sie zum Abschließen der Formatierungsarbeiten auf die Schaltfläche *Aktuelle Bearbeitungen bestätigen*, repräsentiert durch das *Häkchen* in der Palette *Werkzeug-Optionen*.

Setzen Sie den Text etwa an diese Position

3 Duplizieren Sie die Textebene *NAMIBIA*, indem Sie aus dem Menü der Ebenen-Palette den Eintrag *Ebene duplizieren* wählen. Geben Sie der neuen Ebene den Namen *click*. Die neue Ebene ist automatisch aktiv.

4 Markieren Sie den Text, indem Sie ihn mit dem Text-Werkzeug doppelt anklicken, und überschreiben Sie *NAMIBIA* mit dem Wort *click*. Markieren Sie den Text erneut, und färben Sie ihn mit dem Rotton *R 255*, *G o*, *B o*. Durch einen Klick auf das Symbol *Textfarbe einstellen* in der Palette *Werkzeug-Optionen* öffnet sich der Farbwähler, in dem Sie die Farbe einstellen können. Bestätigen Sie die Bearbeitung der Ebene und duplizieren Sie sie. Geben Sie der neuen Ebene den Namen *here*. Markieren Sie den Text und ändern Sie ihn in das Wort *here*.

Slice-Optionen festlegen und HTML-Text einfügen

1 Aktivieren Sie das Slice-Werkzeug. Ziehen Sie damit ein Slice auf, das unterhalb der Textebene liegt und die Breite des Textes hat. Photoshop erstellt daraufhin Autoslices, die die übrigen freien Flächen abdecken.

Erstellen Sie ein Slice mit etwa diesen Maßen

2 Um die Slice-Optionen für das neue Slice definieren zu können, müssen Sie zum Slice-Auswahlwerkzeug wechseln und das neue Slice anklicken. Daraufhin erhalten Sie in der Palette *Werkzeug-Optionen* die Schaltfläche *Slice-Optionen*. Klicken Sie darauf.

3 Es öffnet sich die Dialogbox *Slice-Optionen*. Wählen Sie im Listenfeld *Slice-Art* den Eintrag *Kein Bild* aus. Daraufhin erhalten Sie das Textfeld *HTML*. Geben Sie hier den gewünschten Text ein, in diesem Beispiel „Namibia liegt im Süden Afrikas und wird als Urlaubsziel immer beliebter." Im Bereich Abmessungen können Sie bei Bedarf noch die x- und y-Koordinaten sowie Breite und Höhe des Slice einstellen. Die Arbeit in Photoshop ist abgeschlossen. Speichern Sie die Datei im PSD-Format. Wechseln Sie zu ImageReady und öffnen Sie die Datei wieder. Alternativ dazu können Sie auch mit dem Befehl *Datei/ Springen zu/ImageReady* wechseln.

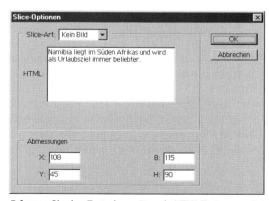

Erfassen Sie den Text, der später als HTML-Text angezeigt werden soll

Etwas umständlich: HTML-Text darstellen

HTML-Text innerhalb von *Kein-Bild-Slices* kann weder in Photoshop noch in ImageReady dargestellt werden. Um den Text im Slice betrachten zu können, öffnen Sie die Datei in Ihrem Browser. Dafür führen Sie den Befehl *Datei/Vorschau in/* in Ihrem Browser aus.

Den Text in ImageReady animieren

1 Rufen Sie, nachdem Sie die Datei in ImageReady geöffnet haben, mit *Fenster/Animation einblenden* die dazugehörige Palette auf. In der Palette *Animation* ist nur ein Frame sichtbar. Rufen Sie *Fenster/Ebenen einblenden* auf, und deaktivieren Sie die Ebenen *here* und *click*, indem Sie vor der jeweiligen Ebene auf das *Augensymbol* klicken. Das Resultat ist, dass im ersten Frame ausschließlich die Hintergrundebene und die Ebene *NAMIBIA* zu sehen sind.

2 Duplizieren Sie den ersten Frame insgesamt dreimal, indem Sie dreimal auf das Symbol *Dupliziert aktuellen Frame* am unteren Rand der Palette *Animation* klicken. Dadurch sind jetzt vier Frames vorhanden.

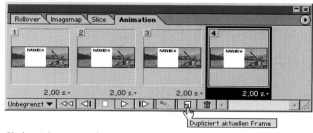

Sie benötigen zunächst insgesamt vier Frames

3 Aktivieren Sie *Frame 2* mit einem Mausklick, und stellen Sie in der Ebenen-Palette die Ebene *click* auf sichtbar, indem Sie in die Ebene klicken. Mit einem Klick auf das Augensymbol machen Sie die Ebene *NAMIBIA* unsichtbar. Wechseln Sie zum dritten Frame und schalten Sie hier die oberste Ebene *here* auf sichtbar und deaktivieren Sie die Ebene *NAMIBIA.*

4 Markieren Sie die ersten beiden Frames, indem Sie *Frame 1* anklicken, die ⌈Umschalt⌉-Taste gedrückt halten und in *Frame 2* klicken. Öffnen Sie das Menü der Palette und wählen Sie den Eintrag *Dazwischen einfügen*. Behalten Sie die vorgegebenen Einstellungen bei und geben Sie in das Feld *Hinzuzufügende Frames* die Zahl *3* ein und bestätigen Sie die Dialogbox.

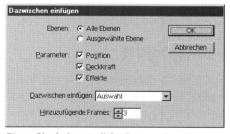

Fügen Sie drei zusätzliche Frames ein

5 In der Palette befinden sich jetzt sieben Frames. Markieren Sie die *Frames 5* und *6*, welche die Ebenen *click* und *here* darstellen, und fügen Sie auch dazwischen drei Frames ein. Es befinden sich jetzt zehn Frames in der Palette *Animation*. Markieren Sie *Frame 9* und *10* und fügen Sie auch dazwischen drei Frames ein.

6 Löschen Sie *Frame 13*, indem Sie ihn mit einem Mausklick markieren und auf das Papierkorbsymbol am unteren Rand der Palette klicken.

7 Wählen Sie aus dem Paletten-Menü den Eintrag *Alle Frames auswählen*. Ein Klick mit der linken Maustaste auf eine der Zeitangaben unerhalb der Frames öffnet das Kontextmenü mit den verschiedenen Verzögerungszeiten. Klicken Sie auf 0,1 Sekunden.

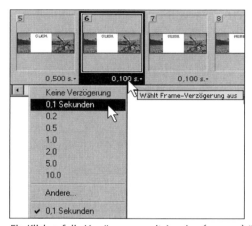

Ein Klick auf die Verzögerungszeit-Anzeige (0,100 s.) öffnet dieses Kontextmenü

8 Die Frames, die den Schriftzug mit voller Deckkraft enthalten, sollen länger angezeigt werden als die restlichen Frames, die die Überleitung darstellen. Klicken Sie dazu auf *Frame 1* und wählen Sie eine Verzögerungszeit von *2,0 Sekunden.* Markieren Sie anschließend *Frame 5,* der das Wort *click* in voller Deckkraft enthält, halten Sie die [Strg]-Taste gedrückt und klicken Sie ebenfalls *Frame 9* an. Weisen Sie beiden Frames eine Verzögerungszeit von *0,5 Sekunden* zu. Die Animation ist an dieser Stelle fertig gestellt. Es fehlen nur noch die Slice-Optionen für die Textebenen, die den Betrachter Ihrer Website weiterleiten.

Slice-Optionen festlegen

In diesem Abschnitt weisen Sie der Textanimation eine URL-Verknüpfung zu, geben dem gesamten Banner eine Rahmenbegrenzung und optimieren die einzelnen Bild-Slices.

1 Wählen Sie aus der Werkzeug-Palette das Slice-Auswahlwerkzeug. Klicken Sie damit in Höhe der Textebene. Der hier befindliche Autoslice wird somit markiert.

2 Klicken Sie in der Palette *Optionen* auf den Eintrag *Slice-Palette*, sodass diese aufgerufen wird.

3 Belassen Sie den eingetragenen Namen und geben Sie in das Feld *URL* z. B. die Internetadresse http://www.namibia.de ein. Nachdem Sie eine URL eingegeben haben, können Sie auch ein Ziel-Tag definieren. Springen Sie durch Anklicken der Tab-Taste in das Feld *Ziel*. Geben Sie den gewünschten Zielframe ein, z. B. *_blank*.

Definieren Sie URL und Zielframe

Dem Banner einen Rahmen zufügen

1 Wenn Sie dem gesamten Banner einen Umriss verleihen möchten, wählen Sie ein anderes Werkzeug als das Slice-Werkzeug aus, wie z. B. das Auswahlrechteck. Führen Sie den Befehl *Auswahl/Alles auswählen* aus. Wählen Sie den Menüeintrag *Auswahl/Auswahl transformieren/Umrandung* und geben Sie die Breite *1 Pixel* ein.

2 Definieren Sie als Vordergrundfarbe einen dunklen Blauton mit dem Wert *R 0*, *G 0*, *B 102* und wählen Sie *Bearbeiten/Fläche füllen*. Stellen Sie das Listenfeld *Verwenden* auf den Eintrag *Vordergrundfarbe* und stellen Sie die *Deckkraft* auf *100 %* im Modus *Normal*.

Die verschiedenen Slices des Banners optimieren

1 Aktivieren Sie das Slice-Auswahlwerkzeug. Klicken Sie auf das Registerblatt *Optimiert* am oberen Rand des Dateifensters. Öffnen Sie mit *Fenster/Optimieren einblenden* die Palette *Optimieren*. Klicken Sie das linke Slice an. Da es sich hierbei um ein Foto handelt, wird dieses am besten mit der Methode *JPEG* komprimiert.

Wählen Sie aus dem Listenfeld *Einstellungen* der Optimieren-Palette den Eintrag *Mittel*. Detaillierte Informationen zu den verschiedenen Einstellungsmöglichkeiten erhalten Sie in *Kapitel 3*.

2 Aktivieren Sie den rechten Slice, der den zweiten Teil des Fotos enthält. Automatisch sind die Einstellungen *JPEG* und *Mittel* vorgewählt. Klicken Sie danach auf den Slice, der die Textebenen enthält.

Da hierbei eine Animation gespeichert wurde, muss dieser Teil als GIF komprimiert werden. Wählen Sie aus dem Listenfeld *Einstellungen* den Eintrag *GIF 32 kein Dithering*. Das Slice, das den HTML-Text enthält, müssen Sie nicht optimieren, es enthält reinen HTML-Code.

5

Gekonntes Arbeiten mit Slices

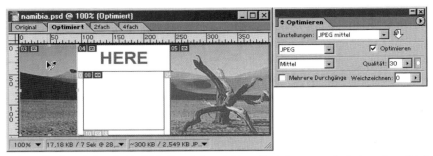

Achten Sie darauf, dass beide Bildteile mit den gleichen Einstellungen optimiert werden, damit später keine Differenzen zu erkennen sind

3 Exportieren Sie die Datei mit *Datei/Optimiert-Version speichern unter*. Image-Ready speichert in diesem Fall eine HTML-Datei. Vergeben Sie den Dateinamen *namibia.html*. Der Dateityp ist *HTML und Bilder*. Im unteren Listenfeld wählen Sie den Eintrag *Alle Slices* aus. Klicken Sie auf *Speichern*. Je nachdem, in welchem Verzeichnis Sie die HTML-Datei abgelegt haben, generiert ImageReady automatisch ein Unterverzeichnis mit dem Namen *Images*. In diesem Verzeichnis befinden sich dann alle für die Slice-Einteilung benötigten GIF- und JPEG-Dateien.

6. Wesentliche Merkmale: Hintergründe

Im Internet und auf CDs finden Sie unzählige Hintergrundkacheln für Ihre Website. Doch da der eigene Internetauftritt unvergleichlich sein soll, erfahren Sie in diesem Kapitel verschiedene Techniken, Hintergrundkacheln und ganzseitige Motive zu gestalten.

6.1 Welcher Hintergrund zu welchem Zweck?

Hintergründe sind die Basis Ihrer Website. Sie sollten die Aussage der Vordergrundelemente unterstützen, aber nicht vom Inhalt ablenken. Zu unruhige Texturen erschweren womöglich das Lesen.

Der Kontrast zwischen Hinter- und Vordergrund muss möglichst groß sein. Arbeiten Sie mit dunkler Schrift, empfiehlt es sich, einen möglichst hellen Hintergrund zu wählen.

Ein schwarzer oder dunkelblauer Hintergrund kann aber auch sehr reizvoll sein. Beachten Sie hierbei, dass die darauf liegende Schrift möglichst hell, angemessen groß und in dem Attribut *Fett* generiert sein sollte. Grundsätzlich gilt: Die Strichstärke weißer Schrift auf schwarzem Untergrund wirkt feiner als umgekehrt.

Überlegen Sie sich, was Sie mit Ihrer Website erreichen möchten und wer Ihre Zielgruppe ist. Je mehr Informationen Sie über Ihre Website transportieren, desto ruhiger sollte der Hintergrund gestaltet sein.

Lange Fließtexte auf lebhaftem Untergrund lassen das menschliche Auge beim Lesen ermüden. Wenn Sie etwa eine Ausarbeitung zum Thema „Der Stellenwert binomischer Formeln in unserer Zeit" publizieren möchten, wirkt ein knalliger Hintergrund eher ablenkend.

Das Gleiche gilt, wenn Sie beispielsweise einen Onlineshop betreiben, bei dem der Kunde intensiv mit Ihrer Website arbeitet. Er sucht nach Produkten, legt diese in den Warenkorb und füllt Bestellformulare aus. Seine Konzentration sollte hierbei nicht gestört werden.

Anders ist es, wenn Sie mit der Portalseite Ihrer Funkband einen bleibenden Eindruck hinterlassen und den Betrachter neugierig machen möchten. Hier transportiert ein Motivhintergrund, der das Bandlogo, Studio- oder Livefotografien enthält, viel Atmosphäre und hilft ein Image zu verdeutlichen.

Interessant ist es auch, wenn sich das Thema der Website im Hintergrund wieder findet. Ein Online-Blumenversand-Service könnte durchaus dezente Blüten in den Hintergrund legen.

6.2 Hintergründe als Strukturierungshilfe

Ihr Hintergrund muss nicht einfach nur optisch ansprechend wirken, er kann auch bei der Strukturierung behilflich sein.

Erzeugen eines Randbalkens

Eine Methode, die Platz sparend und effektiv ist, ist die Erstellung eines schmalen Randbalkens, der dann mit der Kachelungsmethode vom Browser automatisch so oft eingefügt wird, wie er benötigt wird. Der Balken am Rand stellt die Verbindung zwischen Navigationsleiste und Informationsbereich dar und bewirkt, dass die einzelnen Elemente auf der Website eine Einheit bilden.

Wichtig ist in diesem Beispiel, dass der Streifen so breit ist, dass der Browser ihn auf keinen Fall nebeneinander einfügen kann.

Größe des Randbalkens

Die Bildauflösung 1.024 × 768 Pixel löst so langsam die ehemals als Standard geltende Auflösung 800 × 600 Pixel ab. Es gibt mittlerweile noch wenige User, die die Auflösung 1.280 × 1.024 verwenden, doch bis diese sich durchsetzt, wird wohl noch einige Zeit vergehen. Dennoch sollten Sie sich an diesem Wert orientieren. Verwenden Sie also für Randstreifen eine Breite von 1.280 Pixeln. So stellen Sie sicher, dass der Browser ihn auf keinen Fall nebeneinander einfügt, wodurch das Layout der Website zerstört würde.

Datei und Arbeitsumgebung vorbereiten

1 Wählen Sie *Datei/Neu* und legen Sie für dieses Beispiel eine Datei an, deren Maße 1.280 x 120 Pixel betragen. Wählen Sie die Auflösung *72 Pixel/Inch*, da dies die Standardauflösung im Internet ist. Stellen Sie als Hintergrundfarbe *Weiß* ein.

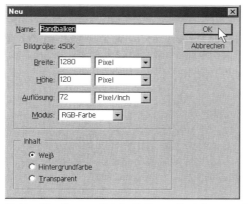

Richten Sie die neue Datei mit diesen Einstellungen ein

2 Aktivieren Sie das Füll-Werkzeug aus der Werkzeug-Palette. Es versteckt sich standardmäßig unter dem Verlaufs-Werkzeug. Der Vollständigkeit halber sei erwähnt, dass man es erreicht, indem man auf das Verlaufs-Werkzeug klickt, die Maustaste gedrückt hält, bis sich das Flyout-Menü öffnet und dann das Füll-Werkzeug auswählt.

3 Falls auf Ihrem Bildschirm die Palette *Farbfelder* nicht eingeblendet ist, rufen Sie aus dem Menü *Fenster* den Eintrag *Farbfelder einblenden* auf.

Die Farben dieser Palette können Sie hemmungslos für Ihr Webdesign einsetzen, Sie können sicher sein, dass sie richtig angezeigt werden

Nur 216 Farben

Das Internet hat seine eigenen Gesetze, auch was die Farbdarstellung betrifft. Je nach System des jeweiligen Besuchers Ihrer Website kann es sein, dass Farben anders dargestellt werden, als Sie es wünschen. Für dieses Problem gibt es eine Lösung. Photoshop hält für Sie die Websichere Farb-Palette bereit. Um diese aufzurufen, öffnen Sie das Menü der Farbfelder-Palette mit einem Klick auf das Dreieck oben rechts und wählen dann den Menüeintrag *Websichere Farben.aco* aus.

4 Klicken Sie mit dem Füll-Werkzeug in ein Farbfeld. Diese Farbe ist daraufhin als Vordergrundfarbe ausgewählt.

5 Mit einem Mausklick in die Datei wird die Hintergrundebene mit der gewählten Farbe gefüllt.

Mit dem Füllwerkzeug färben Sie den Hintergrund

Einen Zweireiher mit Schatten gestalten

Da im Folgenden eine Ebenenstil verwendet werden soll, benötigen Sie eine neue Ebene. Diese wird den Randbalken aufnehmen. Anschließend gestalten Sie den Zweireiher und fügen den Schlagschatten ein.

Moirés

Moirés sind die unschönen Muster, die entstehen, wenn zwei Raster überlagert werden. Im Gestalteralltag hat man immer dann damit zu kämpfen, wenn bereits gedruckte Vorlagen eingescannt werden müssen. In Kapitel 2 haben Sie erfahren, wie Sie solche Moirés schonend entfernen.

1 Wählen Sie *Fenster/Ebenen einblenden*, falls Ihre Ebenen-Palette noch nicht aufgerufen ist. Öffnen Sie dann das Menü der Ebenen-Palette und wählen Sie den Eintrag *Neue Ebene* oder klicken Sie auf das entsprechende Symbol unten an der Palette. Die neu eingefügte Ebene ist anschließend automatisch aktiv, sodass sie diese bearbeiten können.

Erstellen Sie eine neue Ebene

2 Als Nächstes soll eine Fransenkante generiert werden. Aktivieren Sie das Werkzeug Auswahlrechteck, indem Sie es aus der Werkzeug-Palette auswählen oder als Shortcut den Buchstaben Ⓜ auf Ihrer Tastatur wählen.

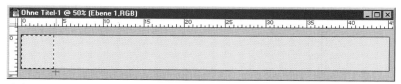

Ziehen Sie auf der neuen Ebene ein Auswahlrechteck auf

3 Zum Kontrollieren der Auswahlgröße verwenden Sie die Info-Palette. Rufen Sie diese mit *Fenster/Informationen einblenden* auf. Ziehen Sie dann von der linken oberen Ecke der Datei ausgehend ein Markierungsrechteck auf, das etwa 4 cm breit ist.

Die Palette Informationen

Standardmäßig erhalten Sie in der Info-Palette die Angaben über Breite und Höhe in Zentimetern angezeigt. Möchten Sie diese Einstellung ändern, wählen Sie aus dem Paletten-Menü den Eintrag *Paletten-Optionen* und wählen eine alternative Maßeinheit aus. Bei der Arbeit für das Web gibt die Maßeinheit Pixel besser Aufschluss über die Größenverhältnisse.

4 Wechseln Sie zurück zum Füll-Werkzeug und nehmen Sie einen etwas dunkleren Farbton aus der Farben-Palette auf. Füllen Sie die Auswahl mit dem neuen Farbton.

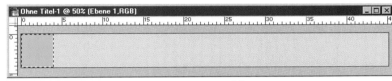

Die Auswahl wurde mit dem dunkleren Farbton gefüllt

5 Um dem Rand mehr Dreidimensionalität zu verleihen, soll er eine Struktur erhalten. Wählen Sie *Filter/Strukturierungsfilter/Mit Struktur versehen*. Es ist wichtig, dass das Relief groß genug ist, denn bei einer sehr filigranen Strukturierung bekommt der Browser bei der Darstellung Probleme und es entsteht schlimmstenfalls ein Moiré. Für dieses Beispiel haben wir die Einstellungen *Struktur: Sandstein, Skalierung 140 %*, und *Relief: 10* verwendet. Heben Sie anschließend mit Strg+D die Auswahl auf, sie wird nicht mehr benötigt.

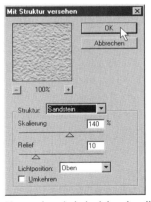

Verwenden sie beispielsweise diese Filter-Einstellungen

Der Strukturierte Rand ist fertig gestellt, es fehlen noch Schatten und Fransenkante

6 Der räumliche Eindruck soll jetzt mithilfe eines Schattens noch unterstützt werden. Rufen Sie den Befehl *Ebene/Ebenenstil/Schlagschatten* auf. Distanz und Größe des Schattens sind motivabhängig, probieren Sie durch Verschieben der Regler aus, welche Einstellungen Ihnen gefallen. Eines sollten Sie allerdings beachten: Stellen Sie den Winkel auf *180°*, damit er exakt horizontal verläuft. Anderenfalls werden die Stellen sichtbar, an denen die Kacheln aneinander stoßen. Schließen Sie die Dialogbox mit einem Klick auf *OK*.

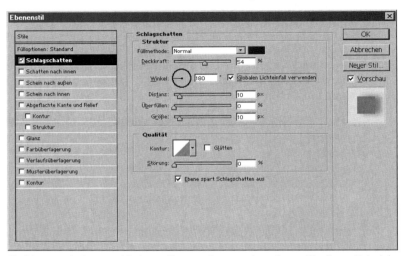

Sie können mit den verschiedenen Ebenenstilen experimentieren. Für dieses Beispiel verwenden Sie die hier abgebildeten Einstellungen

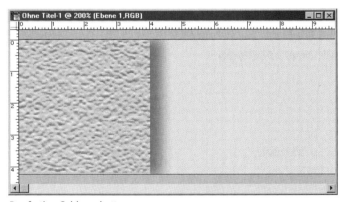

Der fertige Schlagschatten

7 Um den Fransenrand zu erstellen, aktivieren Sie das Werkzeug Radiergummi (Shortcut E). Wählen Sie eine passende Pinselspitze. In diesem Fall wurde eine Spitze mit dem Durchmesser *5 Pixel* gewählt. Radieren Sie kleine Einbuchtungen in den Rand, bis er ausgefranst wirkt. Falls Sie sich dabei „Verradieren" und zu viele Pixel entfernt haben, können Sie dies mit dem Werkzeug *Magischer Radiergummi* wieder korrigieren. Sie finden ihn in der Werkzeugleiste unter dem normalen Radiergummi versteckt. Per Shortcut erreichen Sie ihn, indem Sie mehrmals das E auf Ihrer Tastatur drücken. Photoshop zappt dann durch die drei verschiedenen Radiergummi-Arten.

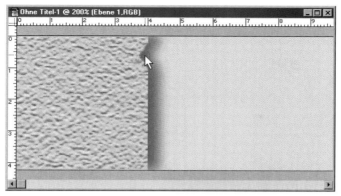

Entfernen Sie mit dem Radiergummi unter Verwendung einer runden Pinselspitze Teile des Randes

8 Achten Sie darauf, dass Sie nicht bis direkt an den oberen bzw. unteren Rand radieren, denn die Anschlüsse der Kacheln würden in diesem Fall nicht nahtlos aneinander stoßen.

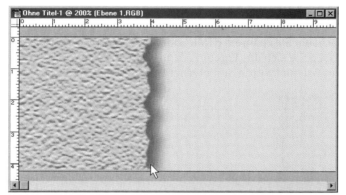

Tasten Sie sich vorsichtig an die obere und die untere Kante heran, aber entfernen Sie keine Pixel direkt am Rand, damit der Anschluss stimmt, wenn der Browser die Kacheln übereinander einfügt

9 Sind Sie mit dem Ergebnis zufrieden, wählen Sie *Datei/Für Web speichern*. In der darauf folgenden Dialogbox können Sie sich bis zu vier Versionen der Datei anzeigen lassen. Dateien, die unregelmäßige Strukturen enthalten, lassen sich am besten mit dem Format JPEG komprimieren. Aktivieren Sie das Registerblatt *2fach*. Im ersten Feld wird das Original dargestellt. Aktivieren Sie das zweite Vorschaufeld per Mausklick und wählen Sie im Bereich *Einstellungen* das Format JPEG. Verwenden Sie den Eintrag *niedrig* aus dem Listenfeld *Komprimierungsqualität*, aktivieren Sie das Kontrollkästchen *Optimiert* und geben Sie im Feld *Qualität* den Wert *70* % ein. Mit diesen Parametern beträgt die Anzeigedauer nur zwei Sekunden. Bestätigen Sie die Dialogbox mit *OK* – daraufhin können Sie das Bild samt der Optimierungseinstellung speichern.

6

Hintergründe

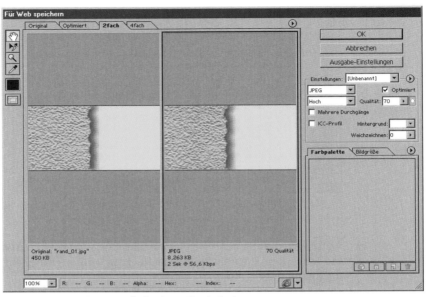

Die JPEG-Komprimierung stellt das beste Ergebnis dar

10 Wechseln Sie zu Ihrem HTML-Editor und fügen Sie die Hintergrundkachel ein. Lassen Sie sich das Ergebnis dann in der Browser-Vorschau anzeigen. In diesem Beispiel wurde der Internet Explorer verwendet.

Der Rand in der Browser-Vorschau

Details über die Hohe Kunst des Optimierens und die Verwendung der restlichen Einstellungen haben Sie in Kapitel 3 „Optimieren von Bildern fürs Web" erfahren.

Anzeige der Ladegeschwindigkeit ändern

Standardmäßig zeigt Photoshop Ihnen die Anzeigedauer, bezogen auf ein 28,8 Kbps-Modem, an. Möchten Sie diesen Wert ändern, da viele User mittlerweile 56K-Modems verwenden, so klicken Sie mit der rechten Maustaste in das Vorschaufenster. Es öffnet sich ein Menü, in dem Sie die Ladegeschwindigkeit ändern können.

Auf Hintergrundebene reduzieren?

Wenn Sie in den Vorgängerversionen von Photoshop mit mehreren Ebenen gearbeitet haben und die Datei speichern wollten, mussten Sie dazu das Photoshop-Format PSD wählen, da viele andere Formate keine Ebenen unterstützen. Wollten Sie die Datei beispielsweise als JPEG speichern, mussten Sie vorher mit *Ebene/Auf Hintergrundebene reduzieren* die Ebenen verschmelzen. Seit der Version 6 ist das nicht mehr nötig. Sie können jedes beliebige Format auswählen und Photoshop reduziert die Ebenen beim Speichern automatisch. Allerdings erhalten Sie eine Warnmeldung darüber, dass einige Daten dabei verloren gehen. Benötigen Sie also die Ebenen für spätere Korrekturen, wählen Sie auf jeden Fall das PSD-Format. Wenn Sie den Befehl *Datei/Für Web speichern* verwenden, wird eine Kopie der Datei gespeichert, die Originaldatei bleibt erhalten.

6.3   Gekonnt kacheln

In Ihrem HTML-Editor können Sie ein Hintergrundbild bestimmen. Der Browser wiederholt dieses Bild dann so oft, bis der gesamte Hintergrund gefüllt ist. Diese Technik spart enorm viel Speicherplatz, da die Kachel nur einmal geladen und dann dupliziert wird.

Speicherplatz sparende Verläufe

Würden Sie einen Verlauf anlegen, der die gesamte Hintergrundfläche ausfüllt, also nicht mit der Kacheltechnik generiert wird, wären die Ladezeiten enorm, da sehr viele verschiedene Farbtöne beschrieben werden müssen. Helfen Sie sich mit dem Kacheltrick. Verwenden Sie auch hier nur einen schmalen Streifen, der von Ihrem Editor automatisch dupliziert wird.

Problem Monitorauflösung

Die Höhe des Verlaufsstreifens wird in diesem Projekt 1.024 Pixel betragen, damit auch dann keine unschöne Kachelung entsteht, wenn ein Anwender die hohe Auflösung 1.280×1.024 verwendet. Leider können Sie es hierbei nicht allen Anwendern hundertprozentig recht machen. Betrachter Ihrer Website, die die Auflösung 800×600 verwenden, sehen nur einen Teil des Verlaufs, erhalten aber einen Rollbalken am rechten Bildschirmrand.

6

Hintergründe

Auf diese Weise würde der Verlaufsstreifen auch vertikal gekachelt, wenn er in der Höhe weniger Pixel aufweist, als der Monitor darstellt

1 Wählen Sie *Datei/Neu* und erstellen Sie eine Datei, die die Größe 30x1.024 Pixel aufweist. Verwenden Sie eine Höhe von 1.024 Pixeln, damit auch bei einer Monitor-Auflösung von 1.280x1.024 keine Kachelung entsteht. Als Auflösung wählen Sie wieder 72 dpi.

2 Der Verlauf soll von oben nach unten von Blau zu Weiß übergehen. Dazu muss Blau als Vordergrundfarbe und Weiß als Hintergrundfarbe ausgewählt werden. Es gibt verschiedene Möglichkeiten, dies festzulegen, in diesem Fall verwenden Sie das Werkzeug Pipette. Aktivieren Sie die Pipette (Shortcut [I]).

3 Rufen Sie *Fenster/Farbfelder einblenden* auf. Um die Vordergrundfarbe festzulegen, klicken Sie mit der Pipette in eines der Farbfelder, um die Hintergrundfarbe zu bestimmen, halten Sie beim Klicken die [Alt]-Taste gedrückt.

4 Aktivieren Sie das Verlaufs-Werkzeug mit einem Klick in die Werkzeug-Palette oder mit dem Shortcut [G] und ziehen Sie vom oberen bis zum unteren Rand der Datei. Der Verlauf wird erstellt. Wenn Sie dabei die [Umschalt]-Taste halten, wird der Verlauf exakt senkrecht generiert.

Füllen Sie die Datei mit einem Farbverlauf

5 Speichern Sie die Datei mit *Datei/Speichern unter*. Wählen Sie das Format JPEG aus, da es Verläufe besser optimieren kann als GIF. Da die Kachel sehr schmal ist, erhalten Sie auch bei einer hohen JPEG-Qualität sehr geringe Ladezeiten. Wählen Sie die in der Abbildung gezeigten Einstellungen.

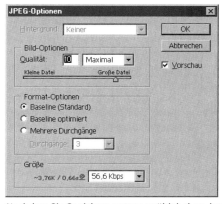

Nachdem Sie Speichern unter gewählt haben, bestimmen Sie die Stärke der Komprimierung der JPEG-Datei. Auch in dieser Dialogbox wird Ihnen angezeigt, wie lange der Aufbau auf der Website dauern wird

6 Laden Sie die JPEG-Datei in Ihrem HTML-Editor als Hintergrundkachel. Betrachten Sie das Ergebnis in der Browservorschau. Verläufe sind sowohl in der klassischen Drucktechnik als auch bei der Anzeige am Bildschirm ein sensibles Thema. Es kann zu einer Streifenbildung kommen, wenn dieses Problem auftaucht, gehen Sie wie im Folgenden beschrieben vor.

Bei der Verwendung von Verläufen bilden sich mitunter wie hier Stufen

7 Öffnen Sie die Datei erneut in Photoshop. Rufen Sie *Filter/Störungsfilter/Störungen hinzufügen* auf. Die Störungen verhindern die Streifenbildung, allerdings sollten Sie nur eine geringe Prozentzahl verwenden, da es bei einer großen Menge Störungen wiederum zu Moiré-Bildung kommen kann. Für dieses Beispiel wurde der Wert 2 % verwendet. Speichern Sie die Datei erneut und laden Sie sie in Ihrem HTML-Editor. Die Streifen sollten jetzt verschwunden sein.

Fügen Sie eine geringe Menge Störungen hinzu

Störungen versus Streifen

Die Stärke der Streifenbildung ist von den Farb- und Helligkeitswerten des Verlaufs abhängig, daher kann es sein, dass Sie bei einem dunkleren Verlauf auch eine größere Anzahl Störungen zufügen müssen. Der ideale Wert kann leider nur durch Austesten ermittelt werden.

Durch Hinzufügen von Störungen wirkt der Verlauf gleichmäßiger

Fliesen legen mit Photoshop

Haben Sie sich auch schon immer gefragt, in welchem Fall eigentlich die Interpolationsmethode *Pixelwiederholung* eingesetzt wird? Für das Skalieren von Fotografien ist diese Methode völlig ungeeignet, da keine Zwischenpixel errechnet werden und es so zu Kantenbildung kommt.

Für das folgende Beispiel ist die Pixelwiederholung allerdings wie geschaffen. Sie erstellen ein Schachbrettmuster mithilfe dieser Methode.

1 Erstellen Sie zunächst eine Datei, die eine Größe von 2 x 2 Pixeln und eine Auflösung von 72 dpi hat.

2 Aktivieren Sie das Werkzeug Buntstift (Shortcut B). Die Größe der Pinselspitze darf nur 1 Pixel betragen. Wählen Sie also aus der Werkzeugspitzen-Palette der neuen Optionsleiste die kleinste Spitze aus.

3 Wählen Sie aus den Farbfeldern die gewünschte Vordergrundfarbe aus und färben Sie damit zwei diagonal gegenüberliegende Pixel. Damit ist die Grundlage für das Schachbrettmuster geschaffen.

Färben Sie mit dem Werkzeug Buntstift und einer Größe von 1 Pixel die obere Linke und die untere rechte Ecke

4 Rufen Sie den Befehl *Bild/Bildgröße* auf. Geben Sie jetzt die gewünschte Größe – hier *110 Pixel* – in das Feld *Breite* ein, aktivieren Sie die Kontrollkästchen *Proportionen erhalten* und *Bild neu berechnen mit* und wählen Sie aus dem Listenfeld die Methode *Pixelwiederholung*.

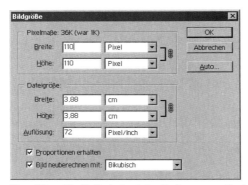

Vergrößern Sie die Kachel auf eine Breite von 110 Pixeln unter der Verwendung der Interpolationsmethode Pixelwiederholung

5 Nachdem Sie die Dialogbox bestätigt haben, errechnet Photoshop die neue Dateigröße. Durch die Verwendung der Pixelwiederholung werden keine Zwischenpixel errechnet und die Schachbrettkachel ist perfekt.

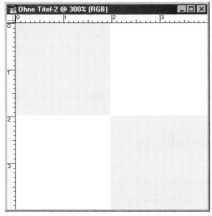

Dank der Interpolationsmethode Pixelwiederholung bleiben die Kanten scharf

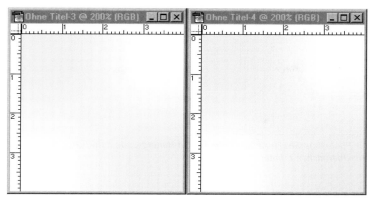

So würden die Interpolationsmethoden Bilinear (links) und Bikubisch (rechts) die Vergrößerung durchführen

6 Rufen Sie *Datei/Für Web speichern* auf und optimieren Sie die Datei mit den abgebildeten Einstellungen als GIF-Datei, denn GIF kommt mit glatten Flächen am besten zurecht. Nach einem Klick auf *OK* speichern Sie die Datei und kontrollieren die Darstellung anschließend in Ihrem HTML-Editor.

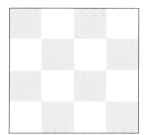

Der Kachelhintergrund in der Browser-Vorschau

Exkurs: Strukturierungsfilter

Falls Ihnen die unbearbeitete Kachel zu gleichförmig erscheint, verwenden Sie Filter, um sie aufzupeppen. Mit dem Befehl *Filter/Strukturierungsfilter/Mit Struktur versehen* gelangen zu einer Dialogbox, in der Sie zwischen vier vordefinierten Strukturen wählen können: *Ziegel, Sackleinen, Leinwand* und *Sandstein*.

Für dieses Beispiel haben wir den Filter *Leinwand* mit einer *Skalierung* von *100 %* und einem *Relief* von *4* verwendet. Speichern Sie eine so bearbeitete Datei als *JPEG*, da dieses Format ungleichmäßige Flächen besser komprimieren kann.

Wo Filter beim Reparieren von Bildern helfen und wie Sie eigene Filter kreieren, wird in Kapitel 8 „Tolle Effekte: Gestalten mit Filtern" ausführlich vorgestellt.

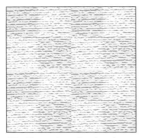

Die Photoshop-Strukturierungsfilter lassen Hintergründe natürlicher erscheinen, da sie an alltägliche Oberflächen erinnern

Sternenhimmel mit ImageReady

Möchten Sie Ihre Website zum Funkeln bringen, dann verwenden Sie dazu animierte GIFs als Hintergrunddatei. Allerdings sollten Sie besonders bei animierten Hintergründen dezent vorgehen, ansonsten könnte der eine oder andere User vom vielen Funkeln durchaus wahnsinnig werden ;-). Im Folgenden erstellen Sie in Adobe ImageReady einen Sternenhimmel. Diese GIF-Animation soll ein erster Vorgeschmack auf das Kapitel 11 „Von animierten Eye-Catchern und Werbebannern" sein. Hier erhalten Sie einen ersten Überblick über die Arbeit mit Frames und Ebenen.

1 Starten Sie ImageReady und erstellen Sie eine Datei, die – für dieses Beispiel – die Größe 400x300 Pixel aufweist. ImageReady geht grundsätzlich von einer Auflösung von 72 dpi aus, da ausschließlich Dateien für die Präsentation am Monitor erstellt werden.

2 Es soll ein dunkelblauer Himmel mit weißen Sternen erstellt werden, klicken Sie auf das Feld *Hintergrundfarbe* unten in der Werkzeug-Palette, aktivieren Sie das Kontrollkästchen *Nur Webfarben* und wählen Sie mit einem Klick in den Farbwähler einen dunklen Blauton aus. Bestätigen Sie mit *OK*. Legen Sie nun als Vordergrundfarbe Weiß fest. Geben Sie dazu in der Dialogbox *Vordergrundfarbe wählen* in die Felder *R:, G:* und *B:* jeweils den Wert *0* ein.

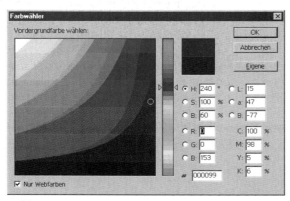

Wählen Sie mithilfe des Farbwählers einen Farbton für den Hintergrund aus, achten Sie dabei darauf, dass das Kontrollkästchen Nur Webfarben aktiviert ist

Filter in ImageReady

Leider stehen in ImageReady nicht alle Filter zur Verfügung, die Photoshop beinhaltet. Wenn Sie beispielsweise Störungen hinzufügen möchten, müssen Sie das vorher in Photoshop tun, um die gespeicherte Datei danach in ImageReady weiter zu bearbeiten.

3 Wie so oft, führen viele Wege zum Füllen des Hintergrunds. Wählen Sie in diesem Fall *Auswahl/Alles auswählen* und drücken Sie dann die (Entf)-Taste. Da Photoshop wie auch ImageReady immer löschen, indem sie die markierte Fläche mit der Hintergrundfarbe füllen, ist dies der schnellste Weg zum Ziel – der Dateihintergrund ist Blau.

4 Zuerst erstellen Sie unterschiedlich große Fixsterne. Wählen Sie dazu das Werkzeug Pinsel aus und wählen Sie nach Belieben verschieden große Werkzeugspitzen aus und erstellen Sie Ihre persönliche Galaxy.

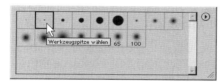

Die unterschiedlichen Pinselspitzen

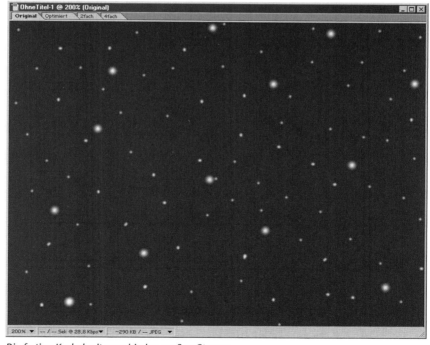

Die fertige Kachel mit verschieden großen Sternen

Verteilung der Sterne

Achten Sie darauf, dass Sie die Sterne gleichmäßig bis an den Rand verteilen, da sonst die spätere Kachelung im Browser auffällt. Um besser beurteilen zu können, ob die Verteilung regelmäßig ist, rufen Sie den Befehl *Filter/Sonstige Filter/Verschiebungseffekt auf*, wählen aus dem Listenfeld den Eintrag *Prozent* und geben *Horizontal* und *Vertikal 50 %* an. Nach Bestätigung der Dialogbox sehen Sie auf einen Blick die Lücken im Sternenhimmel.

Frames hinzufügen und bearbeiten

Der Hintergrund der Datei ist fertig gestellt. Erstellen Sie jetzt neue Frames und fügen Sie jedem Frame einige Sterne zu.

1 Falls die Animations-Palette noch nicht aufgerufen ist, wählen Sie *Fenster/ Animation einblenden*. Rufen Sie ebenfalls die Palette-Ebenen auf, Sie benötigen sie später für die Animation.

2 Sie sehen den ersten Frame. Öffnen Sie das Paletten-Menü, durch einen Klick auf den schwarzen Pfeil oben rechts an der Palette. Deaktivieren Sie ggf. den Eintrag *Neuen Frames eine Ebene hinzufügen*.

3 Öffnen Sie das Menü erneut und wählen Sie diesmal den Eintrag *Neuer Frame*.

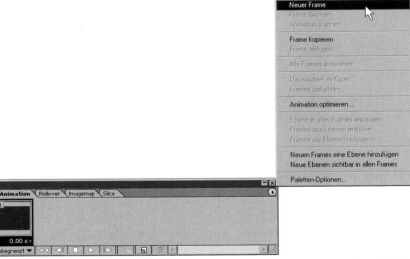

Wählen Sie aus dem Menü der Animations-Palette den Eintrag Neuer Frame, achten Sie aber darauf, dass der Menüpunkt Neuen Frames eine Ebene hinzufügen deaktiviert ist

4 Insgesamt sollen fünf Frames Verwendung finden, öffnen Sie das Menü daher noch einmal und wählen Sie den Eintrag *Dazwischen einfügen*. In der darauf folgenden Dialogbox geben Sie im Feld *Hinzuzufügende Frames* die Anzahl *3* ein und bestätigen mit *OK*.

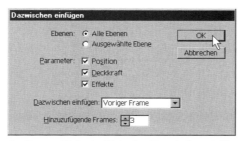

Bestimmen Sie in der Dialogbox Dazwischen einfügen die Anzahl der Frames, die zwischen dem ersten und dem letzten Frame eingesetzt werden sollen

5 Einmal müssen Sie das Menü noch öffnen, denn jetzt wählen Sie den Eintrag *Frames auf Ebenen reduzieren*. Sie erhalten daraufhin fünf Ebenen über der Hintergrundebene. Da Sie die Hintergrundebene nicht benötigen, können Sie diese löschen, indem Sie sie mit der Maus anfassen und in den Papierkorb an der Ebenen-Palette ziehen.

6 Auf den Frames werden jetzt die funkelnden Sterne eingefügt. Diese sollen nicht nur aus Punkten bestehen, sondern tatsächlich sternförmig sein. Photoshop liefert Ihnen dafür besondere Werkzeugspitzen. Klicken Sie in der Optionsleiste auf den Listenpfeil, sodass sich das Werkzeugspitzen-Menü öffnet. Öffnen Sie dann das zugehörige Menü mit einem Klick auf den Palettenpfeil. Wählen Sie daraus den Eintrag *Verschiedene Spitzen*.

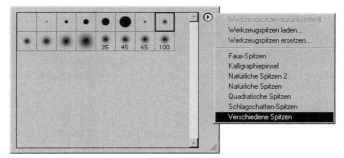

Wählen Sie den Eintrag Verschiedene Spitzen

7 ImageReady fragt Sie daraufhin, ob die alten Spitzen ersetzt, oder die neuen angefügt werden sollen. Klicken Sie auf *Anfügen*.

8 Wählen Sie aus der Palette eine der sternförmigen Spitzen aus.

Frames und Ebenen bearbeiten

Ihre Datei weist zur Zeit fünf Frames und fünf Ebenen auf. Die Ebenen sind für alle Frames verfügbar. Sie weisen aber im Folgenden jedem Frame seine eigene Ebene zu. Sie könnten beispielsweise *Frame 1* und *3* die *Ebene 4* zuweisen. In diesem Fall würde ein Stern, den Sie auf *Ebene 4* setzen, sowohl in *Frame 1* als auch in Frame 3 erscheinen. Der Übersichtlichkeit halber weisen Sie aber *Frame 1* auch die *Ebene 1* zu und so weiter.

1 Aktivieren Sie in der Palette *Animation* den *Frame 1* mit einem Mausklick. Anschließend weisen Sie ihm mithilfe der Ebenen-Palette die *Ebene 1* zu. Dazu muss sowohl das Auge als auch der Pinsel vor der *Ebene 1* erscheinen. Die anderen Ebenen dürfen kein Augensymbol aufweisen, da die darüber liegenden sonst die *Ebene 1* verdecken. Setzen sie jetzt mit dem Pinsel einen oder auch mehrere Sterne in die Datei.

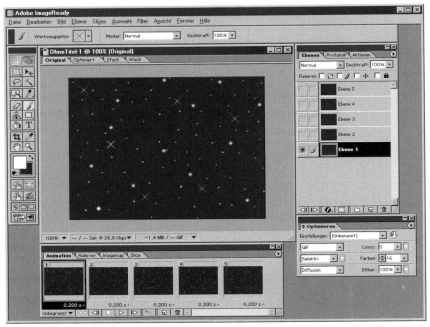

Aktivieren Sie Frame 1 und wählen Sie gleichzeitig in der Ebenen-Palette Ebene 1 aus. Setzen Sie dann einige Sterne

2 Gehen Sie jetzt so für alle fünf Frames und Ebenen vor. Aktivieren Sie als nächstes *Frame 2* und weisen Sie ihm *Ebene 2* zu, um dann weitere Sterne zu setzen. Führen Sie diese Schritte für alle fünf Frames durch. Achten Sie wieder auf eine möglichst gleichmäßige Verteilung, damit der Kacheleffekt später nicht sichtbar wird.

3 Wenn Sie das Zuweisen der Ebenen zu den Frames und das Setzen der Sterne abgeschlossen haben, starten Sie die Animation mit einem Klick auf den Startpfeil an der Palette *Animation*. Es sollten jetzt nacheinander die gesetzten Sterne aufblinken. Wahrscheinlich läuft die Animation noch zu schnell ab. Damit der Betrachter Ihrer Seite nicht das Gefühl hat, auf Warp 9 beschleunigt zu werden, sollten Sie noch eine Verzögerung einbauen. Beenden Sie die Animation mithilfe der Stop-Schaltfläche. Markieren Sie sämtliche Frames, indem Sie den ersten anklicken, die (Umschalt)-Taste gedrückt halten und den fünften anklicken, und öffnen Sie dann mit einem rechten Mausklick auf eine der Sekundenanzeigen unter den Frames das Kontextmenü. Wählen Sie hier eine Verzögerung aus. Wir haben für dieses Beispiel die Verzögerung von *1 Sekunde* verwendet.

Optimieren und speichern

Animationen wie diese können gut komprimiert werden, da die meisten Bereiche konstant bleiben und nur kleine Änderungen erfolgen.

1 Wieder kommt das Menü der Palette *Animation* zum Einsatz. Öffnen Sie es und wählen Sie den Eintrag *Animation optimieren*. Aktivieren Sie beide Kontrollkästchen und bestätigen Sie mit *OK*.

2 Zum Speichern der Datei wählen Sie *Datei/Optimiert-Version speichern*. Speichern Sie die Animation als GIF-Datei.

3 Laden Sie die Datei als Hintergrundkachel in Ihrem HTML-Editor, dieser kann allerdings keine Animation anzeigen. Wählen Sie den Befehl *Browser-Vorschau*, um die fertige Animation und die Kachelung zu beurteilen.

Das i-Tüpfelchen: Venus im Sternenhimmel

1 Bereiten Sie in Photoshop die Planeten-Datei vor. Fügen Sie den freigestellten Planeten auf einer neuen Ebene ein und löschen Sie die Hintergrundebene. Dies ist nötig, da die Hintergrundebene keine Transparenz verwalten kann. Wählen Sie *Datei/Für Web speichern*. Selektieren Sie aus dem Format-Listenfeld den Eintrag *GIF* und aktivieren Sie das Kontrollkästchen *Transparenz*. Klicken Sie auf *OK*, um das GIF zu speichern.

Die frei gestellte Venus muss auf einer neuen Ebene eingefügt werden, die Hintergrundebene kann anschließend gelöscht werden

2 Wechseln Sie zu Ihrem HTML-Editor – in diesem Beispiel Dreamweaver. Laden Sie den Sternenhintergrund, indem Sie mit einem rechten Mausklick in den Hintergrund das Kontextmenü öffnen und den Eintrag *Seiteneigenschaften* auswählen. Klicken Sie auf die Schaltfläche *Durchsuchen* im Bereich *Hintergrundbild* und navigieren Sie zu der Kacheldatei und öffnen Sie diese.

3 Der Planet wird mithilfe einer blinden Tabelle eingefügt. Wählen Sie *Einfügen/Tabelle*. Je nachdem, wie viele Zeilen und Spalten Sie verwenden möchten, ändern Sie die Anzahl in der Dialogbox *Tabelle einfügen*. Wenn Sie die Breite der Tabelle prozentual angeben, bezieht sie sich automatisch auf die jeweilige Fensterbreite, die der Betrachter Ihrer Website eingestellt hat. Stellen Sie die Rahmenbreite auf *o Pixel*, damit die Tabelle im Browser nicht zu sehen ist.

6

Hintergründe

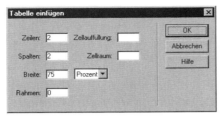

Fügen Sie so viele Zeilen und Spalten ein, wie Sie benötigen

4 Um den Planeten in die Tabelle einzufügen, setzen Sie den Mauscursor in eine der Zellen und wählen *Einfügen/Bild*, suchen die GIF-Datei und schließen die Dialogbox.

Wenn Ihnen ein simpler Sternenhimmel zu ereignislos erscheint, setzen Sie Planeten wie hier nicht mit in die Kachel – sie würden dann ebenfalls vom Browser wiederholt –, sondern als Objekt in Ihren HTML-Editor

Teile eines Scans für die Kachelung aufbereiten

Im Grunde kann jede Art von Scan als Kachel eingesetzt werden. Das einzige Problem besteht darin, dass bei der Kachelung dort unschöne Kanten entstehen, wo die einzelnen Kacheln aneinander stoßen.

Es gibt für dieses Problem zwei verschiedene Lösungen. ImageReady bietet Ihnen einen Filter – *Kacheln erstellen* –, der automatisch die Kanten so verwischt, dass die Kacheln im Browser nahtlos aneinander treffen.

Bei dieser automatischen Methode entstehen ungewöhnliche Effekte, die aber leider unkontrollierbar sind. Möchten Sie die Kachelung allerdings im Griff haben und auf die Automatik verzichten, lesen Sie weiter unten, wie Sie mit dem Photoshop-Verschiebungsfilter die Kanten selbst retuschieren.

Kacheln vorbereiten mit ImageReady

Die automatische Methode von ImageReady ist schnell angewendet, führt aber mitunter zu einer starken Weichzeichnung.

1 Laden Sie ein beliebiges Bild und schneiden Sie mit dem Freistellungs-Werkzeug den Bereich aus, den Sie als Kachel verwenden möchten.

Das Freistellungswerkzeug erreichen Sie auch mit dem Shortcut C

2 Rufen Sie den Befehl *Filter/Sonstige Filter/Kacheln* erstellen auf. In der darauf folgenden Dialogbox wählen Sie zwischen zwei Optionen: *Kanten verwischen* und *Kaleidoskop-Kachel*. Bei der ersten Option kommt es zu einer starken Weichzeichnung, die die Kanten entfernt. Bei der Kaleidoskop-Kachel wird das Bild horizontal und vertikal gespiegelt, sodass abstrakte Effekte entstehen. Für dieses Beispiel verwenden Sie den Effekt *Kanten verwischen*.

3 Passen Sie mit *Bild/Bildgröße* eventuell das Format der Datei an. Achten Sie darauf, dass die Auflösung 72 dpi betragen muss, da dies die Standardauflösung für das Internet darstellt.

4 Optimieren Sie die Kachel mithilfe der Palette *Optimieren* aus dem Menü *Fenster* und wählen Sie dann *Datei/Optimiert-Version speichern*.

Solche Ausschnitte sind für eine Kachelung nur schwer retuschierbar – ImageReady kommt allerdings mit jedem Motiv zurecht

Der Felsen nach der Filterung durch ImageReady

Kacheln vorbereiten mit Photoshop

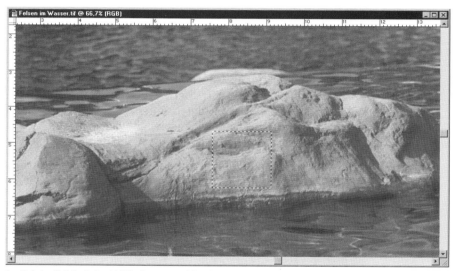

Im Originalbild wird mithilfe des Auswahlrechtecks ein quadratischer Bereich markiert, der später als Kachel dienen soll

Freistellen

Wenn Sie eine Kopie gespeichert haben, können Sie natürlich auch das Freistellungs-Werkzeug verwenden und die Datei auf Kachelgröße beschneiden, ohne den Umweg über die Zwischenablage zu wählen.

1 Öffnen Sie in Photoshop ein Bild Ihrer Wahl, aus dem Sie eine Kachel erstellen möchten. In diesem Beispiel benutzen wir Teile des Felsens. Aktivieren Sie das Werkzeug Auswahlrechteck. Halten Sie die [Umschalt]-Taste gedrückt und ziehen Sie dann eine Auswahl in dem Bereich, den Sie als Kachel extrahieren möchten. Die ⏚Umschalt⏚-Taste bewirkt, dass die Auswahl quadratisch wird.

2 Kopieren Sie den Bereich in die Zwischenablage, indem Sie *Bearbeiten/Kopieren* wählen.

3 Wählen Sie *Datei/Neu* und bestätigen Sie die darauf folgende Dialogbox. Photoshop passt Größe und Auflösung der neuen Datei grundsätzlich den Daten in der Zwischenablage an.

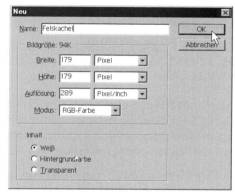

Photoshop orientiert sich beim Erstellen neuer Dateien an der Größe des Bildes in der Zwischenablage

4 Wählen Sie *Bearbeiten/Einfügen*, um die Zwischenablagedaten in die Datei einzusetzen. Photoshop erstellt automatisch eine neue Ebene, da nur eine Ebene benötigt wird, wählen Sie gleich *Ebene/Auf Hintergrundebene reduzieren*.

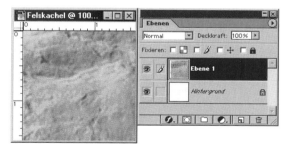

Photoshop fügt Bilder aus der Zwischenalage automatisch auf einer neuen Ebene ein

5 Rufen Sie *Bild/Bildgröße* auf, um die Maße der Datei zu kontrollieren. Vergrößern oder Verkleinern Sie die Datei unter Verwendung der Interpolationsmethode *Bikubisch* bei Bedarf auf das gewünschte Maß. Die Methode *Bikubisch* ist für Fotos am besten geeignet. Lesen Sie zum Thema Interpolation auch das Kapitel 2 „Bilder optimieren – Farbkorrektur und Retusche". Merken Sie sich die Pixelanzahl, da das Motiv später horizontal und vertikal um die Hälfte der vorhandenen Pixel verschoben wird.

6

Hintergründe

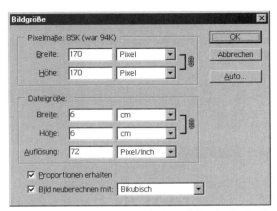

Bestimmen Sie anhand der Dialogbox Bildgröße die Größe der Kachel

6 Wenn Sie einen Bildausschnitt unbearbeitet als Kachel verwenden, erkennt man, an welcher Stelle die Seiten der Kachel aneinander stoßen. Es kommt zu einer Kantenbildung. Dies soll hier verhindert werden. Rufen Sie dazu den Befehl *Filter/Sonstige Filter/Verschiebungseffekt* auf.

7 Geben Sie ein, um wie viele Pixel das Motiv horizontal und vertikal verschoben werden soll. Da in diesem Beispiel die Außenkanten exakt in der Mitte liegen sollen, haben wir die Hälfte der Gesamtpixelanzahl als Wert gewählt. Dies ist aber nicht zwingend notwendig.

Wichtig ist nur, dass die Außenkanten nach innen verschoben werden. Elementar bei diesem Dialog ist, dass Sie die Option *Durch verschobenen Teil ersetzen* aktivieren. Dadurch erscheint der Teil, der rechts aus dem Bild geschoben wird, wieder auf der linken Seite der Datei. Das Gleiche gilt vertikal.

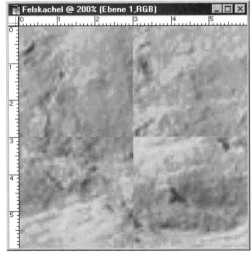

Die Außenkanten der Datei liegen jetzt innen

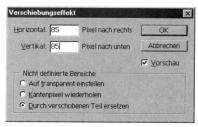

Der Verschiebungseffekt kehrt das Innere der Datei nach außen, wenn Sie die Option Durch verschobenen Teil ersetzen aktivieren

8 Wenn Sie diese Schritte vollzogen haben, sind Sie schon fast am Ziel, es muss nur noch ein wenig retuschiert werden. Aktivieren Sie dazu das Werkzeug Stempel (Shortcut ⑤) und wählen Sie eine geeignete Werkzeugspitze aus. Der Rand sollte weich sein und die Größe maximal ein Zehntel der Dateigröße betragen.

9 Halten Sie die Alt-Taste gedrückt und klicken Sie mit der linken Maustaste an der Stelle des Bildes, der für den Retuschevorgang kopiert werden soll. Damit legen Sie den Kopierursprung fest.

Übermalen Sie jetzt die Kanten mit dem Stempel. Eventuell müssen Sie den Kopierursprung öfter neu festlegen, um Wiederholungen zu vermeiden. Durch Wiederholungen entstehen Muster, die die Retusche entlarven.

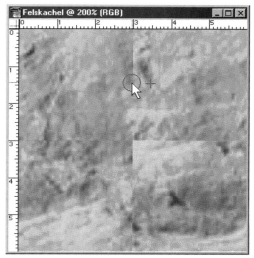

Retuschieren Sie die Kanten mit dem Werkzeug Stempel. Entfernen Sie eventuell auch störende Flecken

6

Hintergründe

Fertig retuschiert – die Schnittkanten wurden entfernt

10 Optimieren und speichern Sie die Datei – in diesem Fall als JPEG – und laden Sie sie als Hintergrundkachel in Ihrem HTML-Editor.

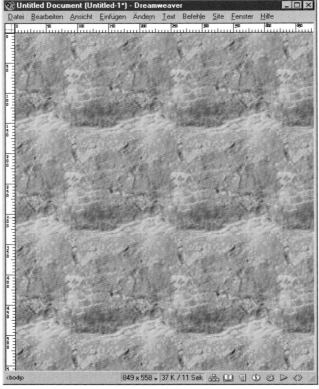

Jede Wiederholung erzeugt zwar ein Muster, aber durch die Retusche sind keine glatten Kanten mehr zu sehen

Farbton/Sättigung

Wenn Sie der Kachel schrille Farben verleihen möchten, rufen Sie *Bild/Einstellen/Farbton/Sättigung* auf und verschieben Sie die Regler, bis Sie mit der Farbgebung zufrieden sind.

6.4 Unauffälliges Highlight – Motivhintergründe

Da formatfüllende Hintergrundgrafiken wegen des Speicherbedarfs viele User abschrecken, sind sie im Web eher seltener zu finden. Dieser Umstand macht sie umso attraktiver. In diesem Projekt erfahren Sie, wie Sie Hintergrundbilder optimieren, um den vollen Eye-Catcher-Effekt zu sichern, die Ladezeiten aber gering zu halten.

Grundsätzlich sollten Sie für große Hintergrundgrafiken Bilder bzw. Grafiken auswählen, die so wenige Farben wie möglich aufweisen. Achten Sie auch darauf, dass Ihr Motiv möglichst glatte Flächen enthält.

Jede Störung mindert den Kompressionsfaktor. Dies gilt z. B. für Wellen oder Maserungen in Stein oder Holz.

Ein Motiv-Hintergrund wie dieser ist im Handumdrehen erstellt – wie das geht, zeigt dieses Projekt

6

Hintergründe

Das Motiv perfekt in die Seite einpassen

1 Öffnen Sie eine Datei Ihrer Wahl, die als Hintergrundbild dienen soll.

Dieses Bild dient als Grundlage für den Hintergrund

2 Rufen Sie *Bild/Bildgröße* auf, um die Dateigröße anzupassen. Geben sie in das Feld *Breite 1280 Pixel* und in das Feld *Auflösung 72 Pixel* ein. Aktivieren Sie *Proportionen erhalten* und *Bikubisch* und bestätigen Sie mit *OK*.

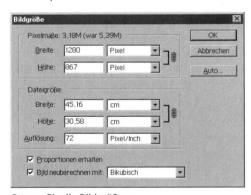

Passen Sie die Bildgröße an

3 Breite und Auflösung der Datei sind schon perfekt, die Arbeitsfläche muss aber noch nach unten hin erweitert werden. Wählen Sie dazu *Bild/Arbeits-fläche*. Markieren Sie als Ausgangspunkt für die Erweiterung den oberen lin-ken der neun Felder im Bereich *Position*, dadurch wird die Fläche nach unten rechts erweitert. Geben Sie in das Feld *Höhe* den Wert *1024* ein.

Arbeitsfläche erweitern

Beachten Sie, dass bei der Erweiterung der Arbeitsfläche die neuen Flächen mit der Hintergrundfarbe gefüllt werden. Beachten Sie also die eingestellte Hintergrundfarbe. Für dieses Beispiel wurde *Weiß* gewählt.

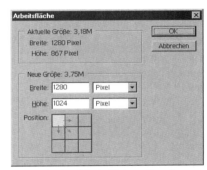

Die Größe der Arbeitsfläche soll 1.280 × 1.024 Pixel betragen

4 Das Motiv soll verkleinert und verschoben werden. Da Browser immer von oben links ausgehend aufbauen, verschieben Sie das Bild in die obere linke Ecke. Im Verhältnis zur Gesamtdateigröße wird es außerdem verkleinert, da User, die eine sehr geringe Auflösung verwenden, sonst nur einen Bruchteil des Bildes erkennen können, ohne zu scrollen. Markieren Sie das Motiv mit dem Befehl *Auswahl/Alles auswählen*.

5 Wählen Sie *Bearbeiten/Frei transformieren*. Sie erhalten acht Markierungs-knoten, mit denen Sie das Bild skalieren können. Halten Sie die (Umschalt)-Taste gedrückt, um eine Verzerrung zu verhindern. Um das gesamte Bild zu verschieben, klicken Sie innerhalb der Markierung und ziehen mit der Maus. Wenn Sie mit der Lage zufrieden sind: Ein Doppelklick in die Markierung schließt den Vorgang ab.

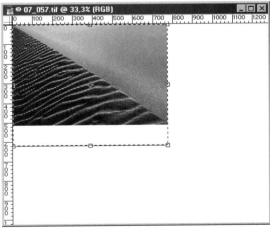

Positionieren Sie das Bild auf der Arbeitsfläche

6 Das Bild soll weich in den weißen Hintergrund übergehen, aktivieren Sie daher das Werkzeug Pinsel, wählen Sie eine relativ große Werkzeugspitze – in diesem Fall mit einem Durchmesser von *200 Pixeln*, und wählen Sie *Weiß* als Vordergrundfarbe. Malen Sie sich jetzt an das Motiv heran, bis alle Kanten weichgezeichnet sind.

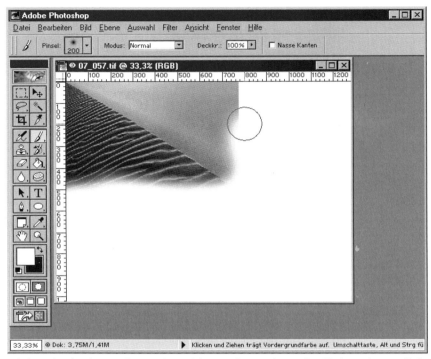

Mit dem Pinselwerkzeug, einer großen weichen Werkzeugspitze und Weiß als Vordergrundfarbe werden die Ränder weichgezeichnet

7 Falls Sie das Bild noch aufhellen möchten, rufen Sie mit *Bild/Einstellen/Tonwertkorrektur* die Tonwertkorrektur auf. Verschieben Sie den unteren linken Regler nach rechts. Damit schränken Sie den Tonwertumfang ein und begrenzen das Bild in den Tiefen.

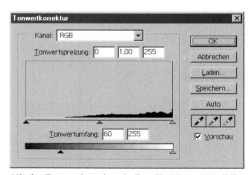

Mit der Tonwertkorrektur hellen Sie Hintergrundbilder auf

Optimierung nach Ladezeit

Beim Surfen durch das Internet können Sekunden sehr lang werden. Messen Sie einmal beim Betrachten anderer Websites die Anzeigedauer und beobachten Sie, nach wie vielen Sekunden der Aufbau anfängt zu nerven.

Diese Dauer – und vielleicht noch etwas weniger – sollten Sie als Grenze für die eigene Website setzen. Zu schnell klickt ein User im WWW auf die Schaltfläche *Abbrechen*. Photoshop ist in der Lage, Ihr Bild genau auf die gewünschte Ladezeit zu optimieren.

Mit einem Rechtsklick auf eines der Vorschaubilder bestimmen Sie, für welche Übertragungsgeschwindigkeit Sie die Optimierung berechnen. Öffnen Sie anschließend den Listenpfeil rechts neben dem Listenfeld *Einstellungen* und wählen Sie den Eintrag *Auf Dateigröße optimieren*.

Geben Sie dann die gewünschte Größe an und bestätigen Sie die Dialogbox, Photoshop versucht, bei optimaler Qualität die gewünschte Dateigröße zu erreichen. Eine Datei, die 10 KByte Speicher belegt, benötigt für den Aufbau bei einer Übertragungsgeschwindigkeit von 56,6 Kbps ca. 3 Sekunden für den Aufbau.

1 Der wichtigste Vorgang bei dieser Arbeit ist das Optimieren. Das große Format stellt besondere Anforderungen an die Optimierung. Sie müssen versuchen, eine möglichst kleine Datei und somit geringe Ladezeit zu erreichen, ohne zu viel an Qualität einzubüßen – sicher kein leichtes Unterfangen.

2 Wählen Sie *Datei/Für Web speichern* und dann das Register *2fach*. Das erste Fenster wird von der Originaldatei belegt. In diesem Projekt verwenden Sie die automatische Optimierung.

3 Markieren Sie das zweite Vorschaufenster, wählen Sie zunächst *JPEG* aus dem Formatlistenfeld und klicken Sie dann auf den Pfeil rechts neben dem Listenfeld *Einstellungen*.

Rufen Sie den Eintrag *Auf Dateigröße optimieren* auf. Geben Sie in das Feld *Gewünschte Dateigröße* „35 KB" ein, aktivieren Sie die Optionsschaltfläche *Aktuelle Einstellungen* und bestätigen Sie mit *OK*. Photoshop berechnet automatisch die Optimierungseinstellungen. Bei einer Größe von 35 KByte dauert der Aufbau bei einer Übertragungsgeschwindigkeit von 56,6 Kbps 7 Sekunden.

6

Hintergründe

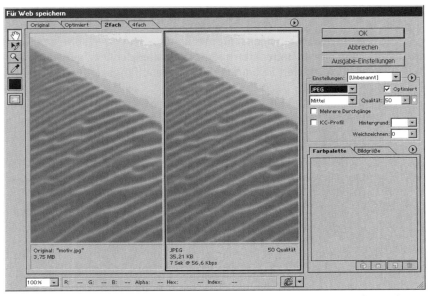

Die Dialogbox Für Web speichern zeigt an, wie lange ein Browser benötigt, um die Datei anzuzeigen

4 Zurück in der Dialogbox *Für Web speichern* klicken Sie auf *OK*. Daraufhin können Sie die Datei speichern.

6.5 Ein Motiv auf verschiedene Frames aufteilen

Um Speicherplatz zu sparen, ist es bei bestimmten Motiven sinnvoll, diese zu zerschneiden und dann auf verschiedene Frames aufzuteilen. Wichtig hierbei ist, dass Sie exakt vorgehen, damit die „Schnittstellen" nicht zum Vorschein kommen.

Vorbereitung einer Navigationsleiste

Die Navigationsleiste soll nicht losgelöst von der übrigen Webseite stehen. Um das Hintergrundobjekt in die Webseite zu integrieren, wird es am oberen Rand in die Seite hinein fortgesetzt:

1 Erstellen Sie eine neue Datei. Für dieses Beispiel haben wir die Größe von 400x600 Pixeln gewählt.

2 Aktivieren Sie das Werkzeug Lasso und erstellen Sie freihändig eine beliebige Form – allerdings möglichst so, dass das Aufteilen auf verschiedene Frames sinnvoll ist.

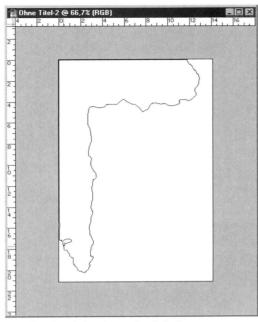

Erstellen Sie mit dem Lasso eine freie Form

3 Wählen Sie eine beliebige Vordergrundfarbe aus und wählen Sie *Bearbeiten/ Fläche füllen/Vordergrundfarbe*. Die Form wirkt damit allerdings sehr glatt. Um eine erste Strukturierung hervorzurufen, rufen Sie den Befehl *Filter/Störungsfilter/Störungen hinzufügen* auf. Fügen Sie eine beliebige Menge Störungen hinzu.

Fügen Sie Störungen hinzu, um eine Grundstruktur zu erzeugen

4 Der Filter *Risse* ist bestens geeignet, um die Fläche noch natürlicher zu gestalten. Sie finden ihn unter *Filter/Strukturierungsfilter*.

6

Hintergründe

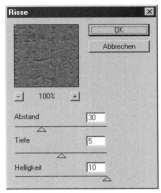

Verwenden Sie den Filter Risse, um eine weitere Struktur auf das Bild anzuwenden

Die Risse verleihen der Fläche mehr Tiefe

5 So richtig dreidimensional wird es jetzt unter Verwendung der Ebenenstile. Diese lassen sich leider nicht auf der Hintergrundebene anwenden. Aus diesem Grund wählen Sie den Befehl *Ebene/Ebenen duplizieren*. Ihr Objekt liegt jetzt auch auf der neu eingefügten Ebene. Sie müssen das Objekt der Hintergrundebene nicht löschen, da es in diesem Fall ohnehin von der darüber liegenden überlappt wird.

6 Rufen Sie *Ebene/Ebenenstil/Abgeflachte Kanten und Relief* auf. Aktivieren Sie links in der Liste das Kontrollkästchen *Struktur*. Dadurch wird nicht die Umrandung stilisiert, sondern auch die innere Struktur des Objekts.

Testen Sie verschiedene Einstellungen bei aktiviertem Kontrollkästchen *Vorschau* oder verwenden Sie die abgebildeten Optionen.

7 Praktisch ist, dass Sie auch die anderen Ebenenstile direkt von dieser Dialogbox aus aktivieren können. Versehen Sie das Objekt eventuell noch mit einem Schlagschatten, beachten Sie aber, dass Schatten Verläufe sind, die schwerer zu komprimieren sind als glatte Flächen. Bei diesen Dateigrößen fällt dieser Umstand allerdings nicht so ins Gewicht.

Der Ebenenstil macht aus der Grafik ein undefinierbares, aber interessantes Gebilde

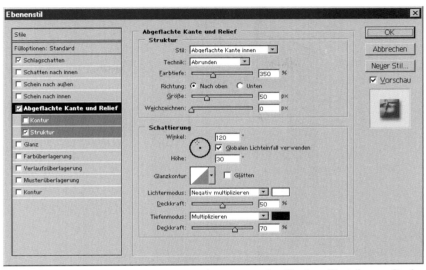

Wenn Sie das Beispiel exakt nachbauen möchten, verwenden Sie diese Einstellungen für den Stil Abgeflachte Kanten und Relief

Speichern der Dateien

1 Speichern Sie zunächst das fertige Original als TIF-Datei ab, falls Sie es später noch bearbeiten möchten.

Speichern Sie anschließend zwei weitere Kopien der Datei. Die eine wird für die linke Hälfte des Bildes verwendet, die andere für die rechte.

2 Öffnen Sie die erste Kopie. Da im Folgenden auf den Pixel genau beschnitten werden soll, benötigen Sie die Palette *Informationen*. Rufen Sie diese auf, indem Sie *Fenster/Informationen einblenden* wählen.

3 Ziehen Sie jetzt ein Markierungsrechteck auf und kontrollieren Sie die Größe mithilfe der Informationen-Palette.

Merken Sie sich die Maße der Markierung. Passen Sie Ihre Frames später diesen Maßen an. Sie können natürlich auch umgekehrt vorgehen und die Markierung bereits vorhandenen Frames anpassen.

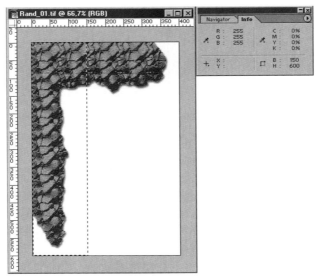

Markieren Sie zunächst den linken Teil der ersten Kopie

4 Sind Sie mit dem Ausschnitt zufrieden, wählen Sie *Bild/Freistellen* – übrig bleibt der markierte Bereich. Optimieren und speichern Sie die Datei als JPEG.

Der linke Teil wurde frei gestellt

5 Öffnen Sie die zweite Kopie des Originals und wählen Sie exakt den selben Ausschnitt aus wie vorher. Allerdings invertieren Sie dann mit *Auswahl/Auswahl umkehren* den markierten Bereich.

6 Wählen Sie wieder *Bild/Freistellen*, sodass diesmal der rechte Bereich übrig bleibt.

7 Die weiße Fläche unterhalb des Objekts ist überflüssig und stört nur bei der Arbeit mit den Frames. Aktivieren Sie daher das Freistellungs-Werkzeug (Shortcut Ⓒ) und markieren Sie den oberen Bereich, um dann mit einem Doppelklick in die Mitte den Freistellungsvorgang auszulösen. Allerdings dürfen hierbei auf keinen Fall links und oben Pixel entfernt werden.

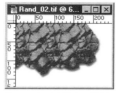

Der rechte Teil des Bildes ist fertig

8 Optimieren Sie die Datei mit denselben Einstellungen wie die erste Kopie – Sie müssen sich die Werte nicht merken, Photoshop übernimmt die Einstellungen der ersten Datei.

9 Setzen Sie beide Dateien in Ihrem HTML-Editor in benachbarte Frames ein.

6.6 Wenig Speicherbedarf – große Wirkung

Wenn es um den Speicherbedarf und damit um die Ladezeiten geht, sind glatte Flächen und klare geometrische Formen wie gesagt am dankbarsten. Gestalten Sie minimalistische Hintergrundkacheln mit großer Wirkung.

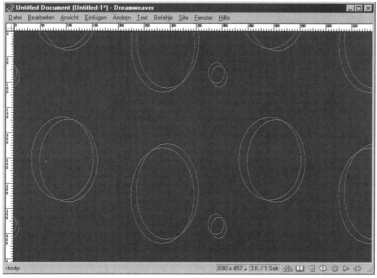

Dieser spartanischer Hintergrund lässt sich hervorragend komprimieren und sieht trotzdem toll aus

1 Erstellen Sie wie immer zunächst eine neue Datei. Die hier verwendete Größe beträgt 400 x 300 Pixel.

Füllen Sie dann die Hintergrundebene mit einer beliebigen Farbe; hier wurde ein dunkles Rot gewählt.

2 Fügen Sie eine neue Ebene hinzu, indem Sie den Befehl *Ebene/Neu/Ebene* wählen.

3 Öffnen Sie mit *Fenster/Pfade einblenden* die Pfade-Palette. Öffnen Sie das Paletten-Menü und rufen Sie den Menüpunkt *Neuer Pfad* auf.

Geben Sie in die darauf folgende Dialogbox einen Namen ein und bestätigen Sie mit *OK*.

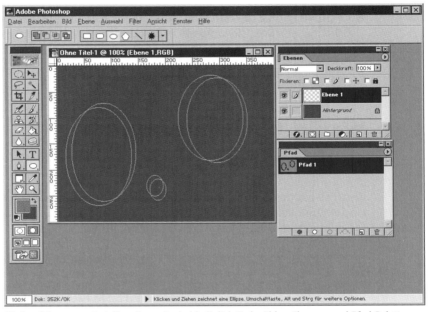

Sie benötigen zum Erstellen dieser Kachel lediglich Farbwähler, Ebenen- und Pfad-Palette

4 Wählen Sie jetzt mithilfe des Farbwählers oder der Farben-Palette eine andere Vordergrundfarbe.

Aktivieren Sie das Werkzeug Ellipse, indem Sie so lange das Ⓤ auf der Tastatur drücken, bis das Werkzeug erscheint – Photoshop switched durch die verschiedenen Zeichenwerkzeuge –, und ziehen Sie mehrere Ellipsen auf, die sich teilweise überlappen.

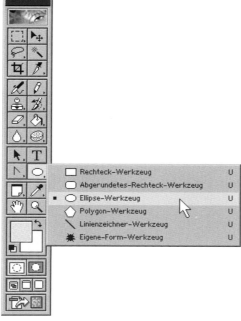

Die Zeichenwerkzeuge sind in einem Menü zusammengefasst

5 Aktivieren Sie das Werkzeug Pinsel. Wählen Sie eine feine Werkzeugspitze aus. Anschließend wählen Sie aus dem Menü der Pfad-Palette den Eintrag *Pfadkontur füllen*. In der sich öffnenden Dialogbox ist schon automatisch das Werkzeug Pinsel ausgewählt.

Bestätigen Sie die Dialogbox, die Kreise werden mit einer Kontur hinterlegt. Die Pfade stören genau wie Auswahlmarkierungen bisweilen beim Beurteilen der Konturfüllung. Sie können sie mit Strg + H aus- und wieder einblenden.

Das Menü der Pfad-Palette

6 Verwenden Sie jetzt den Verschiebungseffekt, die Kacheln erhalten dadurch mehr Dynamik. Wählen Sie *Filter/Sonstige Filter/Verschiebungseffekt*. Aktivieren Sie das Kontrollkästchen *Vorschau* und verschieben Sie die Ellipsen so, dass sie angeschnitten sind. Wichtig ist, dass die Option *Durch verschobenen Teil ersetzen* aktiv ist. Bestätigen Sie mit *OK*.

7 Wählen Sie *Datei/Für Web speichern* und speichern Sie die Datei als GIF mit lediglich zwei Farben. Die Ladezeit dieser Kachel liegt bei nur einer Sekunde.

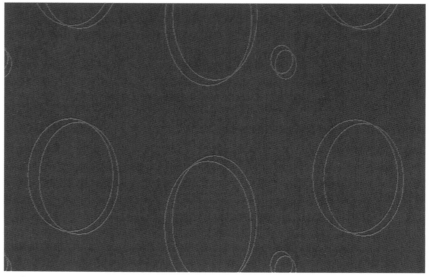

Nach der Kachelung durch Ihren Browser stoßen die Ellipsenteile nahtlos aneinander

7. Vom schlichten Text zum Ereignis

Die Textfunktionen von Photoshop werden immer leistungsfähiger. In der neuen Version 6.0 haben Sie jetzt neben der Möglichkeit, Textrahmen einzusetzen, auch die Freiheit, Texte entlang definierter Linien zu krümmen.

In den folgenden Projekten arbeiten Sie u. a. mit den Text-Paletten *Zeichen* und *Absatz*, Sie richten Texte aneinander aus und verwenden neben dem bekannten Textwerkzeug zum Erstellen von Textebenen auch das Textwerkzeug Maske oder Auswahl erstellen. Filter und Ebeneneffekte runden das Bild ab und machen Ihren Text zum Ereignis.

7.1 Eingeben und Bearbeiten von Texten

Wenn Sie in Photoshop Texte erstellen, wird automatisch eine Textebene eingefügt. Obwohl Photoshop als Bildbearbeitungsprogramm pixelorientiert arbeitet, wird dieser Text in Form von Vektoren erstellt.

Das bedeutet, dass der Text auflösungsunabhängig skalierbar ist, so lange die Textebene nicht gerastert wird. Beim Rastern der Ebene rechnet Photoshop die Vektordaten entsprechend der Auflösung der Datei in Bildpixel um.

HTML-Text einfügen

In Photoshop können Sie Slices HTML-Text zufügen. Hierzu ist es nötig, die Slice-Option *Kein Bild* zu wählen. Das Vorgehen ist in Kapitel 5 „Gekonntes Arbeiten mit Slices" dargestellt.

Eine typografische Portalgrafik gestalten

In diesem Beispiel arbeiten Sie mit einer Kombination von Ebenenstilen und Füllmodi. Wobei Sie alle Einstellungen für die erste Textebene vornehmen und diese dann als Dummy für die zweite Ebene kopieren.

Die Formatierung beider Textebenen ist gleich, die unterschiedliche Farbgebung wird nur durch die Hintergrundfarbe in Kombination mit unterschiedlichen Füllmethoden erzeugt

Hintergrund erstellen und erste Textebene formatieren

1 Erstellen Sie mit *Datei/Neu* eine Datei mit den Maßen *400 x 200 Pixel* bei einer Auflösung von *72 dpi*. Der Modus soll *RGB* sein und der Inhalt *Weiß*.

2 Rufen Sie mit *Fenster/Informationen einblenden* die Informationen-Palette auf, da Sie im Folgenden Hilfslinien setzen und deren Position mithilfe dieser Palette kontrollieren. Außerdem benötigen Sie die Lineale, aus denen Sie die Hilfslinien ziehen. Blenden Sie diese mit [Strg]+[R] ein. Ziehen Sie eine waagerechte Hilfslinie aus dem horizontalen Lineal und setzen Sie sie an die Position *Y 105 Pixel*.

3 Wählen Sie als Vordergrundfarbe einen Blauton mit den Werten *R 167, G 202* und *B 224* und aktivieren Sie das Auswahlrechteck. Ziehen Sie unten rechts am Dateifenster und vergrößern Sie es so, bis die graue Hintergrundfläche zum Vorschein kommt. Jetzt ist es leichter, die obere Hälfte der Datei zu markieren, da Sie außerhalb der Datei ansetzen können. Anderenfalls ist es schwierig, die äußerste Ecke der Datei zu treffen.

4 Ziehen Sie, auf der grauen Fläche ansetzend, von der linken oberen Ecke nach rechts unten bis zur Hilfslinie. Füllen Sie die Fläche mit dem Blauton, indem Sie die Tastenkombination [Alt]+[Rück] verwenden.

5 Wählen Sie *Auswahl/Auswahl umkehren*, um dann den unteren Teil der Datei zu füllen. Ändern Sie die Vordergrundfarbe in den Farbton *R 69, G 119* und *B 153* und wählen Sie erneut [Alt]+[Rück].

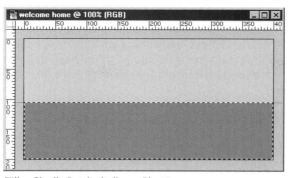

Füllen Sie die Datei mit diesen Blautönen

6 Ändern Sie die Vordergrundfarbe, bevor Sie den Text erfassen, in den Farbton *R 0, G 51* und *B 204*. Aktivieren Sie das Text-Werkzeug T. Klicken Sie in die obere Hälfte der Datei und erfassen Sie das Wort *welcome*. Markieren Sie mit *Auswahl/Alles auswählen* den gesamten Text.

Rufen Sie mit *Fenster/Zeichen* die *Zeichen-Palette* auf und formatieren Sie den Text beispielsweise in der Schriftart *Tahoma Bold* im Schriftgrad *90 Punkt*. Geben Sie in das Feld *Laufweite für die ausgewählten Zeichen einstellen* den Wert *-30* ein.

Die Laufweite repräsentiert den Abstand zwischen Buchstaben. Sie können mit dieser Funktion auch den Abstand zwischen einzelnen Buchstaben verringern oder erhöhen. So gleichen Sie optisch zu große Buchstabenabstände aus, wie sie beispielsweise bei der Paarung A und V vorkommen.

Erfassen Sie das Wort welcome

In der Palette Zeichen formatieren Sie die Schrift

7 Wechseln Sie zur Palette *Absatz*, indem Sie den Reiter aktivieren, und klicken Sie hier auf die Schaltfläche *Text rechts ausrichten*. Obwohl Sie hier nur einzelne Wörter setzen, ist die Ausrichtung wichtig, da Sie die erste Ebene duplizieren und unterhalb der Hilfslinie positionieren, das Wort *welcome* mit *home* überschreiben und beide Wörter dann gleich exakt untereinander ausgerichtet sind.

In der Palette Absatz formatieren Sie die Ausrichtung des Textes

8 Wenn Sie die Formatierungen vorgenommen haben, erscheinen in der Palette *Werkzeug-Optionen am rechten Rand* ein Häkchen und ein Kreuz. Erst wenn Sie eines dieser Symbole anklicken, ist es möglich, Änderungen wie etwa das Verschieben des Textes oder eine Änderung der Füllmethode vorzunehmen. Klicken Sie auf das Häkchen, die Eingabe wird bestätigt. Aktivieren Sie das Verschieben-Werkzeug und ziehen Sie das Wort direkt auf die Hilfslinie und zentrieren Sie es optisch zur Gesamtdatei.

Wenn Sie Änderungen der Textformatierung vorgenommen haben, erscheinen rechts die Symbole Aktuelle Bearbeitung bestätigen und Aktuelle Bearbeitung abbrechen

9 Rufen Sie jetzt die Ebenen-Palette auf und wählen Sie aus dem Listenfeld *Füllmethode einstellen* den Eintrag *Negativ Multiplizieren*. Bei dieser Methode ermittelt Photoshop die Negative der einzelnen Farbkanäle von Vorder- und Hintergrundfarbe und multipliziert diese miteinander. Dadurch wirkt sich die Hintergrundebene auf die Textebene aus und sie bewirken bei gleicher Textfarbe unterschiedliche Farbeffekte – je nach Hintergrundfarbe.

Die Palette Werkzeug-Optionen

Diese Palette fasst die wichtigsten Formatierungsoptionen in einer Palette zusammen. Hierüber können Sie kurze Textpassagen, die keine speziellen Laufweite- oder Absatzeinstellungen benötigen, schnell formatieren. Die Funktion *Text verkrümmen* finden Sie im Menü *Ebene/Text* und in der Palette *Werkzeug-Optionen*. Die Paletten *Zeichen* und *Absatz* stellen diese Funktion nicht zur Verfügung.

Die Textebene mit Ebenenstilen versehen

1 Die Textebene soll mit insgesamt drei Ebenenstilen versehen werden. Wählen Sie zunächst *Ebene/Ebenenstil/Schlagschatten*. Verwenden Sie die Füllmethode *Multiplizieren*, eine Deckkraft von *80 %*, den Winkel *130°*, eine Distanz von *5 Pixeln* und eine Größe von ebenfalls *5 Pixeln*.

2 Wechseln sie zum Stil *Abgeflachte Kante und Relief*, indem Sie irgendwo auf den Eintrag in der Liste klicken – das Aktivieren des Kontrollkästchens genügt seltsamerweise nicht, um zu der Dialogbox zu gelangen. Aktivieren Sie jetzt den Stil *Abgeflachte Kante innen*, die Technik *Abrunden*, eine Farbtiefe von *100 %*, eine Größe von *5 Pixeln* und stellen Sie den Schieberegler *Weichzeichnen* auf den Wert *0 Pixel*.

3 Abschließend wählen Sie den Stil *Musterüberlagerung* an (auch hier genügt es nicht, das Kontrollkästchen zu aktivieren, um die Dialogbox zu öffnen). Unter Verwendung der Füllmethode *Normal* stellen Sie eine Deckkraft von *30 %* ein und wählen aus der Liste *Muster* das *Muster Glanz* aus. Stellen Sie eine Skalierung von *100 %* ein.

So sieht die Ebene unter Verwendung der Ebenenstile und der Füllmethode Negativ multiplizieren aus

Schriftgröße ändern

Sie müssen die Schriftgröße nicht zwingend über die Paletten einstellen, alternativ dazu ist es genauso möglich, die Funktion *Bearbeiten/Frei Transformieren* zu verwenden. Damit können Sie den Text nicht nur skalieren, sondern auch drehen und verzerren. Durch diese Bearbeitung bleibt der Text editierbar, Sie können ihn also weiterhin formatieren und Textkorrekturen vornehmen.

Die erste Textebene duplizieren

1 Nachdem Sie die erste Textebene formatiert und mit Ebenenstilen versehen haben, müssen Sie diese Arbeit für die zweite Ebene nicht wiederholen. Stellen Sie sicher, dass die Textebene in der Ebenen-Palette aktiv ist, und wählen Sie dann den Eintrag *Ebene duplizieren* aus dem Ebenen-Menü. Photoshop fragt Sie nach einem Namen für die neue Ebene, geben Sie beispielsweise *home* ein und bestätigen Sie die Dialogbox.

2 Die Ebene wurde exakt über der ersten eingefügt. Aktivieren Sie wieder das Verschieben-Werkzeug, Halten Sie die ⌈Umschalt⌋-Taste gedrückt und ziehen Sie

7

Vom schlichten Text zum Ereignis

die Kopie von *welcome* senkrecht nach unten, sodass die Mittellängen der Kleinbuchstaben mit der Oberkante an der Hilfslinie liegen.

Dadurch, dass die Pixel der Textebene mit der Hintergrundebene negativ multipliziert werden, erhält welcome eine andere Tönung, als wenn Sie die Ebene über den dunkleren Blauton ziehen

3 Sämtliche Einstellungen der Ebene wurden kopiert, Sie müssen lediglich den Text ändern und eine andere Füllmethode anwählen. Aktivieren Sie wieder das Text-Werkzeug und markieren Sie damit die Buchstaben *welc*. Geben Sie den Buchstaben *h* ein, die markierten Buchstaben werden überschrieben. Schließen Sie jetzt die Bearbeitung der Textebene ab, indem Sie auf das Häkchen in der Palette *Werkzeug-Optionen* klicken.

4 Ändern Sie jetzt die Füllmethode, indem Sie in der Ebenen-Palette statt des Eintrags *Negativ multiplizieren* den Eintrag *Ineinanderkopieren* auswählen. Durch den Einsatz verschiedener Füllmethoden ändern Sie die Farbwirkung des Textes, ohne die eigentliche Textfarbe zu verändern. Besonders attraktive Effekte entstehen, wenn der Hintergrund nicht gleichmäßig gefärbt ist. Bei dieser Füllmethode wird eine Multiplikaton bzw. eine Negativmultiplikation der Pixel durchgeführt, je nach Tonwert des Ausgangspixels. Die Lichter und Tiefen der Ausgangsfarbe bleiben hierbei erhalten.

Die Hintergrundebene beeinflusst direkt die Vordergrundebenen

Wenn Sie die Hintergrundebene in der Ebenen-Palette aktivieren und darauf Filter anwenden, so wirken sich diese auch auf die Textebenen aus, da sich die Farbgebung des Textes durch die Anwendung von Füllmethoden in diesem Beispiel aus Hintergrund- und Vordergrund-Pixeln errechnet.

Den Text mit einem Lichteffekt versehen

1 Stellen Sie sicher, dass ausschließlich die Hintergrundebene aktiviert ist. Klicken Sie dazu in der Ebenen-Palette den Eintrag *Hintergrund* an.

2 Wählen Sie jetzt *Filter/Renderingfilter/Beleuchtungseffekte*. Wählen Sie aus dem Listenfeld *Stil* den Eintrag *Flutlicht* und bestätigen Sie die Dialogbox.

Die Beleuchtungseffekt Flutlicht wurde ausschließlich auf den Hintergrund angewendet, er wirkt aber durch die eingestellten Füllmethoden auch auf die Textebenen

7.2 Gestalten mit Textmasken

Der Modus Maske oder Auswahl erstellen hilft Ihnen, wenn Sie Schrift mit wenigen Handgriffen mit einem thematisch passenden Bild untermalen möchten.

Texte, die durch ein Bild dargestellt werden, sind mit dem Text-Werkzeug schnell erstellt

1 Öffnen Sie die Datei *night.jpg* oder ein beliebiges Foto, das Sie für diese Arbeit nutzen möchten. Aktivieren Sie das Text-Werkzeug, daraufhin passt sich die Palette *Werkzeug-Optionen* dem Werkzeug an. Als zweite von links finden Sie die Schaltfläche Maske oder Auswahl erstellen, aktivieren Sie sie mit einem Mausklick.

Links sehen Sie die Schaltfläche Neue Textebene erstellen und rechts Maske oder Auswahl erstellen – Sie finden diese Schaltflächen in der Palette Werkzeug-Optionen

Das Originalbild heißt night.jpg und ist von der DATA BECKER-Website downloadbar

2 Geben Sie in die Paletten *Zeichen* und *Absatz* folgende Parameter ein: Wählen Sie als Schriftart beispielsweise die *Futura Md BT Bold* und als Schriftgröße *110 Punkt* bei einem Zeilenabstand *von 60 Punkt*. Wechseln Sie zur Palette *Absatz* und aktivieren Sie die Schaltfläche *Text zentrieren*. Alle Texte, die Sie daraufhin erstellen, werden mit diesen Schrifteinstellungen generiert. Wenn Sie Texte erstellen, die mit Bildern gefüllt werden, ist es in der Regel wichtig, dass Sie eine möglichst fette Schriftart wählen, die viel Raum für die Bildinformationen bietet.

Als zweite Schaltfläche von links sehen Sie hier das Symbol Maske oder Auswahl erstellen – ganz rechts finden Sie die Schaltfläche zum Aufrufen der Paletten Zeichen und Absatz

3 Klicken Sie mittig in die obere Hälfte der Datei und erfassen Sie das Wort *NIGHT*, fügen Sie mit (Enter) eine Zeilenschaltung ein und erfassen Sie außerdem *MoVES*. Da Sie jetzt im Maskierungsmodus arbeiten, wird der Text transparent innerhalb der roten Maske dargestellt. Sie können den Text auch in diesem Modus verschieben. Wenn Sie die (Strg)-Taste drücken, wechseln sie temporär zum Verschieben-Werkzeug. Ziehen Sie damit den Text an die gewünschte Position und lassen Sie die (Strg)-Taste wieder los.

Im Maskierungsmodus werden all die Bereiche rot gekennzeichnet, die nicht zur Auswahl gehören

4 Klicken Sie auf das Häkchen in der Palette *Werkzeug-Optionen*, sodass die Texteingabe als korrekt bestätigt wird. Daraufhin erscheint der Text als Auswahl.

Die Auswahl im Normalmodus

5 Invertieren Sie die Markierung mit *Auswahl/Auswahl umkehren*. Drücken Sie den Buchstaben ⒟ auf Ihrer Tastatur, sodass *Schwarz* als Vordergrundfarbe eingerichtet wird. Füllen Sie dann den Hintergrund mit *Bearbeiten/Fläche füllen*. Wählen Sie in der Dialogbox *Füllen mit: Vordergrundfarbe* im Modus *Normal* bei einer Deckkraft von *100 %*.

Füllen Sie die Fläche mit Schwarz, so könnte der Text problemlos auf dem schwarzen Hintergrund einer Website platziert werden. Weist Ihre Website eine andere Hintergrundfarbe auf, verwenden Sie diese für die Füllung

Da der Kontrast zwischen Schriftbild und Hintergrund zu gering ist, bietet es sich an, eine Outline um die Schrift zu legen, welche aufgehellt wird

6 Blenden Sie temporär die Auswahlbegrenzung mit ⒮⒯⒭⒢+Ⓗ aus. Der Kontrast zum Hintergrund ist gering, daher soll eine Umrandung um die Schrift erstellt werden. Blenden Sie die Auswahl mit ⒮⒯⒭⒢+Ⓗ wieder ein und kehren Sie sie erneut mit *Auswahl/Auswahl umkehren* um. Erstellen Sie jetzt eine Outline um die Schrift, indem Sie *Auswahl/Auswahl verändern/Umrandung* wählen. Geben Sie in die Dialogbox eine Breite von *3 Pixeln* ein.

7

Vom schlichten Text zum Ereignis

7 Rufen Sie jetzt die Tonwertkorrektur auf, indem Sie *Bild/Einstellen/Tonwert-korrektur* wählen. Verschieben Sie den unteren linken Regler für die Begrenzung der tiefen Tonwerte nach rechts auf den Wert *35*. Dadurch wird der Rand leicht aufgehellt und der Text ist besser lesbar.

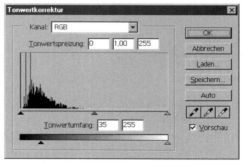

Verschieben Sie den unteren linken Regler auf den Wert 35

Absatztext in Punkttext konvertieren

Wenn Sie Absatztext in Punkttext umwandeln möchten, ist es wichtig, darauf zu achten, dass der Textrahmen so groß ist, dass sämtliche Zeichen angezeigt werden. Text, der über den Begrenzungsrahmen hinausgeht, wird andernfalls gelöscht.

Glätten kleiner Schriftgrade

Wenn Sie Texte in kleinen Schriftgraden in einer Datei mit niedriger Auflösung verwenden und dabei die Option *Glätten* verwenden, ist es leider möglich, dass der Text ungleichmäßig gerendert wird. Wenn Sie auf das Glätten nicht verzichten möchten, so deaktivieren Sie den Eintrag *Gebrochene Breiten*. Sie finden ihn im Paletten-Menü der Palette *Zeichen*.

7.3 Effekte wirkungsvoll einsetzen

Effekte, die Sie auf Schrift anwenden können, sind zum einen die Ebenenstile und zum anderen Filter. Der große Unterschied zwischen beiden Effekten ist, dass Ebenenstile auf Textebenen angewendet werden können, ohne dass der Text seine Editierbarkeit verliert.

Anders ist es bei der Anwendung von Filtern, diese können erst dann eingesetzt werden, wenn Sie den Text mit *Ebene/Rastern/Text* aus Vektorinformationen in Bildpixel umrechnen lassen. Da der Text daraufhin nicht mehr formatierbar ist, sollten Sie vor dem Rastern eine Kopie der Datei speichern oder ganz sicher sein, dass Sie den Text nicht mehr verändern möchten.

Sandsturm – Textwellen erzeugen

Sie können diesen Filter auch für Wassereffekte einsetzen

1 Laden Sie die Datei *sand.jpg* von der DATA BECKER-Website oder öffnen Sie eine andere Datei, bei der Sie den Effekt einsetzen möchten.

2 Wählen Sie mit dem Shortcut ⒟ *Schwarz* als Vordergrundfarbe aus. Klicken Sie in die Datei und erfassen Sie den Text. Geben Sie nach *SAND* mit einem ⎆Enter⎆ eine Zeilenschaltung ein und erfassen Sie dann das Wort *STURM*.

3 Markieren Sie den gesamten Text mit *Auswahl/Alles auswählen* und formatieren Sie den Text mithilfe der Paletten *Zeichen* und *Absatz* in der Schriftart *Futura Bold* in einem Schriftgrad von *80 Punkt* und einem Zeilenabstand von *60 Punkt*. Geben Sie in das Feld *Laufweite für die gewählten Zeichen einstellen* den Wert *-50* ein. Wechseln Sie zur Palette *Absatz* und klicken Sie hier auf die Schaltfläche *Text zentrieren*.

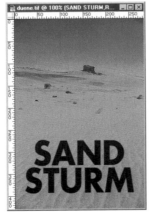

Erfassen Sie den Text

4 Öffnen Sie mit *Fenster/Ebenen einblenden* die Ebenen-Palette. Wählen Sie aus dem Listenfeld *Füllmethode einstellen* den Eintrag *Ineinanderkopieren*. Der Text wird jetzt transparent dargestellt. Rendern Sie abschließend den Text mit dem Befehl *Ebene/Rastern/Text*, damit Sie einen Filter darauf anwenden können.

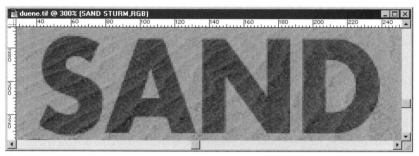

Durch den Füllmodus wirkt die Schrift transparent

5 Rufen Sie *Filter/Verzerrungsfilter/Kräuseln* auf. Geben Sie in der Dialogbox eine *Größe* von *250 %* und die Frequenz *Niedrig* ein. Durch diese Werte wirkt Ihr Text später an den Kanten ausgefranst.

Der Filter Kräuseln sorgt für die verwackelten Kanten

Schriftart wählen

Wenn Sie in Photoshop eine Schriftart auswählen möchten, müssen Sie in der Liste nicht bis zur gewünschten Schriftart scrollen, Sie können den Schriftnamen direkt in den Paletten *Zeichen* oder *Werkzeug-Optionen* eingeben. Wenn Sie die exakte Schreibweise nicht genau kennen, genügt es, die ersten Zeichen einzugeben, Photoshop springt dann an die Stelle, wo Sie die Schrift finden.

Kreideeffekte erzeugen

Dieser Effekt lebt von einer Kombination der Filter *Störungen hinzufügen* und dem Weichzeichnungsfilter *Bewegungsunschärfe*, wobei die Filter zum einen auf die Auswahl des Schriftzuges und zum anderen auf die Textebene selbst angewendet werden.

Diesen Effekt erzeugen Sie mit Störungs- und Weichzeichnungsfiltern

Die Textebene vorbereiten

1 Öffnen Sie Photoshop und stellen Sie zunächst Vorder- und Hintergrundfarbe ein, indem Sie zuerst den Shortcut D drücken, dies stellt als Vordergrundfarbe *Schwarz* und als Hintergrundfarbe *Weiß* ein. Klicken Sie anschließend den Shortcut X, das bewirkt die Umkehrung von Vorder- und Hintergrundfarbe.

2 Wählen Sie *Datei/Neu*. Geben Sie die Maße *400 x 100 Pixel* ein, wählen Sie als Auflösung *72 dpi* und als Modus *RGB*.

Wählen Sie im Bereich *Inhalt* die Option *Hintergrundfarbe*. Durch das voherige Definieren der Farbeinstellungen wird jetzt eine Datei erstellt, die als Hintergrundfarbe *Schwarz* enthält.

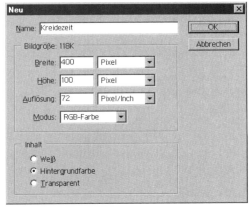

Erstellen Sie eine Datei mit diesen Einstellungen

3 Da die Vordergrundfarbe ebenfalls schon richtig als *Weiß* defininiet ist, aktivieren Sie das Text-Werkzeug und klicken in die Datei. Erfassen Sie den Text *Kreidezeit* und formatieren Sie ihn in einer verspielt wirkenden Schrift, beispielsweise der *Comic Sans* bei einem Schriftgrad von *70 Punkt*. Die Laufweite erhält hier den Wert *10*, damit die Buchstaben später nicht ineinanderlaufen.

Sperren Sie die Schrift mit der Laufweiteregelung, damit der Buchstabenabstand nicht zu eng für die Filterung wird

Auswahl speichern und bearbeiten

1 Rufen Sie mit *Fenster/Ebenen einblenden* die Ebenen-Palette auf. An oberster Stelle liegt die Textebene. Erstellen Sie eine Auswahl des Textes, indem Sie mit gedrückter ⎇Strg⎇-Taste in die Textebene der Ebenen-Palette klicken. Speichern Sie die Auswahl mit *Auswahl/Auswahl speichern*. Es öffnet sich eine Dialogbox, in der Sie einen Namen für die Auswahl vergeben können – in diesem Fall *Auswahl, Textebene*.

Speichern Sie die Auswahl der Textebene

2 Rufen Sie mit *Fenster/Kanäle einblenden* auch die Kanäle-Palette auf. Aktivieren Sie den Alpha-Kanal *Auswahl, Textebene* mit einem Mausklick in die Kanäle-Palette. Lassen Sie sich nicht davon irritieren, dass in Ihrer Datei keine Änderung der Ansicht erkennbar ist, der Alpha-Kanal sieht in diesem Beispiel genau so aus wie die Kombination von Text- und Hintergrundebene, stellt aber die Auswahl der Textebene dar.

Laden Sie den Alphakanal der gespeicherten Auswahl, um diese zu bearbeiten

3 Sie bearbeiten im Moment also lediglich die Auswahl, nicht aber die Ebenen der Datei. Wenden Sie jetzt *Filter/Zeichenfilter/Gerissene Kanten* auf den

Alpha-Kanal an. Wählen Sie ein Farbverhältnis von *20*, eine Glättung von *10* und einen Kontrast von *12*.

Der Alphakanal nach der Filterung

4 Um die Kanten nicht nur fransig darzustellen, sondern diesen Fransen gleichzeitig eine Richtung zu geben, wählen Sie *Filter/Weichzeichnungsfilter/Bewegungsunschärfe*. Stellen Sie *den* Winkel *45°* bei einer Distanz von *5 Pixeln* ein. Die Arbeit an dem Alpha-Kanal ist damit zunächst abgeschlossen, Sie wenden ihn später zur Tonwertkorrektur auf die Textebene an.

Die Bewegungsunschärfe verleiht dem Effekt Gerissene Kanten eine Richtung

Die Textebene für den Kreideeffekt vorbereiten

1 Wechseln Sie zurück zur Textebene, indem Sie in der Ebenen-Palette darauf klicken. Der Alpha-Kanal wird geschlossen und die Textebene aufgerufen. Wählen Sie *Filter/Störungsfilter/Störungen hinzufügen*. Verschieben Sie den Stärke-Regler auf das Maximum von *400 %*, wählen Sie die Option *Gaußsche Normalverteilung* und aktivieren Sie unbedingt die Schaltfläche *Monochrom*, sodass nur einfarbige, schwarze Störungen eingefügt werden.

Die Auswirkungen des Störungsfilters auf die Textebene

7

Vom schlichten Text zum Ereignis

Fügen Sie Störungen im Modus Monochrom hinzu

2 Auch die Störungspunkte sollen eine Richtung erhalten. Wählen Sie darum erneut *Filter/Weichzeichnungsfilter/Bewegungsunschärfe*. Geben Sie diesmal den gleichen Winkel *45°*, aber eine Distanz von *10 Pixeln* an.

Durch die Bewegungsunschärfe in Kombination mit dem Störungsfilter ensteht der Kreideeffekt

3 In diesem Schritt erhöhen Sie den Kontrast innerhalb des Textes. Rufen Sie dazu die Auswahl *mit Auswahl/Auswahl laden* auf. In der darauf folgenden Dialogbox müssen Sie den Namen der zuvor gespeicherten Auswahl wählen. Nach der Bestätigung ist die Auswahl aktiv. Wählen Sie *Bild/Einstellen/Tonwertkorrektur*. Verschieben Sie den rechten Regler, der die Lichter repräsentiert, nach links bis zum Wert *120* und anschließend den mittleren Regler für die mittleren Tonwerte nach rechts auf den Wert *0,20*. Durch diese Aktion wird der Kontrast deutlich erhöht und somit der Kreideeffekt erzeugt.

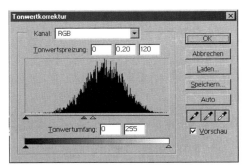

Erhöhen Sie den Kontrast mithilfe der Tonwertkorrektur

Chromeffekte selbst erschaffen oder: Metall in Öl

Photoshop bietet einen eigenen Chromfilter, dieser wirkt gut auf Strukturen angewandt, als Schrifteffekt ist das Ergebnis allerdings nicht ideal. Möchten Sie Ihren eigenen, individuellen Chromeffekt gestalten, so bewerkstelligen Sie dies durch die Arbeit mit Alpha-Kanälen, verschiedenen Filtern und Beleuchtungseffekten.

Wie Sie solche und ähnliche Effekte gestalten, erfahren Sie in diesem Projekt

Alpha-Kanäle vorbereiten

1 Wählen Sie *Datei/Neu*. Geben Sie in das Feld *Name* die Bezeichnung „Metall" ein. Wählen Sie eine Breite von *425 Pixeln*, eine Höhe von *190 Pixeln* und eine Auflösung von *72 Pixel/Inch*. Der Modus soll *RGB*-Farbe sein. Wählen Sie im Bereich *Inhalt* die Optionsschaltfläche *Transparent*. Drücken Sie den Shortcut Ⓓ auf Ihrer Tastatur, sodass *Schwarz* als Vordergrundfarbe und *Weiß* als Hintergrundfarbe eingestellt werden. Aktivieren Sie das Text-Werkzeug und klicken Sie in die Datei. Erfassen Sie das Wort *Metall*. Mit dem Befehl *Auswahl/Alles auswählen* markieren Sie den gesamten Text.

2 Rufen Sie mit *Fenster/Zeichen einblenden* die Zeichen-Palette auf. Formatieren Sie den Text in der *Schriftart VAGRounded* im *Schriftschnitt Bold* bei einer Schriftgröße von *110 pt*. Falls Sie die Schriftart *VAGRounded* nicht installiert haben, eignet sich auch besonders gut die Comic Sans für dieses Beispiel. Rufen Sie mit *Fenster/Ebenen einblenden* die Ebenen-Palette auf. Halten Sie die Ⓢⓣⓡⓖ-Taste gedrückt und klicken Sie in die Textebene innerhalb der Ebenen-Palette. Der Text wird als Auswahl markiert.

3 Verwenden Sie den Befehl *Fenster/Kanäle einblenden*, um die Kanäle-Palette aufzurufen. Wählen Sie *Auswahl/Auswahl speichern* und geben Sie in das Feld *Name* innerhalb der Dialogbox den Namen „Alpha" ein. Aktivieren Sie jetzt mit einem Mausklick in die Kanäle-Palette den Kanal *Alpha*.

4 Mit *Filter/Weichzeichnungsfilter/Gaußscher Weichzeichner* unter einer Verwendung eines Radius von 8 Pixeln zeichnen Sie den Auswahlinhalt weich.

5 Markieren Sie den gesamten Alphakanal *Auswahl/Alles auswählen*. Kopieren Sie ihn mit *Bearbeiten/Kopieren* in die Zwischenablage. Erstellen Sie mit *Datei/Neu* eine leere Datei.

Diese hat automatisch die Maße des Zwischenablageinhalts. Achten Sie darauf, dass als Modus *RGB-Farbe* angewählt ist. Fügen Sie den Zwischenablageinhalt mit *Bearbeiten/Einfügen* in die Datei. Speichern Sie die Datei als PSD-Datei und schließen Sie sie.

Der weichgezeichnete Alphakanal wird als Auswahl gespeichert.

6 Nach dem Schließen der Datei befinden Sie sich wieder in der Originaldatei. Klicken Sie in der Ebenen-Palette die Textebene an. Öffnen Sie die Datei *berg.jpg*, die Sie von der DATA BECKER-Website downladen können.

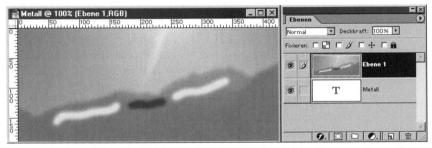

Das vorgefertigte Bild von der Website von DATA BECKER eignet sich gut, um den Chromeffekt zu erreichen. Sie können aber auch ein eigenes herstellen

Ein geeignetes Hintergrundbild

Das Bild, das in der Weiterverarbeitung als Grundlage des Chromeffekts dient, weist eine strukturierte Landschaft auf, die in eine helle und eine dunkle Ebene aufgeteilt ist. Für einen Spiegeleffekt ist es notwendig, dass knapp unterhalb der dunklen Kante mit dem Pinselwerkzeug nahezu weiße und schwarze Linien eingezeichnet werden.

Filter im Schichtbetrieb

1 Wählen Sie *Filter/Verzerrungsfilter/Glas*. Geben Sie als Verzerrung den Wert *18* ein und als Glättung den Wert 6. Wählen Sie aus dem Listenfeld *Struktur* den Eintrag *Struktur laden*. Navigieren Sie zu der gespeicherten PSD-Datei *metall.psd* und öffnen Sie sie. Behalten Sie die vorgegebene *Skalierung* von *100* % bei.

Durch Veränderung der Werte für Verzerrung und Glättung lassen sich verschieden starke Effekte erzielen

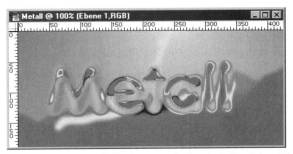

Der Filter Glas spiegelt die Konturen der Landschaft auf dem Bildobjekt

2 Wählen Sie *Filter/Kunstfilter/Kunststoffverpackung*, und zwar mit den Einstellungen *Glanz 20, Details 8* und *Glättung 13*.

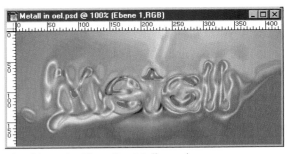

Die Wirkung des Filters Kunststoffverpackung

7

Vom schlichten Text zum Ereignis

3 Sie benötigen jetzt wieder die Ebenen-Palette. Klicken Sie auf das Symbol *Neue Ebene* erstellen. Es ist das zweite von rechts unten. Diese Ebene muss weiß gefüllt werden: Wählen Sie *Bearbeiten/Fläche füllen* und dann im Bereich *Inhalt Füllen mit* die Farbe Weiß. Wichtig hierbei ist, dass Sie im Bereich *Füllmethode* den Modus *Normal* wählen und eine Deckkraft von *100 %*. Das Kontrollkästchen *Transparente Bereiche schützen* darf nicht aktiviert sein.

4 Wählen Sie *Filter/Renderingfilter/Beleuchtungseffekte*. Rufen Sie im Listenfeld *Stil* den Eintrag *2-Uhr-Spot* auf. Sie verwenden diesen vordefinierten Spot als Dummie für fünf weitere, die Sie gleich durch Kopieren einfügen.

5 Ziehen Sie zunächst diesen Spot mithilfe der vier Knotenpunkte kleiner, orientieren Sie sich dabei an der Abbildung. Wenn der Spot die richtige Größe hat, halten Sie die (Alt)-Taste gedrückt und ziehen ausgehend vom Mittelpunkt des Spots diesen an eine andere Stelle.

Durch dieses Vorgehen wird der Spot kopiert. Fügen Sie auf diese Weise drei nebeneinander liegende Spots ein, die alle von der Mitte weg aus der Datei leuchten.

6 Wenn im oberen Bereich der Datei drei Spots fertig definiert sind, kopieren Sie einen weiteren, den Sie in die untere Hälfte der Datei ziehen. Drehen Sie den Spot, indem Sie an einem der vier Knotenpunkte ziehen. Klicken Sie im Bereich Lichtart auf das Farbquadrat.

Wählen Sie jetzt mithilfe des Farbreglers einen Grünton mit den Werten *R 130*, *G 240* und *B 160*. Kopieren Sie auch diesen Spot, sodass insgesamt sechs Spots die Datei ausleuchten. Wählen Sie im Bereich *Relief-Kanal* den Eintrag *Alpha* aus. Bestätigen Sie die Dialogbox mit *OK*.

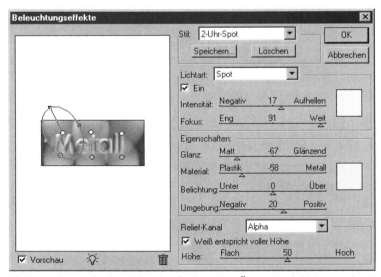

Die Formatierung des Leuchtkegels erfordert etwas Übung. Duch Ziehen an den Knoten lassen sich die Effekte verändern

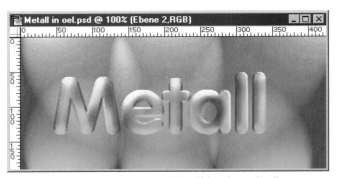

Auch diese Zwischenergebnisse sind als Effekt schon reizvoll

Die Ebenen kombinieren

1 Sie befinden sich jetzt in der Ebene 2 der Ebenen-Palette. Wählen Sie aus dem Listenfeld *Füllmethode einstellen* den Eintrag *Ineinanderkopieren*.

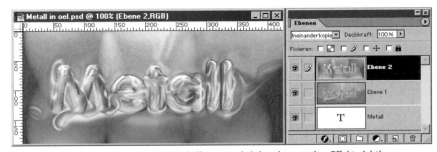

Erst nach dem Ineinanderkopieren der Füllungen wird der chromartige Effekt sichtbar

2 Um die Textebene wieder als Auswahl zu laden, klicken Sie mit gehaltener ⌊Strg⌋-Taste in die Textebene. Die Auswahl wird geladen. Sie befinden sich aber immer noch auf Ebene 2. Stellen Sie jetzt als Vordergrundfarbe einen Grauton ein, der die Werte *R 180*, *G 180* und *B 180* aufweist. Füllen Sie die Auswahl mit der Tastenkombination ⌊Alt⌋+⌊Rück⌋.

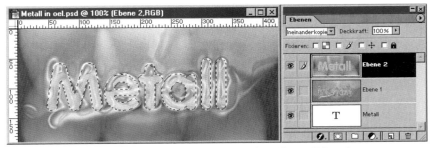

Eine silbergraue Farbe ist wichtig, um auf den gewünschten Chromeffekt zu kommen

3 Richten Sie jetzt mit dem Shortcut ⌊D⌋ die Vordergrundfarbe *Schwarz* ein. Invertieren Sie die Auswahl mit *Auswahl/Auswahl umkehren* und füllen Sie sie

7

Vom schlichten Text zum Ereignis

mit der Tastenkombination [Alt]+[Rück] mit der Vordergrundfarbe. Die Datei ist fertig gestellt. Sie können Sie jetzt mit *Datei/Für Web speichern* z. B. als JPEG-Datei exportieren.

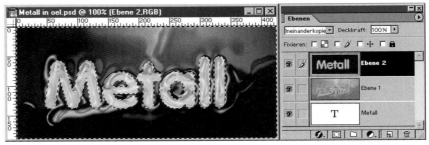

Das Füllen der Hintergrundfläche mit Schwarz unter Verwendung der Füllmethode Ineinander-kopieren bewirkt diesen Effekt

7.4 Texte drehen und Absatzeinstellungen definieren

In diesem Projekt arbeiten Sie mit der Option *Text vertikal ausrichten* und den Absatzeinstellungen *Einzug am linken Rand*, *Einzug erste Zeile* sowie *Abstand vor Absatz einfügen*.

Erstellen Sie in diesem Projekt vertikalen Text und Absatzabstände

Blendenflecke einfügen

Für das Hintergrundbild wurde hier der Effekt *Filter/Renderingfilter/
Blendenflecke* eingesetzt. Als Helligkeitswert wurde *70 %* eingesetzt
und im Bereich *Objektivart* die Option *35 mm* gewählt. Sie können
die Position der Blendenflecke beeinflussen, indem Sie in die Vorschauabbildung klicken und dann die Lage mit der Maus verschieben.

Kleiner Effekt mit großer Wirkung – Blendenflecke verleihen Ihren Bildern Stimmung

Den vertikalen Text generieren

1 Laden Sie die Datei *seagull.tif* von der DATA BECKER-Website oder öffnen Sie
eine beliebige Datei mit der Größe *415 x 570 Pixel* bei einer Auflösung von *72
dpi*.

2 Um die beiden Textebenen gut aneinander ausrichten zu können, benötigen
Sie in diesem Beispiel vertikale und horizontale Hilfslinien. Wählen Sie *An-
sicht/Neue Hilfslinie*. Aktivieren Sie die Option *Horizontal* und geben Sie in
das Feld *Position* den Wert *35 Pixel* ein. Rufen Sie den Befehl *Ansicht/Neue
Hilfslinie* erneut auf. Aktivieren Sie diesmal die Optionsschaltfläche *Vertikal*
und geben Sie in das Feld *Position 90 Pixel* ein. Setzen Sie anschließend eine
dritte Hilfslinie an die Position *123 Pixel*. Das Hilfslinienraster ist fertig gestellt.

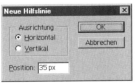

*Wenn Sie in dieser Dialogbox statt Pixel die Maßeinheit cm eingeben, wird die neue Hilfslinie
nicht an der Position 35 Pixel, sondern 35 cm eingefügt*

Vom schlichten Text zum Ereignis — **7**

Sie können die Farbe von Hilfslinien ändern, indem Sie Bearbeiten/Voreinstellungen/Hilfslinien & Raster wählen

3   Aktivieren Sie das Text-Werkzeug mit dem Shortcut ⊤. Achten Sie darauf, dass in der Palette *Werkzeug-Optionen* zum einen die Option *Textebene erstellen* aktiviert ist und zum anderen die Option *Text vertikal ausrichten*. Klicken Sie in die Datei und erfassen Sie das Wort *Seagull*. Markieren Sie den gesamten Bereich mit dem Befehl *Auswahl/Alles auswählen*. Klicken Sie in der Palette *Werkzeug-Optionen* auf die Schaltfläche *Paletten*, sodass Zeichen und Absatz eingeblendet werden.

4   Wählen Sie in der Palette *Zeichen* die Schriftart *Times* bei einem Schriftgrad von *60 Punkt*. Geben Sie in das Feld *Laufweite für die ausgewählten Zeichen* einstellen den Wert *-75* ein, und klicken Sie auf das Feld *Farbe*, sodass sich der *Farbwähler* öffnet. Definieren Sie Weiß, indem Sie die Werte *R 255, G 255* und *B 255* eingeben.

Öffnen Sie das Menü der Palette *Zeichen* und wählen Sie den Eintrag *Großbuchstaben*. Klicken Sie auf das Symbol *Aktuelle Bearbeitung* bestätigen in der Palette *Werkzeug-Optionen*, um die Formatierungseinstellungen zu bestätigen.

5   Aktivieren Sie das *Verschieben-Werkzeug* mit dem Shortcut Ⓥ. Schieben Sie die Oberseite des Textblocks an die horizontale Hilfslinie und ziehen Sie den Text dann nach links in den ersten Hilfsliniensektor.

6   Ein Trick, um Text besser lesbar zu machen, wenn kein großer Kontrast zum Hintergrund besteht, besteht darin, den Text mit Schlagschatten zu versehen. Wählen Sie in diesem Fall *Ebene/Ebenenstil/Schlagschatten*. Wählen Sie die *Füllmethode* Normal.

Die *Füllfarbe* soll Schwarz sein, die *Deckkraft* 75 % und der *Winkel* 30°. Schieben Sie den Regler Distanz auf den Wert 7 Pixel und den Regler Größe auf den Wert 3 Pixel. Bestätigen Sie die Dialogbox.

Verschieben Sie den Text nach der Formatierung an diese Position

Den Absatz-Text erstellen

1 Wechseln Sie wieder zum Text-Werkzeug. Diesmal muss in der Palette *Werkzeug-Optionen* die Schaltfläche *Text horizontal ausrichten* angeklickt werden. Erstellen Sie einen Absatztextrahmen, der von der ersten vertikalen Hilfslinie bis fast an den rechten Rand der Datei reicht. Erfassen Sie den ersten Buchstaben des Textblocks, in diesem Fall den Buchstaben *S*, der als Initial dienen soll.

Ziehen Sie einen Textrahmen auf, der etwa diese Größe hat. Der hängende Einzug ist abhängig von der Breite des Initials. Wenn Sie einen anderen Buchstaben als Initial verwenden, passen Sie die Einzüge der Buchstabenbreite an

2 Bevor Sie den Fließtext erfassen, ändern Sie die Schriftgröße mithilfe der Palette *Zeichen* auf *24 pt*, da der Text in der Größe *60 pt* nicht in den Absatzrahmen passen würde. Erfassen Sie in diesem Fall den (nicht ganz ernst zu nehmenden ;-) Beispieltext Seltene Vogelarten finden Sie hier auf der Website für Vogelliebhaber und solche, die es werden wollen. Fügen Sie mit der ⌐Enter⌐-Taste einen neuen Absatz ein, da dieser mit einem Abstand zum oberen Absatz gesetzt werden soll. Erfassen Sie den Text Unser großer Ratgeber im Netz.

3 Wenn Sie den Text erfasst haben, markieren Sie ihn mit dem Befehl *Auswahl/Alles* auswählen. Geben Sie in das Feld Laufweite für die ausgewählten Zeichen einstellen den Wert *0* ein, da der Text sonst zu eng läuft.

4 Wechseln Sie zu der Palette *Absatz* und geben Sie in das Feld *Einzug* am linken Rand den Wert *33 pt* ein, in das Feld *Einzug erste Zeile* den Wert *-33 pt* und in das Feld *Abstand vor Absatz einfügen* den Wert *10 pt*.

Diese Einstellungen bewirken, dass das Initial hängend dargestellt wird, also weiter nach links eingerückt ist als der restliche Text, außerdem erscheint der zweite Absatz in einem Abstand von 10 pt zum ersten.

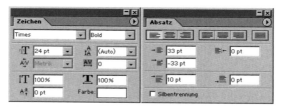

Die Paletten Zeichen und Absatz sollten jetzt diese Einstellungen enthalten

5 Da der zweite Absatz keinen hängenden Einzug erhalten soll, klicken Sie in den unteren Absatz und geben in der Palette *Absatz* in das Feld *Einzug erste Zeile* den Wert *0* ein.

Klicken Sie nach der Formatierung erneut auf die Schaltfläche *Aktuelle Bearbeitungen bestätigen*, das in der Palette *Werkzeug-Optionen* durch ein Häkchen symbolisiert wird. Erst damit ist die Formatierung abgeschlossen.

6 Um den *Zeilenumbruch* des Texts zu verändern, halten Sie die Maus über den mittleren Knotenpunkt der rechten Textrahmenbegrenzung, bis aus dem Cursor ein Doppelpfeil wird.

Halten Sie die linke Maustaste gedrückt und ziehen Sie jetzt die rechte Begrenzung des Textrahmens nach links. Lassen Sie die Maustaste los und beobachten Sie die Veränderung des Textflusses. Wiederholen Sie den Vorgang, bis Sie mit dem Textfluss zufrieden sind.

7 Soll der Text keine Trennungen enthalten, markieren Sie erneut den gesamten Text. Deaktivieren Sie in der Palette *Absatz* das Kontrollkästchen *Silbentrennung*.

Ändern Sie den Textfluss, indem Sie die Rahmenbegrenzung auf der rechten Seite mithilfe des mittleren Knotenpunkts verschieben. Wenn Sie den Mauszeiger in die Nähe der Eckpunkte bringen, ändert er sich in einen gebogenen Doppelpfeil und Sie können den Textblock drehen

Effekte aus Ebenen kopieren

1 Kopieren Sie den Ebenenstil der ersten Textebene mithilfe der Ebenen-Palette. Rufen Sie dazu *Fenster/Ebenen einblenden* auf.

2 In der Ebenen-Palette sehen Sie, dass der unteren Textebene der Effekt *Schlagschatten* zugeordnet ist. Klicken Sie mit der Maus in die Bezeichnung *Effekte*, halten Sie die Maustaste gedrückt und ziehen Sie den Eintrag auf die obere Textebene *Seltene Vogelarten*. In dem Moment, in dem Sie die Maustaste loslassen, wird der Effekt kopiert.

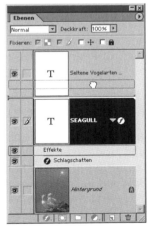

Ebeneneffekte können per Drag & Drop direkt von einer Ebene auf eine andere kopiert werden

3 Da die Schriftgröße im zweiten Textblock kleiner ist als im ersten, wirkt der Schlagschatten zu stark. Passen Sie ihn an, indem Sie in der Ebenen-Palette doppelt auf den Eintrag *Schlagschatten* der Absatztextebene klicken. Es öff-

Vom schlichten Text zum Ereignis

7

net sich die zugehörige Dialogbox. Verschieben Sie den Regler *Distanz* auf den Wert *4 Pixel*. Die Arbeit an der Datei ist abgeschlossen. Sie können Sie jetzt mit *Datei/Für Web speichern* als JPEG-Datei optimieren.

7.5 Antialiasing – glatte Kanten

Da Photoshop und ImageReady pixelorientiert arbeiten, ist die Darstellungsqualität von Schriften nach dem Rastern der Textebene auflösungsabhängig. Je geringer die Auflösung der Datei ist, desto stärker macht sich an den Rändern ein Treppchen-Effekt bemerkbar.

Mit Antialiasing wird in vielen Programmen das Angleichen von Schriftkanten an den Hintergrund bezeichnet. Hierdurch wird verhindert, dass der Text an den Rändern stufig wirkt. Photoshop und ImageReady sprechen bei diesen Optionen vom Glätten. Die Kantenpixel werden hierbei teiltransparent erstellt, sodass sie fließend mit dem Hintergrund verschmelzen.

Ein Nachteil dieser Methode beim Publizieren für das Web ist, dass beim Glätten Zwischentöne erzeugt werden, was dazu führt, dass mehr Farben im Bild enthalten sind und so die Kompressionsrate verschlechtert wird. Wenn es wichtig ist, dass beim Optimieren einer Bilddatei eine möglichst geringe Farbanzahl erreicht wird, ist es eventuell sinnvoll, keine Kantenglättung einzusetzen.

Beim Glätten von Schriften gilt folgende Faustregel: je größer der Schriftgrad und je kräftiger die Schriftart, desto stärker darf die Glättung ausfallen. Bei kleinen Schriftgraden und einer geringen Auflösung der Datei tritt meist eine starke Weichzeichnung auf, was auf Kosten der Lesbarkeit geht. Verzichten Sie bei sehr kleinen Schriftgraden auf die Glättung.

1 Erstellen Sie eine neue Datei mit einer Größe von beispielsweise 350 x 250 Pixeln bei einer Auflösung von *72 dpi*.

2 Aktivieren Sie das Text-Werkzeug und achten Sie darauf, dass in der Palette *Werkzeug-Optionen* die Option *Neue Textebene erstellen* aktiviert ist.

3 Klicken Sie in den oberen Teil der Datei und erfassen Sie einen einzeiligen Text. Markieren Sie ihn mit Strg+A und formatieren Sie ihn in der Schriftart und -größe, die Sie verwenden möchten. In diesem Beispiel wurde die Schriftart *Gill Sans* in den Schriftschnitten *Bold* und *Italic* bei einem Schriftgrad von *45 Punkt* verwendet.

4 Weisen Sie dem Text die Glättungsoption *Ohne* zu. Sie haben zwei Möglichkeiten, die Option zuzuweisen. Achten Sie darauf, dass die Textebene in der Ebenen-Palette aktiv ist, und wählen Sie dann *Ebene/Text/Glätten: Ohne*. Die zweite Möglichkeit ist, die Option in der Palette *Werkzeug-Optionen* aus dem Listenfeld *Glättung einstellen* zu wählen. Bei dieser Glättungsoption erschei-

nen deutlich die gezackten Kanten. Dadurch, dass kursive Schriften kaum gerade Kanten enthalten, fällt dieses Problem hier besonders auf.

5 Kopieren Sie die Textebenen, indem Sie aus dem Menü er Ebenen-Palette den Eintrag *Ebene duplizieren* wählen. Ziehen Sie den Text mit dem Verschieben-Werkzeug unter die erste Zeile und weisen Sie jetzt die Option *Scharf* zu. Beobachten Sie die Veränderung. Diese Option ist von Photoshop standardmäßig angewählt, wenn Sie neuen Text erstellen, und bietet bei den meisten Einsatzgebieten die besten Resultate. Allerdings ist die optimale Option immer von Schriftart, Schriftgröße und dem Hintergrund abhängig, testen Sie also im Zweifelsfall die verschiedenen Einstellungen.

6 Wiederholen Sie den Schritt 5 und weisen Sie nacheinander die Optionen *Stark* und *Abrunden* zu. Bei der Verwendung von *Stark* fällt auf, dass die Schrift etwas fetter wirkt als bei den anderen Optionen. Dadurch ist diese Option besonders gut einsetzbar, wenn der Text negativ – also beispielsweise Weiß auf schwarzem Hintergrund gesetzt wird. Negative Schrift wirkt oft feiner, die Option gleicht dies wieder aus und führt zu besserer Lesbarkeit. Bei der Option *Abrunden* entsteht die stärkste Weichzeichnung.

Photoshop und ImageReady bieten diese vier verschiedenen Glättungsoptionen

Beachten Sie, dass sich die Einstellungen für die Option *Glätten* nicht für einzelne Buchstaben definieren lassen, sondern sich immer auf den gesamten Textblock auswirken.

7.6 Steuerelemente zur Textverkrümmung im Einsatz

Die Textverkrümmungsfunktionen von Photoshop und ImageReady bieten Ihnen die Möglichkeit, Text beispielsweise perspektivisch an Objekte anzupassen. Bevor Sie eine Textebene rastern, ist der Verkrümmungsstil ein Attribut der Textebene, d. h., Sie können die Krümmung jederzeit verändern oder wieder aufheben.

7

Vom schlichten Text zum Ereignis

the quick brown fox jumps over the lazy dog

Erstellen Sie mithilfe der Textverkrümmungsfunktion die Grundlage für diese Animation

Textanimation mit der Textverkrümmungsfunktion

In diesem Beispiel wird in Photoshop ein Schriftzug für eine Animation vorbereitet. Wechsel Sie dann zu ImageReady, um die Einzelbilder in Frames aufzuteilen.

Vorbereitung in Photoshop

1 Erstellen Sie eine neue Datei mit den Maßen *500 x 100 Pixel* bei einer Auflösung von *72 dpi*, im Modus *RGB* und der Inhaltsoption *Transparent*.

2 Aktivieren Sie das Text-Werkzeug, achten Sie darauf, dass in der Palette *Werkzeug-Optionen* die Schaltfläche *Textebene erstelle* aktiv ist, und klicken Sie in die Datei. Erfassen Sie den Beispiel-Blindtext *the quick brown fox jumps over the lazy dog*.

3 Markieren Sie den gesamten Text mit ⌊Strg⌋+⌊A⌋ und formatieren Sie ihn mithilfe der Palette *Werkzeug-Optionen* in der Schriftart *Gill Sans Bold*, bei *24 Punkt* und der Textfarbe *Schwarz*. Bestätigen Sie die Bearbeitung der Textebene, indem Sie auf das Häkchensymbol in der Palette *Werkzeug-Optionen* klicken.

4 Zentrieren Sie den Text optisch in der Datei, indem Sie ihn mit dem Verschieben-Werkzeug positionieren. Wechseln Sie wieder zum Text-Werkzeug.

5 Rufen Sie mit *Fenster/Ebenen einblenden* die Ebenen-*Palette* auf. Die Textebene wird jetzt viermal kopiert, sodass Sie fünf Textebenen erhalten. Wählen Sie viermal nacheinander den Befehl *Ebene/Ebene duplizieren*.

6 Verkrümmen Sie im Folgenden vier der Textebenen. Die Ebene, die in der Mitte liegt, erhält keinen Verkrümmungsstil. Aktivieren Sie die unterste der fünf Ebenen mit einem Klick in die Ebenen-Palette und wählen Sie *Ebene/Text/ Text verkrümmen*.

In der darauf folgenden Dialogbox wählen Sie aus dem Listenfeld *Stil* den Eintrag *Welle* aus. Aktivieren Sie die Option *Horizontal* und verschieben Sie den Regler *Biegung* ganz nach links auf den Wert *-100 %*. Belassen Sie die Regler *Horizontale Verzerrung* und *Vertikale Verzerrung* auf dem Standardwert *0 %*. Bestätigen Sie die Dialogbox. Der Text der untersten Ebene wird verzerrt.

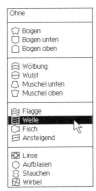

Photoshop bietet Ihnen 15 verschiedene Stile zur Textverkrümmung, sodass Sie Ihren Text an fast jede beliebige Form anpassen können

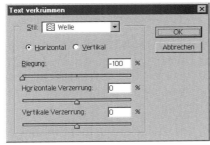

Die zu verkrümmenden Ebenen erhalten unterschiedliche Biegungswerte

7 Aktivieren Sie jetzt die zweite Ebene von unten in der Ebenen-Palette und rufen Sie die Dialogbox *Text verkrümmen* erneut auf. Alternativ zum Ebenenbefehl können Sie auch auf das Symbol *Verkrümmten Text erstellen* in der Palette *Werkzeug-Optionen* klicken. Nehmen Sie die gleichen Einstellungen vor, wie eben beschrieben, verschieben Sie aber den Regler *Biegung* jetzt auf den Wert *-50 %*. Bestätigen Sie wieder mit *OK*.

8 Die mittlere Ebene der Ebenen-Palette bleibt im Original erhalten, wird also nicht verkrümmt. Klicken Sie die vierte Ebene von unten an und weisen Sie diesmal eine Biegung von *50 %* zu. Gehen Sie genauso für die fünfte Ebene vor und weisen Sie eine Biegung von *100 %* zu.

9 Die Vorbereitung in Photoshop ist abgeschlossen, speichern Sie die Datei im Format *PSD* und wechseln Sie mit *Datei/Springen zu/Adobe* zu ImageReady, um die Ebenen zu animieren.

So sieht die Datei aus, nachdem Sie alle Textebenen bearbeitet haben

Animieren in ImageReady

Dadurch, dass Sie die Ebenen bereits vorbereitet haben, erstellen Sie die Animation mit wenigen Handgriffen.

1 Öffnen Sie mit *Fenster/Animation einblenden* die Animationen-Palette. Öffnen Sie das Paletten-Menü, indem Sie den schwarzen Pfeil am rechten Rand der Palette anklicken, und wählen Sie den Menüeintrag *Frames aus Ebenen erstellen*. ImageReady verteilt daraufhin automatisch die verschiedenen Ebenen auf einzelnen Frames.

2 Wenn Sie die Animation jetzt testen, indem Sie auf den Start-Button unten an der Palette klicken, fällt der Sprung vom fünften zum ersten Frame auf. Dieser soll jetzt noch durch die Zugabe drei weiterer Frames ausgeglichen werden. Aktivieren Sie den letzten Frame, *Frame 5*, indem Sie ihn mit der Maus anklicken. Wählen Sie aus dem Paletten-Menü dreimal den Eintrag *Neuer Frame*.

3 Öffnen Sie die Ebenen-Palette. Aktivieren Sie *Frame 6* mit einem Mausklick und weisen Sie der vierten Ebenen von unten den Modus *sichtbar* zu, indem Sie sie anklicken. Alle anderen Ebenen müssen unsichtbar sein. Achten Sie darauf, dass keine der anderen Ebenen das Augensymbol aufweist. Sie entfernen das Augensymbol mit einem Klick darauf.

4 Aktivieren Sie den *Frame 7* und stellen Sie für diesen Frame die mittlere Ebene auf *sichtbar*, deaktivieren Sie wieder alle anderen Ebenen. Weisen Sie anschließend dem *Frame 8* die zweite Ebene von unten zu. Die Animation läuft jetzt ohne Sprung ab.

5 Klicken Sie auf die Schaltfläche *Vorschau in Standard-Browser* am unteren Rand der Werkzeug-Palette und prüfen Sie so die Animaton in Ihrem Browser. Sollte die Animation zu schnell ablaufen, ändern Sie die Verzögerung. Markieren Sie alle Frames, indem Sie den Eintrag *Alle Frames auswählen* aus dem Menü der Animations-Palette aufrufen. Klicken Sie jetzt auf eine der Sekundenanzeigen unter den Frames, sodass sich das Kontextmenü öffnet, und wählen Sie eine andere Verzögerung aus. Weitere Informationen zum Thema Animationen erhalten Sie in Kapitel 11.

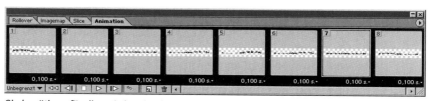

Sie benötigen für diese Animation insgesamt acht Frames

8. Tolle Effekte: Gestalten mit Filtern

Photoshops Lieferumfang an Filtern ist groß. Sie finden sowohl Korrekturfilter wie die Schärfe- und Störungsfilter als auch verfremdende Effekte, die als Stilmittel eingesetzt werden können. Häufig ist besonders die Kombination verschiedener Filter besonders reizvoll.

8.1 Struktur und Beleuchtung

Gestalten Sie aus einer Kombination von Strukturierungs-, Weichzeichnungs- und Beleuchtungsfiltern die Grundlage für einen spannenden Eye-Catcher auf der Portalseite Ihrer Website.

Das Ziel dieses Projekts ist die Gestaltung dieses Portal-Buttons

Hintergrundfläche erstellen

1 Erstellen Sie mit *Datei/Neu* eine Datei, deren Maße *350 x 250 Pixel* bei einer Auflösung von *72 dpi* beträgt. Wählen Sie als Modus *RGB* und im Bereich *Inhalt* aktivieren Sie die Option *Transparent*. Durch Wählen von *Transparent* bewirken Sie, dass keine Hintergrundebene, sondern eine schwebende Ebene erstellt wird, auf der Sie bewegliche Objekte platzieren und die Sie mit Ebenenstilen ausstaffieren können.

2 Klicken Sie auf die Schaltfläche *Vordergrundfarbe einstellen* in der Werkzeug-Palette, und wählen Sie einen Farbton aus – in diesem Fall mittlerer Blauton (*R: 0, G: 51, B: 255*).

3 Aktivieren Sie aus dem Menü der Objektwerkzeuge in der Werkzeug-Palette das Ellipsen-Werkzeug. Achten Sie darauf, dass in der Palette *Werk-*

zeug-Optionen die Schaltfläche *Gefüllten Bereich erstellen* aktiviert ist. Ziehen Sie ein Oval auf, das fast die ganze Datei ausfüllt. Falls Sie die Ellipse nach dem Erstellen noch exakt platzieren möchten, verschieben Sie sie mit dem Verschieben-Werkzeug (Shortcut V).

4 Rufen Sie *Filter/Strukturierungsfilter/Mit Struktur versehen*. In der darauf folgenden Dialogbox wählen Sie die Struktur *Sandstein* mit einer Skalierung von *200 %* und einem *Relief* von *10*.

Aus dem Listenfeld Struktur können Sie außerdem die Strukturen Ziegel, Sackleinen, und Leinwand auswählen

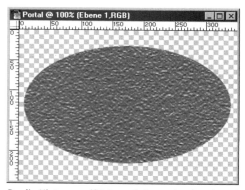

Da die Hintergrundfläche auf einer schwebenden Ebene liegt, fällt die Bearbeitung nur auf die Ellipse aus, läge sie auf der Hintergrundebene, würde sich die Struktur auf die gesamte Arbeitsfläche auswirken

Die Textebene integrieren

1 Aktivieren Sie das *Textwerkzeug* und klicken Sie in die Datei. Schreiben Sie einen Willkommenstext – in diesem Fall „You're welcome", wobei nach „You're" durch ein Enter eine Zeilenschaltung eingefügt wurde.

In der Vorgängerversion 5.0 öffnete sich nach einem Klick der Texteditor, in dem Sie auch alle Formatierungen vornahmen, in der Version 6.0 wurde dies geändert.

Nach dem Klick in die Datei können Sie direkt losschreiben und formatieren den Text dann anschließend über die Paletten *Werkzeug-Optionen* und *Zeichen* und *Absatz*.

2 Der Cursor steht noch im Text, markieren Sie ihn mit *Auswahl/Alles auswählen*. Rufen Sie mit *Fenster/Zeichen einblenden* die Zeichen-Palette auf. Wählen Sie eine Schriftart aus, hier wurde die ScalaSans-Bolditalic verwendet, verwenden Sie alternativ beispielsweise die *Tahoma-Bolditalic*.

Der Schriftgrad soll 60 pt betragen, der Zeilenabstand *48 pt*. Klicken Sie auf das Farbfeld, um eine Textfarbe – hier *Schwarz* – zu bestimmen. Auch die Position des Textes korrigieren Sie mithilfe des Verschieben-Werkzeugs.

3 Um dem Text Dreidimensionalität zu verleihen, wählen Sie *Filter/Stilisierungsfilter/Relief*. Photoshop weist Sie darauf hin, dass die Textebene gerastert werden muss, um den Filter anzuwenden.

Bestätigen Sie mit *OK*. In der *Filter*-Dialogbox geben Sie den Winkel *50°* ein, damit das Licht von oben rechts auf die Schrift fällt. Die Höhe des Reliefs soll *4 Pixel* betragen und die Stärke 170 %.

Der Relief-Filter lässt den Text dreidimensional erscheinen

Ebenen verschmelzen und filtern

1 Auf das gesamte Objekt werfen Sie jetzt ein Spotlight, um die Räumlichkeit noch mehr zu unterstützen. Verschmelzen Sie dazu die Ebenen, indem Sie *Ebene/Sichtbare auf eine Ebene reduzieren* wählen.

2 Rufen Sie *Filter/Renderingfilter/Beleuchtungseffekte* auf. Im Listenfeld *Stil* finden Sie zahlreiche Spots, verwenden Sie für dieses Beispiel den Stil *Standard*. Wählen Sie als Lichtart den Eintrag *Spot*.

Links in der Dialogbox sehen Sie eine Vorschau Ihres Bildes, die die Wirkung der Beleuchtung zeigt. Darüber befindet sich ein Oval mit 5 Stützpunkten – damit regeln Sie den Lichteinfall.

Wenn Sie den mittleren Stützpunkt verschieben, ändern Sie die Position des Spots, mithilfe der anderen vier Stützpunkte regeln Sie die Größe des Spots. Verschieben Sie die Stützpunkte so, dass der Text ausgeleuchtet und somit gut lesbar ist. Bestätigen Sie dann die Dialogbox.

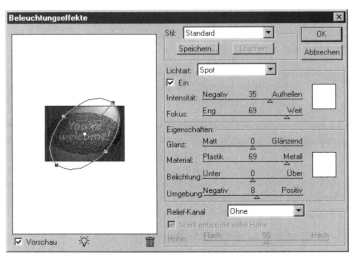

Verwenden Sie diese Einstellungen für den Beleuchtungsfilter

Der Beleuchtungsfilter erzeugt eine ausdrucksvolle Stimmung

3 Der Rand der Grafik steht jetzt noch im Gegensatz zu Text und Beleuchtung, durch einen Ebeneneffekt verleihen Sie auch ihm mehr Räumlichkeit. Rufen Sie *Ebene/Ebenenstil/Abgeflachte Kanten und Relief* auf.

Verwenden Sie den Stil *Abgeflachte Kante innen* mit der Technik *Abrunden* und einer Farbtiefe von *100 %*. Die Größe beträgt *20 Pixel* und die Weichzeichnung *2 Pixel*. Schließen Sie die Dialogbox. Die Grafik ist fertig gestellt, Sie können sie jetzt mit *Datei/Für Web speichern* exportieren.

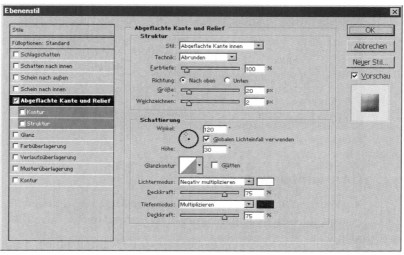

Runden Sie den Rand der Grafik mit diesen Einstellungen ab

Filter erneut anwenden

Photoshop setzt den zuletzt benutzten Filter grundsätzlich als obersten Eintrag im Menü *Filter*. So haben Sie schnellen Zugriff darauf, wenn Sie den gleichen Filter auf ein neues Bild anwenden möchten. Sie lösen ihn auch mit der Tastenkombination Strg+F. Häufig kommt es vor, dass zwar der gleiche Filter, aber mit anderen Einstellungen eingesetzt werden soll. In diesem Fall wählen Sie Strg+Alt+F, dadurch öffnet sich die Dialogbox des Filters und Sie können die Einstellungen an das Bild anpassen.

Lichtquellen vervielfältigen

Das Vorschaufenster der Dialogbox *Beleuchtungseffekte* bietet noch eine weitere wichtige Bearbeitungsmöglichkeit: Wenn Sie die Alt-Taste gedrückt halten und dann mit der Maus ziehen und loslassen, wird die Lichtquelle dupliziert. Sie können auf diese Weise mehrere Lichtquellen einfügen.

8.2 Bewegungsunschärfe als Gestaltungsmittel

Die spannendsten Effekte entstehen, wenn Sie Filter miteinander kombinieren, die man auf den ersten Blick nicht zusammen verwenden würde. Mitunter bringt erst die Überzeichnung eines Filters so richtig faszinierende Resultate zu Tage. Erstellen Sie in diesem Projekt eine Typografik, die von Bewegungsunschärfe und dem Ebenenmodus *Ineinanderkopieren* lebt.

Strukturierungs- und Bewegungsfilter in Verbindung mit Ebeneneffekten führen zu diesem Effekt

Den Hintergrund erstellen

1 Erstellen Sie eine Datei mit einer Breite von *600* und einer Höhe von *225 Pixeln*. Die Auflösung wie gehabt *72 dpi* und der Modus RGB.

2 Wählen Sie als Vordergrundfarbe einen Blauton mit den Farbwerten *R 0*, *G 0* und *B 153*. Aktivieren Sie das *Füllwerkzeug* mit dem Shortcut G und klicken Sie in die Datei.

3 Definieren Sie *Weiß* als Vordergrundfarbe und aktivieren Sie das Pinselwerkzeug mit dem Shortcut B. In der Werkzeug-Optionen-Palette wählen Sie eine harte Pinselspitze aus. Die hier verwendete hat einen Durchmesser von *9 Pixeln* und einer Kantenschärfe von *100 %*. Tragen Sie mit dem Pinsel weiße Striche auf die blaue Fläche auf. Füllen Sie nur das mittlere Drittel der Datei, da die Bewegungsunschärfe die Striche auf die gesamte Breite ausdehnt.

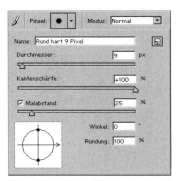

Wenn Sie auf eine Werkzeugspitze in der Palette Werkzeug-Optionen klicken, erhalten Sie diesen Dialog

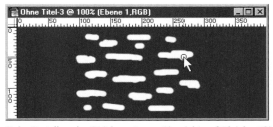

Beim Erstellen der Striche müssen Sie nicht auf Gleichmäßigkeit achten

4 Wählen Sie *Filter/Weichzeichnungsfilter/Bewegungsunschärfe*. Geben Sie in der Dialogbox den Winkel *0°* und eine Distanz von *150 Pixeln* ein.

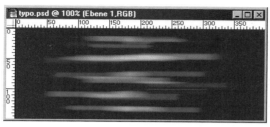

Das Ergebnis nach Anwendung der Bewegungsunschärfe

5 Um mehr Dynamik in den Hintergrund zu bringen, wenden Sie *Filter/Verzerrungsfilter/Verbiegen* an. Sie finden ein Koordinatenkreuz mit einer senkrechten Linie. Fügen Sie jeweils durch einen Klick oberhalb und unterhalb des Linienmittelpunkts einen weiteren Knotenpunkt ein. Verschieben Sie den oberen Knotenpunkt nach rechts und den unteren nach links. Diese Manipulation bewirkt eine wellenförmige Verschiebung der Bildpixel.

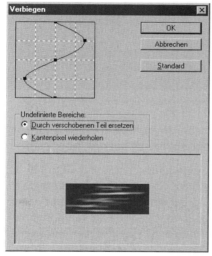

Verbiegen Sie die Kurve in dieser Art

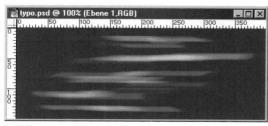

Der Hintergrund ist fertig gestellt

Die Textebenen gestalten

1 Aktivieren Sie das Text-Werkzeug, klicken Sie in das Bild und erfassen Sie den Text *enter this world*, fügen Sie nach *enter* mit einem [Enter] eine Zeilenschaltung ein. Wählen Sie [Strg]+[A], um den gesamten Text zu markieren. Formatieren Sie die Schrift mithilfe der Paletten *Zeichen* und *Absatz*. Sie rufen sie auf, indem Sie *Fenster/Absatz einblenden* bzw. *Fenster/Zeichen einblenden* wählen. Standardmäßig sind die beiden Paletten in einer Box zusammengefasst, Sie können Sie entweder abwechselnd mit einem Klick auf das jeweilige Registerblatt aktivieren oder eine der Paletten aus der Box herausziehen, sodass zwei einzelne Paletten auf der Programmfläche liegen. Verwenden Sie beispielsweise die Schriftart *GillSans Bolditalic*, in einer Schriftgröße von *80 Punkt* und einem Zeilenabstand von *72 Punkt*. Mit einem Klick auf das Symbol *Text zentrieren* wählen Sie die Ausrichtung. Die Schriftfarbe soll ein heller Blauton sein – hier wurden die Werte *R 51*, *G 153* und *B 255* verwendet.

Der Text wird mit dem Verschieben-Werkzeug platziert

2 Aktivieren Sie das Verschieben-Werkzeug mit dem Shortcut [V] und platzieren Sie den Text ähnlich der Abbildung auf der Arbeitsfläche.

3 Als Grundlage für die Bewegungsunschärfe versehen Sie jetzt den Text mit einer Struktur. Wählen Sie *Filter/Strukturierungsfilter/Mit Struktur versehen*. Da der Text vor der Anwendung eines Filters gerastert werden muss, erhalten Sie eine Warnmeldung. Bestätigen Sie die Meldung mit *OK*. Verwenden Sie die Struktur *Sandstein* mit der Skalierung *100 %* und einem *Relief* von *15*. Rufen Sie jetzt *erneut Filter/Weichzeichnungsfilter/Bewegungsunschärfe* auf. Verwenden Sie diesmal die *Distanz 5*.

Der Hintergrund ist fertig gestellt

4 Erstellen Sie eine zweite Textebene, indem Sie wieder in die Datei klicken. Erfassen Sie jetzt *Herzlich Willkommen*. Markieren Sie den Text und wählen Sie als Textfarbe *Schwarz* – also *R o, G o, B o*.

5 Oben in der Ebenen-Palette finden Sie das Listenfeld Füllmethode einstellen. Wählen Sie hier den Eintrag *Ineinanderkopieren*. Bei dieser Füllmethode werden übereinander liegende Farben miteinander gemischt, dadurch wirkt der Schriftzug teiltransparent.

Über das Listenfeld oben links in der Palette Ebenen stellen Sie die gewünschte Füllmethode ein

8.3 Filter mit dem Protokoll-Pinsel zurücknehmen

Das Angebot im Web ist vielfältig. Da ein User zu vielen Suchanfragen unzählige Hits erhält, entscheidet der erste Eindruck, ob eine Seite als spannend empfunden wird. In diesem Abschnitt wenden Sie einen Filter auf ein Bild an und nehmen dann Teile der Filterung mithilfe des Protokoll-Pinsels wieder zurück.

Durch teilweise Zurücknahme der Filterung entstehen reizvolle Effekte

1 Öffnen Sie mit *Fenster/Protokoll einblenden* die Protokoll-Palette. Laden Sie dieses oder jedes andere beliebige Bild. Sie sehen in der Protokoll-Palette, dass zuoberst in der Palette das Original der Datei als Schnappschuss aufgenommen wird. Schnappschüsse sind Zwischenstände des Bildes, die Sie in der Palette speichern können. Wenn Sie während der Arbeit einen neuen Zwischenstand speichern möchten, wählen Sie aus dem Paletten-Menü den Eintrag *Neuer Schnappschuss*, dieser wird dann ebenfalls – zusätzlich zu den anderen – oben in der Palette eingefügt.

Das Originalbild

2 Filtern Sie jetzt das Bild mit einem beliebigen Filter. Für dieses Beispiel haben wir *Filter/Zeichenfilter/Fotokopie* verwendet. In der Dialogbox wurde für die Details der Wert *1* gewählt und für das Farbverhältnis *50*.

So wirkt sich der Filter Fotokopie auf das Bild aus

3 Aktivieren Sie das Werkzeug Protokollpinsel (Shortcut Ⓨ). In der Palette *Werkzeugoptionen* legen Sie die Pinselspitze fest. Verwenden Sie eine Spitze mit einem Durchmesser von 200 Pixeln und einer Kantenschärfe von *0* %. Stellen Sie die Deckkraft des Pinselauftrags auf *40* %. Durch diese Einstellungen erhalten Sie eine weiche Pinselspitze, mit der Sie gut fließende Übergänge erstellen können.

4 Übermalen Sie die Bereiche, in denen Sie die Filterung zurücknehmen möchten. Soll an einigen Stellen der Originalzustand des Bildes erreicht werden, müssen Sie hier den Pinsel öfter absetzen und erneut die Stelle übermalen, da die Deckkraft – also die Rücknahme – nur 40 % beträgt.

Oben in der Protokoll-Palette werden die Schnappschüsse angeordnet, das Pinselsymbol zeigt, dass bei Verwendung des Protokollpinsels zu diesem Zwischenstand zurückgekehrt wird

Filter und Auflösung

Die Wirkung eines Filters ist immer abhängig von der Auflösung. Schärfefilter wirken bei geringer Auflösung stärker als bei hoher. Wenn Sie beispielsweise eine feine Struktur auf einen Hintergrund anwenden möchten, ist es manchmal nötig, zunächst die Auflösung zu erhöhen, den Filter anzuwenden und dann die Auflösung wieder zu verringern, um eine sehr feine Struktur zu erreichen.

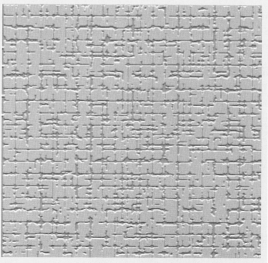

Zweimal die Filter Risse: links angewendet auf eine Datei mit 300 dpi, rechts mit 72 dpi

8

Tolle Effekte: Gestalten mit Filtern

8.4 Steinige Flächen erstellen

Wenn Sie den Hintergrund oder Strukturelemente Ihrer Website mit einem Hintergrund versehen möchten, der die Anmutung einer Steinoberfläche hat, erreichen Sie das mit Photoshop mit wenigen Handgriffen. Der Trick liegt wieder einmal in der Kombination zweier Filter.

Diese Struktur gestalten Sie in diesem Beispiel mit wenigen Befehlen, setzen Sie solche Strukturen beispielsweise als Oberfläche für Gestaltungselemente wie Navigationsleisten ein

1   Erstellen Sie eine leere Datei. In diesem Bespiel wurden die Maße *400×400 Pixel* bei einer Auflösung von *72 dpi* im *RGB*-Modus verwendet. Wählen Sie im Bereich Inhalt die Option *Weiß*.

2   Um die Grundlage der Struktur zu generieren, verwenden Sie den Filter *Wolken*. Dieser Effekt erstellt eine Wolkenstruktur aus einer Kombination von Vorder- und Hintergrundfarbe. Stellen Sie Schwarz als Vordergrundfarbe und Weiß als Hintergrundfarbe ein, indem Sie den Shortcut D drücken. Wählen Sie dann *Filter/Renderingfilter/Wolken*.

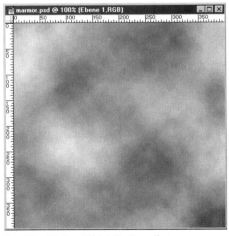

Der Filter Wolken bildet die Grundlage

3 Rufen Sie mit *Filter/Stilisierungsfilter/Relief* die zugehörige Dialogbox auf. Geben Sie hier in das Feld *Höhe 5 Pixel* ein und in das Feld *Stärke 500 %*, belassen Sie den Winkel bei *50°*. Die Einstellungen des Relief-Filters haben starke Auswirkungen auf das Erscheinungsbild der Steinstruktur. Verstärken Sie den Wert Höhe, wird das Resultat marmorartig.

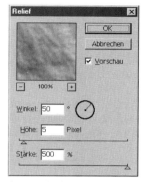

Setzen Sie den Relief-Filter mit dieser Stärke ein

4 Der Struktur fehlt es noch an Schärfe, wählen Sie daher *Filter/Scharfzeichnungsfilter/Scharfzeichnen.*

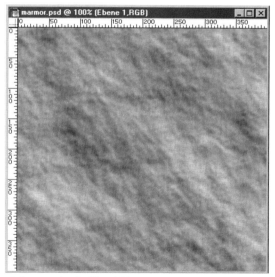

Wolken- und Relieffilter bilden gemeinsam diese Struktur

5 Die Dialogbox *Farbton/Sättigung* ist ideal, wenn Sie Grafiken gleichmäßig einfärben möchten. Wählen Sie *Bild/Einstellen/Farbton/Sättigung*. Aktivieren Sie das Kontrollkästchen *Färben*. Um den im Beispiel verwendenten Blauton zu erreichen, verschieben Sie den Regler *Farbton* auf den Wert *220* und den Regler *Sättigung* auf *60*.

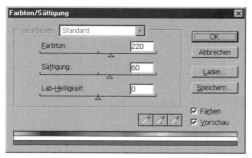

Färben Sie die Fläche mithilfe der Dialogbox Farbton/Sättigung

6 Die Struktur wirkt trotz Schärfung noch etwas unscharf, wenden Sie jetzt *Filter/Strukturierungsfilter/Risse* mit einem Abstand von *20*, einer Tiefe von *6* und einer Helligkeit von *9* an. Dieser Filter verleiht der Struktur mehr Schärfe.

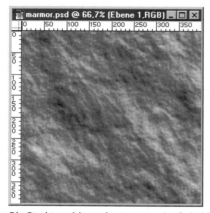

Die Struktur wirkt noch etwas unscharf, da hilft der Filter Risse

Schärfe durch Struktur

Leider kommt es vor, dass Fotos oder Grafiken so unscharf sind, dass durch die herkömmlichen Schärfefilter keine Verbesserung mehr zu erzielen ist – im Gegenteil, es kommt zu einer Übersättigung und Körnung der Motive. In einem solchen Fall bringen Strukturierungsfilter oft Hilfe. Setzen Sie bei solchen Problemfällen einen der Filter aus dem Menü *Filter/Srukturierungsfilter* ein.

8.5 Chromeffekte einsetzen

Auch dieses Beispiel lebt von der Kombination verschiedener Filter. Sie setzen hier Störungs- und Chromfilter ein, bearbeiten die Helligkeit mit der Gradationskurve und färben die Fläche mit der Dialogbox *Farbton/Sättigung*.

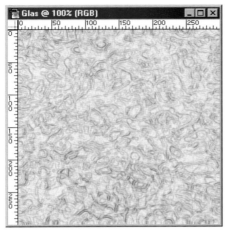

Flüssiges Gold? Diese Struktur ist eine Verschmelzung mehrerer Effekte – auch diese Struktur ist individuell einsetzbar, etwa als Hintergrundkachel oder Oberfläche für Buttons

1 Erstellen Sie eine neue Datei beliebiger Größe. Hier wurden die Maße *300 × 300 Pixel* bei einer Auflösung von *72 dpi* und dem Modus *RGB* verwendet. Aktivieren Sie im Bereich *Inhalt* die Option *Weiß*.

Es gibt Filter, die Sie auf eine leere Fläche anwenden können, wie etwa den Filter *Wolken*. Anders ist dies beim Effekt *Chrom*. Dieser Filter orientiert sich an vorhandenen Bildpixeln, daher müssen Sie zunächst eine Grundstruktur herstellen.

Dies erreichen Sie mit *Filter/Störungsfilter/Störungen hinzufügen*. Wählen Sie eine *Stärke* von *100 %* und wählen Sie die Option *Gaußsche Normalverteilung*.

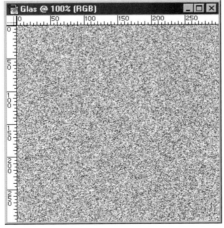

Die Grundlage für den Chromfilter

8

Tolle Effekte: Gestalten mit Filtern

Fügen Sie Störungen mit einer Stärke von 100 % hinzu

2 Rufen Sie *Filter/Zeichenfilter/Chrom* auf. Verschieben Sie die Regler *Details* und *Glättung* jeweils auf den Wert *10*.

Schieben Sie beide Regler auf die maximale Einstellung

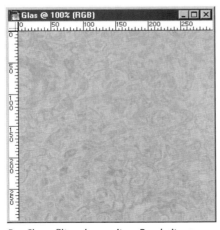

Der Chromfilter ohne weitere Bearbeitung

3 Die Chromstruktur ist erstellt, allerdings sollten die Details mehr zum Vorschein kommen. Wenden Sie deshalb *Filter/Stilisierungsfilter/Konturen finden* an. Dieser Filter bietet keine Einstellungsmöglichkeiten, er sucht automatisch die Bereiche, die Kanten enthalten, und hebt diese hervor.

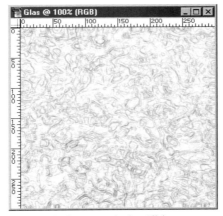

Konturen finden verstärkt den Effekt

4 Da die Fläche goldfarben getönt werden soll, sind noch zu wenig dunkle Tonwerte vorhanden, die Fläche würde zu hell wirken. Rufen Sie *Bild/Einstellen/Gradationskurven* auf. Da eine Abdunklung über sämtliche Kanäle gewünscht ist, belassen Sie im Listenfeld *Kanal* den Eintrag *RGB*. Standardmäßig bewirkt das Herunterziehen der Gradationskurve eine Aufhellung des Bildes.

Wir haben diese Grundeinstellung mit einem Klick auf den Doppelpfeil unter der Kurve geändert, da es logischer erscheint, wenn das Herunterziehen auch eine Abdunklung bewirkt. Fügen Sie jetzt per Mausklick zwei Stützpunkte in die Kurve ein, und verschieben Sie diese so wie im Bild dargestellt.

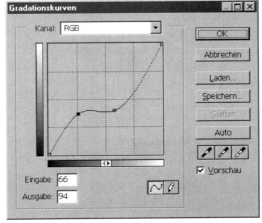

Verdunkeln Sie die Mitteltöne mit der Gradationskurve

8

Tolle Effekte: Gestalten mit Filtern

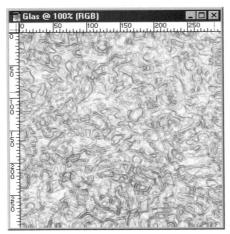

Durch die Bearbeitung mt der Gradationskurve erhält die Struktur mehr Kontrast

5 Die Struktur ist für dieses Beispiel perfekt. Zum Einfärben verwenden Sie wieder *Bild/Einstellen/Farbton/Sättigung*. Aktivieren Sie das Kontrollkästchen *Färben* und schieben Sie den Regler *Farbton* auf den Wert *50*, den Regler *Sättigung* auf *70* und die *Helligkeit* auf *-10*.

Sie erhalten eine goldfarbene Textur, die wie flüssiges Metall anmutet. Sie können sie als Hintergrund verwenden, in Ebenen-Composings einfügen oder als Oberfläche für Schaltflächen einsetzen.

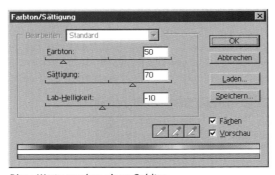

Diese Werte ergeben einen Goldton

8.6 Grafikrahmen filtern

Möchten Sie Ihren Bildern besondere Rahmen verleihen? Photoshop bietet mit dem Filter *Schwingungen* zahlreiche Möglichkeiten, individuelle Rahmen zu gestalten.

Diesen und viele andere Rahmen generieren Sie mit dem Filter Schwingungen

1 Laden Sie die Beispieldatei *baum.psd* von der DATA BECKER-Website – eine Beschreibung zum Download der Dateien finden Sie im Anhang dieses Buches – oder eine andere Datei mit ähnlichen Maßen.

Die Beispieldatei hat eine Größe von 300 x 465 Pixeln bei einer Auflösung von 72 dpi.

2 Wählen Sie *Auswahl/Alles* auswählen, um das gesamte Bild zu markieren. Da für die Erstellung des Bilderrahmens lediglich eine Umrandung ausgewählt sein soll, rufen Sie den Befehl *Auswahl/Auswahl verändern/Umrandung* auf. Geben Sie in der Dialogbox die Breite *40 Pixel* ein.

Geben Sie den Wert 40 Pixel in diese Dialogbox ein

Der Auswahlrahmen ist erstellt

3 Bei Andwendung dieses Befehls erstellt Photoshop standardmäßig eine weiche Auswahlkante. Da dies für das Beispiel nicht gewünscht ist, wechseln Sie mit dem Shortcut [Q] in den Maskierungsmodus. Hier sehen Sie den weichen Rand der Auswahlmaske. Wählen Sie *Bild/Einstellen/Schwellenwert*. Mit dem Befehl wird der Randverlauf wieder zurückgenommen. Belassen Sie die Einstellung in der Dialogbox auf dem Wert *128* und bestätigen Sie mit *OK*.

Erst im Maskierungsmodus wird die weiche Auswahlkante deutlich

Mit dem Befehl Schwellenwert entfernen Sie die weiche Kante

Die Kanten der Auswahlmaske sind wieder hart

4 Rufen Sie den Befehl *Schwingungen* aus dem Menü *Filter/Verzerrungsfilter* auf. Diese Dialogbox bietet detaillierte Einstellungsmöglichkeiten. Sie haben die Wahl zwischen drei Schwingungstypen: *Sinus, Dreieck* und *Quadrat*. Aktivieren Sie die Optionsschaltfläche *Quadrat*.

Mithilfe der sieben Schieberegler definieren Sie die Art der Schwingungen. Hier wurde die Anzahl der Generatoren auf den Wert *5* verschoben. Die Wellenlänge liegt zwischen *Min. 10* und *Max. 40*. Die *Amplitude* erhält jeweils den Wert *10* und die Skalierung beträgt horizontal sowie vertikal *25 %*.

In der Vorschau sehen Sie die Auswirkungen des Filters. Es lohnt sich, hier verschiedene Einstellungen auszuprobieren, da dabei mitunter überraschende Effekte entstehen.

8

Tolle Effekte: Gestalten mit Filtern

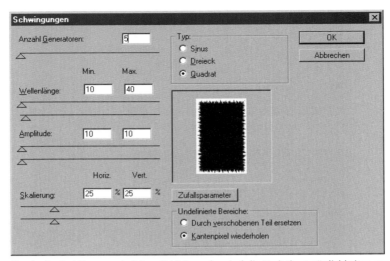

Durch die drei Typen und sieben Schieberegler sind die Variationsmöglichkeiten enorm

5 Die Auswahlmaske ist perfekt, wechseln Sie jetzt durch erneutes Drücken von ⟨Q⟩ zurück in den Normalmodus. Drücken Sie die ⟨Entf⟩-Taste, der Fransenrahmen ist erstellt.

8.7 Eigene Filter bauen

Photoshop liefert standardmäßig schon eine ganze Reihe nützlicher und eindrucksvoller Filter, wie im vorigen Kapitel beschrieben. So richtig spannend wird es, wenn Sie Filter selbst produzieren.

Sie haben dafür zwei Möglichkeiten: Zum einen können Sie mit *Eigener Filter* einen individuellen Effekt erstellen, zum anderen liefert Photoshop ein leistungsstarkes Zusatzprogramm namens „FilterFactory" auf der Programm-CD mit.

Der Menübefehl Eigener Filter

Zu Anfang scheint es kompliziert, mit dieser Dialogbox die gewünschte Wirkung zu erzielen. Spielen Sie das Beispiel durch, um ein Gefühl für die Wirkungsweise zu bekommen.

Die Schaltflächen Skalierung und Verschiebung

Mit Eingabe von Werten in das Feld *Skalierung* bestimmen Sie, durch welchen Wert die Summe der eingegebenen Werte dividiert werden. Mit Eingabe in das Feld *Verschiebung* bestimmen Sie, welcher Wert zu dem Ergebnis aus der Skalierung addiert werden soll.

In diesem Projekt erstellen Sie eine Art Solarisations-Filter

1 Laden Sie dieses oder ein beliebiges Bild. Rufen Sie dann *Filter/Sonstige Filter/Eigener Filter* auf. Sie erhalten eine Dialogbox mit fünf mal fünf Feldern, in die Sie Werte zur Filterberechnung einfügen können. Filter ändern den Helligkeitswert der Pixel im Bild aufgrund mathematischer Operationen. Wenn Sie in der Dialogbox in das mittlere Feld den Wert *1* eintragen und sämtliche Felder frei lassen, entsteht keine Beeinflussung auf das Bild. Die benachbarten Felder stellen benachbarte Pixel dar.

2 Tragen Sie in das mittlere Feld den Wert *12* ein. Geben Sie jeweils senkrecht und waagerecht in das übernächste Feld den Wert *-3* ein. Die Originalpixel im Bild werden mit diesen Werten multipliziert. Sie können Werte zwischen -999 und +999 für die Berechnung verwenden. In der Vorschauabbildung beobachten Sie die Wirkung des Filters. Es entsteht eine Mischung aus einer Solarisation und dem Filter *Konturen finden*.

3 Klicken Sie die Schaltfläche *Speichern*, um den Effekt zu sichern. Speichern Sie ihn als ACF-Datei, Sie können den Filter dann später mit der Schaltfläche *Laden* aufrufen.

Der Filter wurde mit diesen Werten erstellt

Die Filter Factory

Die Filter Factory bietet Ihnen kaum begrenzte Möglichkeiten zum Erstellen von Effekten. Um die Vorgehensweise darzustellen, wird hier ein unkompliziertes Beispiel beschrieben. Im Anhang finden Sie eine Liste der möglichen Operatoren, mit denen Sie auch komplizierte Effekte programmieren können. Die Algorithmen zum Erstellen der Filter sind denen der Programmiersprache C sehr ähnlich. Möglich sind Bildbearbeitungen jeder Art wie Verzerrungen, Farbmanipulationen oder Dellen. Sie finden die Filter Factory auf der Programm-CD-ROM im Verzeichnis *Zugaben\Optionale Zusatzmodule\Ffactory*.

Erstellen Sie einen einfachen Filter zum Aufhellen von Bildern, um die Vorgehensweise bei der Filter-Erstellung durchzuspielen

Ausschließlich RGB-Modus

Wie die Beleuchtungs- und die Renderingfilter ist die Filter Factory nur im RGB-Modus verwendbar.

Dialogbox Filter Factory

Je nachdem, ob Sie die Filter Factory auf die Hintergrundebene oder auf eine darüber liegende Ebene anwenden, verändert sich die Dialogbox. Bei der Arbeit mit der Hintergrundebene erscheinen nur drei Eingabefelder, bei der Arbeit mit Ebenen vier.

1 Kopieren Sie die Datei *Ffactory.8bf* in das Verzeichnis *Zusatzmodule* auf Ihrer Festplatte. Bei der Standardinstallation finden Sie das Verzeichnis unter *C:\Programme\Adobe\Photoshop 6.0\Zusatzmodule*.

Dieser Vorgang reicht aus, um die Filter Factory zu installieren, Sie müssen Photoshop allerdings neu starten. Anschließend finden Sie im Menü *Filter* den Eintrag *Synthetic/Filter Factory*.

2 Öffnen Sie ein beliebiges Bild, da Sie Filter nur dann erstellen können, wenn eine Bilddatei geöffnet ist. Wählen Sie dann *Filter/Synthetic/Filter Factory*. Sie erhalten die Dialogbox, in der Sie die Filter programmieren können.

Neben der Vorschauabbildung finden Sie acht Schieberegler, die die Intensität der Operationen regeln. In die drei Eingabefelder setzen Sie die Gleichungen zur Filterberechnung ein.

8

Tolle Effekte: Gestalten mit Filtern

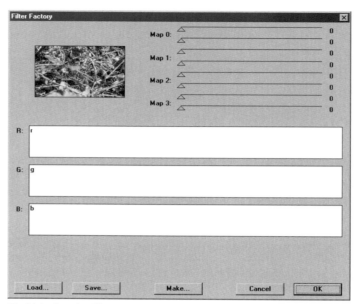

Die Dialogbox der Filter Factory

3 Um eine einfache Aufhellung des Bildes zu bewirken, geben Sie in alle drei Codefenster die gleiche Operation (*+100*) ein. Sie müssen dazu in das Feld *R* für für Rot *r+100*, in das Feld *G* für Grün *g+100* und in das Feld *B* für Blau *b+100* eingeben.

4 Um den Filter zu speichern, klicken Sie auf die Schaltfläche *Save*. Speichern Sie den Filter als AFS-Datei ab. So können Sie den Filter zur späteren Benutzung laden. Möchten Sie, dass der Filter als Menüeintrag erscheint, klicken Sie auf die Schaltfläche *Make*.

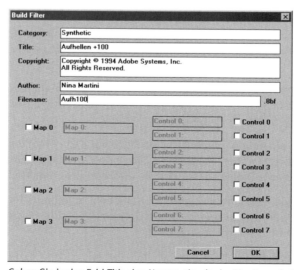

Geben Sie in das Feld Title den Namen ein, der im Menü erscheinen soll

Vergeben Sie einen logischen Titel und einen Dateinamen für die Filterdatei und klicken Sie auf *OK*. Photoshop meldet Ihnen die Erstellung des Filters. Bestätigen Sie jetzt die Dialogbox *Filter Factory* mit *OK*.

Der Filter wird daraufhin auf das Bild angewendet. Der Eintrag ist im Filtermenü nicht sofort sichtbar, Sie müssen Photoshop erst beenden und erneut starten, daraufhin durchsucht das Programm den Ordner *Zusatzmodule* und notiert den Befehl im Menü *Filter/Synthetic*.

5 Möchten Sie einen Filter wieder entfernen, löschen Sie einfach die Datei von Ihrer Festplatte.

Im *RGB*-Modus sind drei Farbkanäle vorhanden, die in der Dialogbox einzeln bearbeitet werden können. Jedem Pixel im Bild ist jeweils ein Helligkeitswert von 0 bis 255 zugewiesen.

Wenn Sie in die Codefenster *R*, *G* und *B* Operationen eingeben – etwa *+10*, so wird jeder Pixel im gewählten Farbkanal um den Helligkeitswert *10* erhöht. Es sind nicht nur die Grundoperationen Addition, Subtraktion, Multiplikation und Division möglich, sondern auch komplexe Formeln.

Kompatibilität der Filter

Die mit der Filter Factory programmierten Filter lassen sich nicht nur in Photoshop weiter verwenden, sondern auch in Plug-In-kompatiblen Programmen wie etwa PaintShopPro.

Syntax-Fehler

Falls der Code innerhalb der Eingabefelder nicht ganz korrekt eingegeben wurde, zeigt Photoshop Ihnen dies mit einem gelben Dreieck mit Ausrufezeichen an.

8

Tolle Effekte: Gestalten mit Filtern

9. Von A nach B kommen: Navigationselemente erstellen

Das Finden der idealen Navigation gehört zu den großen Herausforderungen beim Webdesign. Es ist wichtig, dass der Besucher Ihrer Website die Navigation intuitiv bedient und nicht überlegen muss, wie er an die gewünschten Informationen gelangt.

9.1 Kreative Buttons gestalten

Photoshop bietet Ihnen viele Werkzeuge und Funktionen, mit denen Sie spielend attraktive Buttons gestalten. Die Formwerkzeuge mit ihren verschiedenen Werkzeugoptionen in Kombination mit Ebenenstilen führen hierbei am schnellsten zum Ziel.

Der Ebenenstil *Abgeflachte Kanten und Relief* findet häufig Verwendung, da er für die Dreidimensionalität sorgt. Beim Generieren von Buttons besteht die Schwierigkeit im Kompromiss, die Grafik klein genug zu halten, damit sie nicht erschlagend wirkt, aber groß genug, sodass die Beschriftung gut lesbar ist.

Ausgestanzte Beschriftung simulieren

Gestalten Sie diesen Button

Die Ellipse modifizieren

1 Erstellen Sie eine Datei mit den Maßen *200 × 100 Pixel*. Die Auflösung ist wie immer *72 dpi* und der Modus *RGB*. Wählen Sie im Bereich *Inhalt* die Option *Transparent*.

2 Aktivieren Sie das Werkzeug Ellipse. Ziehen Sie eine Ellipse auf, die die Größe der Datei etwa zu zwei Drittel ausfüllt.

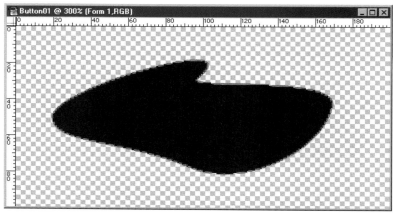

Ziehen Sie eine Ellipse auf, die etwa diese Maße hat

3 Wechseln Sie zum *Direkt-Auswahl-Werkzeug* mit dem Shortcut A. Es teilt sich die achte Position von oben links in der Werkzeug-Palette mit dem Pfadkomponenten-Auswahl-Werkzeug. Klicken Sie den Rand rechts vom Mittelpunkt der Oberseite des Ovals an. Dadurch erscheinen die Knotenpunkte der Form. Da Sie rechts des oben liegenden Knotenpunkts geklickt haben, zeigt Photoshop rechts eine Tangente.

Fassen Sie den Endpunkt der Tangente mit der Maus an und ziehen Sie ihn nach unten und nach links. Markieren Sie dann den unteren Knotenpunkt und ziehen Sie die rechte Tangente nach unten. Abschließend markieren Sie den rechten Punkt und ziehen die untere Tangente nach links. Diese Ebene wird im folgenden Abschnitt mittels Ebeneneffekten farblich strukturiert.

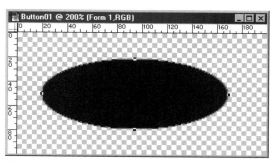

Nach dem Verschieben der Tangenten-Stützpunkte sollte das Objekt etwa diese Form haben

Den Ebeneneffekt einstellen

1 Wählen Sie *Ebene/Ebenenstil/Abgeflachte Kante und Relief*. Unter diesem Menüpunkt finden Sie links in der Liste die eingerückten Optionen *Kontur* und *Struktur*. Klicken Sie auf den Eintrag *Struktur*, wobei es wichtig ist, nicht nur das Kontrollkästchen anzuklicken, sondern den Eintrag. Dadurch öffnet sich das zugehörige Register. Klicken Sie auf das Feld *Muster*, sodass sich die Liste öffnet. Wählen Sie hier das Muster *Moleküle* aus. Wecheln Sie anschließend zum Register *Farbüberlagerung*. Klicken Sie auf das Farbfeld im Bereich *Farbe*. Hier können Sie den Farbton für die Überlagerung definieren. Wählen Sie beispielsweise einen Grünton mit den Werten *R 10*, *G 50*, *B 0*. Schließen Sie die geöffneten Dialoge.

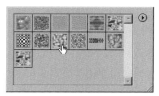

Das Muster Moleküle befindet sich in der Standard-Muster-Liste von Photoshop

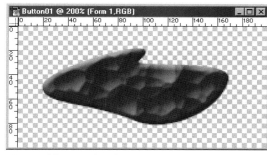

Die Auswirkungen der Ebenenstile

2 Da aus dieser Formebene später der Text ausgeschnitten werden soll, muss diese gerastert werden. Wählen Sie dazu *Ebene/Rastern/Form*.

3 Aktivieren Sie das Text-Werkzeug und klicken Sie in die Datei. Erfassen Sie den gewünschten Text – in diesem Beispiel E-SHOP – und formatieren Sie ihn. Hier wurde die Schriftart *Futura* in einem Schriftgrad von *20 Punkt* verwendet. Schließen Sie die Bearbeitung der Ebene mit Enter ab. Aktivieren Sie das Verschieben-Werkzeug mit dem Shortcut V und ziehen Sie den Text an die gewünschte Position.

Text-Masken erstellen

Neben der Variante, aus einer normalen Textebene eine Auswahl zu erstellen, gibt es auch die Möglichkeit, mit Textmasken zu arbeiten. Wie Sie mit Textmasken arbeiten, haben Sie in Kapitel 7 erfahren.

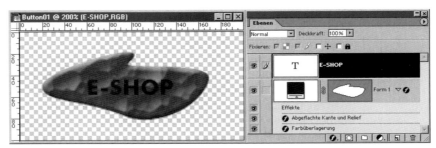

Die Textfarbe ist in diesem Fall nicht wichtig, da der Text nur als Auswahl und sozusagen als Stanzform dient

4 Rufen Sie die Ebenen-Palette mit *Fenster/Ebenen einblenden* auf. Halten Sie die [Strg]-Taste gedrückt und klicken Sie in die Textebene. Das bewirkt, dass der Text als Auswahl geladen wird. Blenden Sie die Textebene aus, indem Sie auf das Augensymbol vor der Ebene klicken.

5 Aktivieren Sie die Objektebene mit einem Mausklick auf die Ebenen-Miniatur. Die Auswahl bleibt erhalten. Stellen Sie mit dem Shortcut [D] *Weiß* als Hintergrundfarbe ein und drücken Sie die [Entf]-Taste. Aus dem Objekt wird die Textform ausgestanzt, durch den Ebeneneffekt wirkt diese Ausstanzung plastisch.

Bildbuttons gestalten

Neben der Möglichkeit, durch Symbole den Weg zur nächsten Verknüpfung zu weisen, können Sie die Besucher Ihrer Website auch mit aussagekräftigen Fotos auf den Inhalt neugierig machen.

Solche Fotobuttons erstellen Sie in Photoshop mit wenig Aufwand

Die Bilddatei vorbereiten und den Ebenenstil definieren

1 Öffnen Sie ein Bild Ihrer Wahl. Das hier verwendete Küstenfoto hat eine Größe von 200 x 200 Pixeln bei einer Auflösung von 72 dpi. Wenn Sie Ihr Bild auf diese Maße bringen möchten, aktivieren Sie das Freistellungs-Werkzeug mit dem Shortcut ⒞, geben Sie in der Werkzeug-Optionen-Palette in die Felder *Breite* und *Höhe 200 Pixel* ein und in das Feld *Auflösung 72 dpi*.

Wenn Sie jetzt mit dem Freistellungs-Werkzeug einen Markierungsrahmen in der Datei aufziehen, der den gewünschten Ausschnitt markiert, ist dies nur in den definierten Proportionen möglich. Um den Freistellungsvorgang auszulösen, klicken Sie doppelt in die Mitte des Markierungsrechtecks.

Dieses Foto dient als Grundlage für den Bildbutton

2 Wenn Sie ein Bild im TIF-Format geöffnet haben, liegt das Motiv noch auf der Hintergrundebene. Da diese Ebene nicht mit Ebenenstilen zu versehen ist, wählen Sie *Ebene/Neu/Ebene aus Hintergrund*. Geben Sie in der darauf folgenden Dialogbox einen Namen für die neue Ebene ein.

3 Aktivieren Sie das Werkzeug Auswahlellipse mit dem Shortcut ⓂM. Klicken Sie in der Mitte der Datei, drücken Sie dann zusätzlich die ⟨Umschalt⟩+⟨Alt⟩-Taste und ziehen Sie dann den Kreis auf. Das Halten der ⟨Umschalt⟩-Taste bewirkt eine kreisförmige Ausdehnung der Markierung, und das Halten der ⟨Alt⟩-Taste bewirkt, dass die Ausdehnung von der Mitte her erfolgt. Der Kreis sollte eine Größe von ca. 130 x 130 Pixeln aufweisen, damit die Schaltfläche später nicht zu „erschlagen" wirkt.

9

Navigationselemente erstellen

Wenn Sie die Kreisauswahl erstellt haben, können Sie die exakte Positionierung noch mithilfe der Cursor-Tasten vornehmen, dies bewirkt ein Verschieben der Auswahl, nicht des Inhalts

4 Invertieren Sie die Auswahl, indem Sie *Auswahl/Auswahl umkehren* wählen. Drücken Sie die ⌷Entf⌷-Taste, sodass die Bereiche außerhalb des Kreises gelöscht werden. Photoshop zeigt mit dem Schachbrettmuster an, dass der Hintergrund jetzt transparent ist. Heben Sie mit ⌷Strg⌷+⌷D⌷ die Auswahl auf.

5 Sorgen Sie jetzt für den dreidimensionalen Button-Effekt, indem Sie auch bei diesem Beispiel *Ebene/Ebenenstil/Abgeflachte Kante und Relief* wählen. Geben Sie im Bereich *Struktur* den Stil *Abgeflachte Kante innen* an, die Technik soll *Hart meißeln* sein, wählen Sie eine Farbtiefe von *150 %*, eine Größe von *15 Pixeln* und eine Weichzeichnung von *6 Pixeln*.

Klicken Sie anschließend in der Liste links den Eintrag *Kontur* an, dadurch wechseln Sie zum nächsten Register. Öffnen Sie im Bereich *Elemente* das Listenfeld mit einem Klick auf den Listenpfeil.

Wählen Sie die Kontur *Doppelter Ring* aus, verschieben Sie anschließend den Schieberegler *Bereich* auf den Wert *100 %* und schließen Sie die Dialogbox mit *OK*. Die Arbeit an dieser Ebene ist somit abgeschlossen, was fehlt, ist der Text für die Beschriftung.

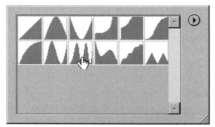

Photoshop bietet 12 verschiedene vordefinierte Konturarten

So sehen die Auswirkungen der Kontur Doppelter Ring aus

Konturen selbst entwerfen

Wenn Sie in der Ebenenstil-Dialogbox *Kontur* statt auf den Listenpfeil direkt auf das Kontursymbol klicken, öffnet sich der *Kontur*-Editor.
Sie sehen hier eine Kurve ähnlich den Gradationskruven. Mithilfe
dieser Kurve entwerfen Sie Ihre individuelle Kontur. Setzen Sie per
Mausklick Punkte auf die Linie und verschieben Sie diese Punkte.
Die Vorschau zeigt Ihnen die Auswirkungen auf Ihr Bild, sodass Sie
es direkt beurteilen können. Um die Auswirkungen sehen zu können, ist es wichtig, dass Sie eine ausreichende Randgröße von 10
bis 20 Pixeln wählen.

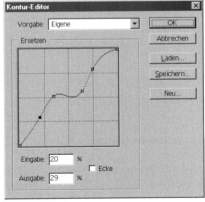

*Die Kurve des Kontur-Editors können Sie genauso bearbeiten, wie Sie es von den Gradationskurven
her kennen*

Die Beschriftung einfügen

1 Aktivieren Sie das Text-Werkzeug mit dem Shortcut ⊤. Definieren Sie mit dem
Shortcut Ⓓ *Schwarz* als Vordergrundfarbe und *Weiß* als Hintergrundfarbe.

Navigationselemente erstellen

9

Klicken Sie in die Datei und erfassen Sie den Text – hier *ATLANTIK*. Wählen Sie *Auswahl/Alles auswählen* und formatieren Sie die Schrift beispielsweise in der *Futura Bold* mit einem Schriftgrad von *16 Punkt*.

2 In der Palette Werkzeug-Optionen sehen Sie die Schaltfläche *Verkrümmten Text erstellen*, klicken Sie darauf. Es öffnet sich die Dialogbox, in der Sie die Art der Krümmung festlegen.

Wählen Sie aus dem Listenfeld den Eintrag *Bogen unten*, aktivieren Sie die Optionsschaltfläche *Horizontal* und verschieben Sie den Regler *Biegung* auf den Wert *40 %*. Photoshop zeigt Ihnen die Auswirkungen per Vorschau an.

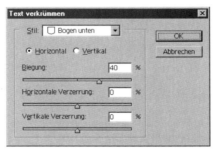

In dieser Dialogbox regeln Sie die Krümmungseinstellungen

3 Aktivieren Sie das Verschieben-Werkzeug, nachdem Sie die Krümmung definiert haben, und schieben Sie den Text in die optische Mitte. Die Funktion *Ausrichten/Horizontale Mitte* richtet die Ebenen zwar rechnerisch aus, bewirkt in diesem Beispiel aber leider, dass der Text optisch zu weit links sitzt.

Positionieren Sie die Textebene mit dem Verschieben-Werkzeug

4 Um die Lesbarkeit des Textes zu erhöhen und die Plastizität der Schaltlfäche zu unterstreichen, wenden Sie auch auf die Textebene den Effekt *Abgeflachte Kanten und Relief* an.

Wählen sie allerdings diesmal als Stil *Abgeflachte Kante außen*, Technik *Abrunden*, Farbtiefe *100 %*, *Größe 3 Pixel* und Weichzeichnen *0 Pixel*. Nach der Bestätigung dieser Dialogbox ist die Schaltfläche perfekt, Sie können Sie jetzt mit *Datei/Für Web speichern* optimieren und als JPEG exportieren.

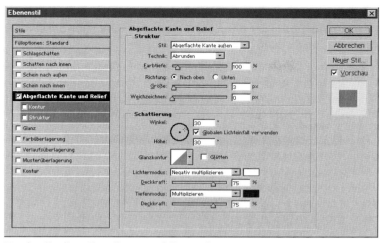

Wenden Sie diese Einstellungen auf die Textebene an

Mit der Option Vom Formbereich subtrahieren arbeiten

In diesem Projekt arbeiten Sie wieder mit den Formwerkzeugen, verwenden diesmal aber den Modus *Vom Formbereich subtrahieren*. Mit diesem Modus erstellen Sie kurzerhand außergewöhnliche Objekte. Übrigens lassen sich mit den Formwerkzeugen unter Verwendung der verschiedenen Modi auch attraktive Logos gestalten.

Objekte wie diese können sowohl als Buttons als auch als Logos dienen

Den Button generieren

1 Erstellen Sie mit *Datei/Neu* eine Datei mit den Maßen *250 x 200 Pixel*. Die Datei kann später noch beschnitten werden, aber Sie benötigen diese Größe, um die Kreise für die Ausstanzung gut positionieren zu können. Die Auflösung ist wieder *72 dpi* und der Modus *RGB*. Aktivieren Sie die Option *Transparent* im Bereich *Inhalt*.

2 Aktivieren Sie das Ellipsen-Werkzeug. Klicken Sie auf das Feld *Vorder-grundfarbe* in der Werkzeug-Palette und definieren Sie einen Gelbton mit den Werten *R 255, G 220* und *B 30*.

3 Ziehen Sie im linken Bereich der Datei mit gehaltener [Umschalt]-Taste einen Kreis auf. Auch hier kommen Sie um einen Ebeneneffekt nicht herum: Wäh-len Sie *Ebene/Ebenenstil/Abgeflachte Kante und Relief* und übernehmen Sie die von Photoshop vorgeschlagenen Grundeinstellungen.

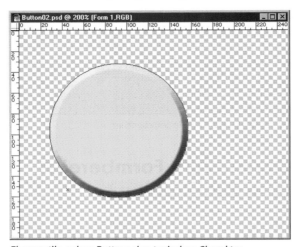

Ebenenstile geben Buttons den typischen Charakter

4 In der Palette Werkzeug-Optionen sehen Sie links eine Gruppe von vier Schalt-flächen, klicken Sie die zweite mit der Bezeichnung *Vom Formbereich sub-trahieren (-)* an. Ziehen Sie jetzt einen zweiten Kreis auf, der den Ursprungs-kreis oben rechts beschneidet. Anschließend erstellen Sie zwei weitere - etwa gleich große Kreise, wie unten abgebildet. Der Button ist fertig, aber es fehlt noch der beschreibende Text.

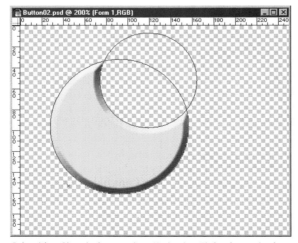

Schneiden Sie mit dem zweiten Kreis eine Einbuchtung in den ersten

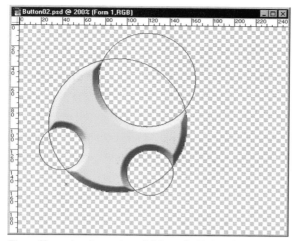

Fügen Sie zwei weitere, etwa gleich große Kreise ein

5 Klicken Sie mit aktiviertem Textwerkzeug in die obere Einbuchtung. Erfassen Sie den gewünschten Text und formatieren Sie ihn. Hier wurde die *Gill Sans Ultra-Bold* in einem Schriftgrad von *18 Punkt* verwendet, Sie können aber alternativ jede andere Schrift im Schriftschnitt *Extra-* bzw. *Ultra-Bold* verwenden. Versehen Sie auch die Schrift mit dem Stil *Abgeflachte Kanten und Relief*, allerdings werden hier andere Einstellungen benötigt, da der Text sonst schlecht lesbar wird.

Im Bereich *Struktur* im oberen Teil der Dialogbox *Abgeflachte Kante und Relief* wählen Sie den Stil *Abgeflachte Kante innen*, Technik *Hart meißeln*, Farbtiefe *100 %*, Größe *5 Pixel* und Weichzeichnen *0*. Wechseln Sie jetzt zum Register *Kontur*, indem Sie links in der Liste auf den Eintrag klicken. Wählen Sie hier aus der Liste *Kontur* den Eintrag *Sägezahn 1* aus. Schließen Sie die Dialogbox und justieren Sie den Text mit dem Verschieben-Werkzeug.

9.2 Rollover – Dynamisieren von Buttons

Rollover verleihen Ihrer Website Schwung und geben dem Betrachter das Gefühl, etwas auszulösen. Überfährt ein User einen von Ihnen festgelegten Bereich, so ändert sich das Erscheinungsbild. ImageReady ist in der Lage, sechs Rollover-Status zu erstellen: *Normal, Über, Unten, Mausklick, Außen* und *Oben*.

Im folgenden Beispiel wird eine Navigation erstellt, die den Status *Normal* und *Über* beinhaltet. Das Beispiel ist mit einem exakten Gestaltungsraster beschrieben, Sie können die Objekte aber auch intuitiv setzen.

9

Navigationselemente erstellen

Eine Navigationsleiste gestalten

Sie bauen die Navigationsleiste zunächst in Photoshop unter Verwendung der Form-Werkzeuge und dem Ebenenstil *Abgeflachte Kante und Relief*. Anschließend werden in ImageReady neue Ebenen eingefügt, die die Rollover-Status aufnehmen.

Diese Navigationsleiste für die Website eines CD-Vertriebs erstellen Sie in diesem Projekt

Das Gestaltungsraster aufbauen

1 Erstellen Sie mit *Datei/Neu* eine Datei mit den Maßen *200x400 Pixel*, mit der Auflösung *72 dpi* im Modus *RGB*. Aktivieren Sie im Bereich *Inhalt* die Option *Transparent*.

2 An erster Stelle der Arbeit liegt das Hilfslinienraster, es hilft beim Positionieren der Objekte. Um die Position der Hilfslinien zu kontrollieren, rufen Sie mit *Fenster/Informationen einblenden* die Informations-Palette auf. Die Maßeinheit in der Palette soll Pixel sein. Öffnen Sie das Paletten-Menü und rufen Sie den Befehl *Paletten-Optionen* auf, wählen Sie in der Dialogbox aus dem Listenfeld *Maßeinheit* den Eintrag *Pixel* aus.

3 Zum Erstellen der Hilfslinien benötigen Sie die Lineale bringen Sie diese mit *Ansicht/Lineale einblenden* zum Vorschein. Setzen Sie zunächst die horizontalen Hilfslinien, in dem Sie sie aus dem oberen Lineal ziehen und an der gewünschten Position fallen lassen. Die Y-Werte für die Lineal-Positonen in Pixeln sind: Y 20, Y 30, Y 60, Y 90, Y 120, Y 150, Y 180, Y 210, Y 240 und Y 330. Die senkrechten Hilfslinien erhalten die Positionen X 10, X 20, X 30 und X 105. Da das exakte Setzen der Hilfslinien in der 100-Prozent-Ansicht nicht ganz einfach ist, zoomen Sie eventuell mit $\boxed{Strg}+\boxed{Alt}+\boxed{+}$ auf den Zoomfaktor *200 %*. Die Position von Hilfslinien können Sie mit dem Verschieben-Werkzeug auch nachträglich korrigieren.

Das Gestaltungsraster für die Navigationsleiste

Die Formebenen erstellen

1 Wählen Sie mit dem Shortcut ⒟ *Schwarz* als Vordergrundfarbe aus. Aktivieren Sie das Rechteck-Werkzeug mit dem Shortcut ⒰, achten Sie darauf, dass die Option *Neue Formebene* erstellen in der Palette *Werkzeug-Optionen* aktiv ist. Ziehen Sie vom Schnittpunkt der zweiten senkrechten und der obersten waagerechten Hilfslinie bis zur dritten senkrechten und untersten waagerechten Hilfslinie ein Rechteck auf. Versehen Sie diese Ebene mit *Ebene/Ebenenstil/Abgeflachte Kanten und Relief* unter Verwendung der Standardeinstellungen einen Ebeneneffekt.

2 Erzeugen Sie eine weitere Ebene, indem Sie in der Ebenen-Palette auf das Symbol *Neue Ebene* klicken. Wechseln Sie zum Ellipsen-Werkzeug und ziehen Sie ein oval von der ersten senkrechten und zweiten horizontalen Hilfslinie bis zur vierten senkrechten und dritten horizontalen Hilfslinie auf. Versehen Sie auch diese Ebene mit dem Effekt *Abgeflachte Kante und Relief.*

3 Es soll eine Einbuchtung in die Ellipse gestanzt werden, in der das Blinklicht eingefügt wird. Zoomen Sie daher die Ellipse heran, indem Sie die Strg-Taste und die Leertaste gedrückt halten und dann mit der Maus ein Markierungsrecheck um die Ellipse ziehen.

Nach dem Loslassen der Tasten ist das Ellipsen-Werkzeug wieder aktiv. Aktivieren Sie in der Palette *Werkzeug-Optionen* die Schaltfläche *Schnittmenge mit Auswahl bilden.* Halten Sie die Umschalt-Taste gedrückt und ziehen Sie innerhalb der Ellipse einen Kreis auf – Photoshop stanzt den Kreis aus der Ellipse. Durch den Ebeneneffekt wirkt auch die Ausbuchtung plastisch.

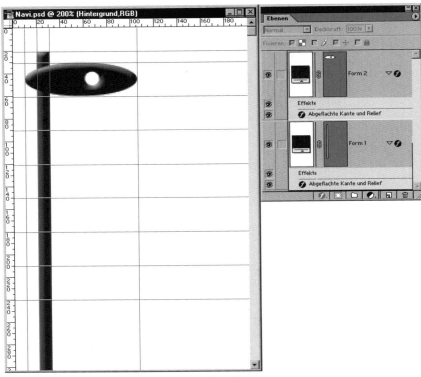

Stanzen Sie eine kreisförmige Aussparung in die Ellipse

4 Die „Leuchtiode" wird jetzt unterhalb der Aussparung eingefügt. Aktivieren
Sie dazu zunächst die Ebene *Form 1* mit einem Klick auf die Ebenen-Miniatur
in der Ebenen-Palette und fügen Sie dann erneut eine weitere Ebene ein, die
jetzt zwischen den beiden Formebenen erstellt wird. Wählen Sie als Vordergrundfarbe Rot (R 255, G 0, B 0). Ziehen Sie einen Kreis auf, der etwas größer
ist als die Ausstanzung und versehen Sie auch diese Ebene wieder mit dem
eben verwendeten Ebenenstil *Abgeflachte Kante und Relief*.

Ziehen Sie den Kreis so auf, dass er die Ellipse etwas überlappt

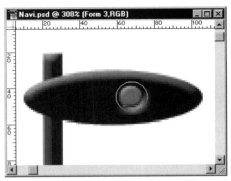

Durch den Ebenenstil wirkt der Kreis erhaben

5 Die Ebenen *Form 2* und *Form 3* sollen jetzt miteinander verschmolzen werden. Dazu müssen Sie einen Umweg gehen, da Form-Ebenen nicht direkt verschmolzen werden können. Blenden Sie die unterste Ebene – *Form 1* – aus, indem Sie auf das Augensymbol vor der Ebene klicken. Wählen Sie dann den Befehl *Ebene/Sichtbare auf eine Ebene reduzieren*. Blenden Sie die Ebene anschießend wieder ein, indem Sie erneut in der Ebenen-Palette klicken.

6 Kopieren Sie jetzt die Ebene, indem Sie aus dem Paletten-Menü den Eintrag *Ebene duplizieren* wählen. Die Kopie wird an exakt der gleichen Stelle eingefügt wie das Original.

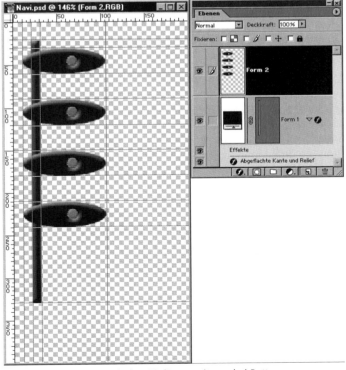

Die Navigationsleiste nach dem Einfügen weiterer drei Buttons

Aktivieren Sie das Verschieben-Werkzeug mit dem Shortcut V, klicken Sie in die Datei und ziehen Sie die Kopie herunter in die übernächste Hilfslinienzelle. Wiederholen Sie den Vorgang des Duplizierens und Verschiebens weitere zwei Male, um dann insgesamt vier Buttons zu erstellen.

7 Verschmelzen Sie jetzt die Ebenen miteinander, indem Sie *Ebene/Sichtbaren auf eine Ebene reduzieren* wählen. Speichern Sie die Datei als PSD-Datei ab, so bleibt die Transparenz erhalten. Klicken Sie mit der rechten Maustaste auf die Miniatur der Ebene und wählen Sie aus dem Kontextmenü den Eintrag *Ebeneneigenschaften*. Da Sie in ImageReady viele neue Ebenen hinzufügen, ist es wichtig, eindeutige Bezeichnungen für die Ebenen zu finden. Geben Sie in der Dialogbox *Ebeneneigenschaften* den Titel „Original" ein. Schließen Sie die Datei.

Das Zusammenspiel von Photoshop und ImageReady

ImageReady verfügt nicht über alle Bildbearbeitungsfunktionen wie Photoshop. Wenn Sie eine Datei in beiden Programmen geöffnet haben und in einem der Programme Änderungen vornehmen und die Datei speichern, wird der Status im jeweils anderen Programm aktualisiert.

Originaldaten speichern

Falls Sie später noch Änderungen an der Datei vornehmen möchten, speichern Sie jetzt eine Kopie der Datei im PSD-Format ab, da dieses Format Ebenen verwalten kann. Falls Sie später noch Änderungen vornehmen möchten – z. B. weitere Buttons einfügen –, ist dies ohne weiteres möglich.

Rollover erstellen in ImageReady

Nachdem Sie in Photoshop die Gestaltung der Leiste vorgenommen haben, unterteilen Sie diese in ImageReady in Slices und weisen jedem Slice einen Rollover-Status zu.

Rollover-Vorschau anzeigen

Alternativ zum Befehl *Datei/Vorschau in Browser* können Sie auch auf das Symbol *Vorschau in Standardbrowser* in der Werkzeug-Palette klicken. Es befindet sich an zweiter Stelle von oben rechts unterhalb der Farbfelder.

Slices erstellen

1 Starten Sie ImageReady und öffnen Sie die Navigationsleiste. Aktivieren Sie das Slice-Werkzeug mit dem Shortcut K. Mit dem Slice-Werkzeug generieren Sie Slices, mit dem Slice-Auswahlwerkzeug aktivieren Sie später einzelne Slices zur Bearbeitung.

Die Werkzeug-Palette von ImageReady unterscheidet sich von der in Photoshop

2 Klicken Sie in den Hilfslinienschnittpunkt links oben des ersten Buttons und ziehen Sie einen Slice auf, der den Button umrahmt und bis zum rechten Dateirand reicht. Die Slices sollen so breit sein, da hier später Text eingeblendet wird, der den Button erklärt. Ausgewählte Slices werden mit voller Deckkraft dargestellt, nicht markierte Slices dagegen erscheinen wie von einer teiltransparenten Folie bedeckt, die Bereiche außerhalb der Slices erscheinen am stärksten überdeckt.

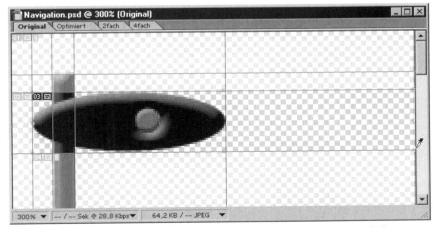

ImageReady zeigt die Ausmaße des Slice an, indem es die umliegenden Bereiche mit einem transparenten Weiß überdeckt

3 Gehen Sie genauso für alle vier Buttons vor. Erstellen Sie für jeden einen einzelnen Slice.

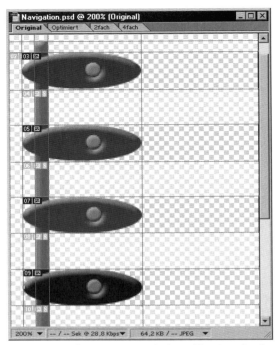

Versehen Sie alle vier Buttons mit einem Slice, ImagReady nummeriert die Slices durch

Rollover-Status einfügen

1 Sie benötigen jetzt die Ebenen- und die Rollover-Palette. Wählen Sie daher *Fenster/Ebenen einblenden* sowie *Fenster/Rollover einblenden*, falls diese Paletten nicht ohnehin schon auf Ihrer Arbeitsfläche liegen.

2 Wechseln Sie zum Slice-Auswahlwerkzeug und klicken Sie den obersten Slice an. In der Rollover-Palette sehen Sie, dass der oberste Slice im Modus *Normal* erscheint. Wählen Sie jetzt aus dem Paletten-Menü den Eintrag *Neuer Status*.

Alternativ können Sie auch das entsprechende Symbol am unteren Rand der Palette anklicken. Der neue Status erhält die Bezeichnung *Über* – erscheint also immer dann, wenn das Slice mit der Maus überfahren wird.

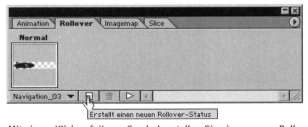

Mit einem Klick auf dieses Symbol erstellen Sie einen neuen Rollover-Status

3 Um die Änderung für den zweiten Status zu definieren, benötigen Sie jetzt eine zweite Ebene. Die erste Ebene muss für den Status *Normal* erhalten bleiben. Wählen Sie aus dem Menü der Ebenen-Palette den Eintrag *Ebene duplizieren*. ImageReady nennt die neue Ebene *Original Kopie*. Benennen Sie die Ebene um, indem Sie zunächst doppelt auf die Ebenenminiatur klicken und dann in der darauf folgenden Dialogbox einen Namen eingeben. Geben Sie in diesem Fall die Bezeichnung *Klassik* ein, um die Sparte zu kennzeichnen.

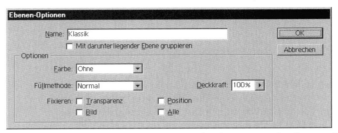

Vergeben Sie in dieser Dialogbox einen eindeutigen Namen für die neue Ebene

4 Die rote Leuchtiode soll grün erscheinen, wenn der Button mit der Maus berührt wird. Wechseln Sie zum Werkzeug Auswahlrechteck mit dem Shortcut [M] und markieren Sie grob den Bereich der Iode. Es ist nicht nötig, ausschließlich den roten Bereich zu markieren, da die Farbänderung mit der Dialogbox *Farbton/Sättigung* vorgenommen wird.

Diese Änderung hat keinen Einfluss auf Graustufen. Rufen Sie *Bild/Einstellen/Farbton/Sättigung* auf und verschieben Sie den oberen Regler auf den Wert *100*, dadurch erreichen Sie eine Tonwertverschiebung von Rot zu Grün.

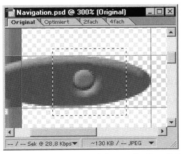

Sie müssen den Bereich um die Leuchtiode nur grob auswählen

5 Es fehlt noch der erklärende Text zum Button. Definieren Sie zunächst die Einstellungen für das Textwerkzeug. Wählen Sie als Vordergrundfarbe beispielsweise das gleiche Rot wie zuvor für die Leuchtpunkte (*R 255, G 0, B 0*). Aktivieren Sie das Text-Werkzeug mit dem Shortcut [T] und klicken Sie rechts neben den Button. Erfassen Sie das Wort *Klassik*. Wählen Sie *Auswahl/Gesamter Text* und formatieren Sie ihn dann in der Schriftart *Tahoma* und einem Schriftgrad von *18 Punkt* über die Palette *Optionen*. Sollte diese bei Ihnen nicht eingeblendet sein, wählen Sie *Fenster/Optionen einblenden*.

9

Navigationselemente erstellen

6 Zum exakten Positionieren rufen Sie mit ⌈Strg⌉+⌈R⌉ die Lineale auf und ziehen Sie aus dem vertikalen Lineal eine Hilfslinie bis ca. 3 Pixel rechts neben den Button. Aktivieren Sie das Verschieben-Werkzeug und ziehen Sie den Text auf die Hilfslinie unterhalb des Buttons und linksbündig an die eben erstellte Hilfslinie.

7 Verschmelzen Sie den Text mit der Ebene *Klassik*, indem Sie die Textebene markieren und den Befehl *Ebene/Mit darunterliegender auf eine Ebene reduzieren* wählen.

Kopieren-Befehle der Paletten-Animation und Rollover

Praktischerweise funktionieren die Kopierfunktionen dieser Paletten über eine interne Zwischenablage. Die Daten in der primären Zwischenablage von ImageReady werden beim Verwenden dieser Funktion nicht gelöscht.

Slice-Optionen festlegen

1 Damit ein Klick auf den Button eine Veränderung auslöst, müssen Sie jetzt die Slice-Optionen definieren. Wechseln Sie mit *Fenster/Slice einblenden* zur Slice-Palette. Standardmäßig sind die vier Paletten *Animation, Rollover, Imagemap* und *Slice* zusammengefasst, wenn diese Voreinstellung bei Ihnen noch besteht, müssen Sie alternativ nur auf das Registerblatt *Slice* klicken.

Die verschiedenen Zielframes

Verwenden Sie den Eintrag „blank", um die verknüpfte Datei in einem neuen Fenster anzuzeigen. Das original Browser-Fenster bleibt dabei offen.

Der Eintrag „_self" bewirkt, dass die verknüpfte Datei im selben Frame angezeigt wird, wie die Originaldatei.

Durch die Wahl von „_parent" wird die verknüpfte Datei in ihrem übergeordneten original Frameset angezeigt. Verwenden Sie diese Option, wenn Ihr HTML-Dokument Frames enthält und der aktuelle Frame untergeordnet ist. Die verknüpfte Datei wird dann in dem aktuellen Frame übergeordneten Frame angezeigt.

Der Eintrag „_top" bewirkt, dass das gesamte Browser-Fenster durch die verknüpfte Datei ersetzt und alle aktuellen Frames entfernt werden.

2 Wählen Sie im Feld *Typ* den Eintrag *Bild* aus, im Feld *HG* für „Hintergrund" soll *Ohne* eingetragen sein. Geben Sie in das Feld *Name* ebenfalls die Bezeichnung *Klassik* ein und in das Feld *URL* die vollständige Internetadresse der Seite, die ein Klick auf den Button *Klassik* aufruft.

Wichtig hierbei ist, dass sie auch *http://* vor dem *www.* eintragen. Nachdem Sie die Adresse eingegeben haben, lässt sich auch das Listenfeld *Ziel* öffnen. Wählen Sie hier aus, in welchem Zielframe die verknüpfte Datei angezeigt wird.

Im Register Slice geben Sie die Slice-Optionen an

Die anderen Slices definieren

1 Wiederholen Sie nun die zuvor beschriebenen Schritte für jedes weitere Slice. Zur besseren Übersicht sind diese hier noch einmal in Kürze dargestellt: Markieren Sie das nächste Slice mit dem Slice-Auswahlwerkzeug, erstellen Sie in der Palette *Rollover* einen neuen Status und duplizieren Sie die Originalebene. Bennenen Sie die Ebene um – in diesem Fall geben Sie ihr den Namen *Rock*.

Deaktvieren Sie unbedingt die darüber liegende Ebene *Klassik*, da sonst der Text und der grüne Leuchtpunkt dieser Ebene auch für die neue Ebene sichtbar wären. Klicken Sie dazu auf das Augen-Symbol vor *Klassik*, sodass diese Ebene ausgeblendet wird.

Markieren Sie wieder den roten Punkt und färben Sie ihn um. Erstellen Sie dann eine neue Textebene und erfassen Sie den Text *Rock*. Verschmelzen Sie diese wieder mit der darunter befindlichen Bildebene und definieren Sie die Slice-Optionen. Gehen Sie dann genauso für den dritten Slice „Techno" und den vierten Slice „Pop" vor.

Viele Wege führen zum Ziel

Es gibt viele Wege, die zum Erstellen der benötigten Ebenen führen. In diesem Beispiel werden die Ebenen für den Rollover-Status manuell erstellt, da dieser Weg zu Beginn der Arbeit mit Image-Ready am übersichtlichsten ist. Wenn Sie mit der Arbeit mit Slices, Rollover-Status und Ebenen vertraut sind, können Sie die erste Textebene auch als Dummy nutzen und duplizieren, um sie für die anderen Textebenen zu nutzen.

2 Kontrollieren Sie die Slices, indem Sie mit dem Slice-Auswahlwerkzeug einen nach dem anderen anklicken und in der Rollover-Palette den Status kontrollieren. Es ist wichtig, dass für jeden Slice und jeden Status die richtige Ebene auf *sichtbar* geschaltet ist und die anderen Ebenen deaktiviert sind.

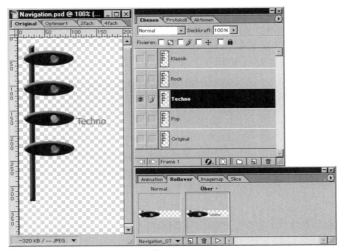

Wenn der dritte Slice im Status Über angewählt ist, müsen Rollover-Palette und Ebenen-Palette so aussehen

Thumbnails von Fotos heranzoomen

In diesem Projekt bauen Sie ein Rollover auf, bei dem vier Fotos zunächst in einer Miniaturansicht dargestellt werden, diese aber auf vierfache Größe gezoomt werden, sobald das entsprechende Bild mit der Maus berührt wird. Somit sparen Sie Platz auf Ihrer Website, geben dem Besucher aber die Möglichkeit, die Bilder in einer größeren Ansicht zu betrachten.

Wenn Sie eines dieser Bilder mit der Maus berühren, wird es vergrößert und ohne den Mal-Effekt angezeigt

Die vier Vorschaubilder einfügen

1 Erstellen Sie in Photoshop eine neue Datei mit den Maßen *400 x 270 Pixel* bei einer Auflösung von *72 dpi* im Modus *RGB* und der Option *Inhalt: Transparent*.

2 Sie benötigen ein Hilfslinienraster, das die Datei in vier Felder aufteilt. Rufen Sie *Fenster/Informationen einblenden* auf, damit Sie mithilfe der Informationen-Palette die Position der Hilfslinien überprüfen können. Weiterhin benötigen Sie die Lineale, aus denen Sie die Hilfslinien ziehen. Rufen Sie diese mit ⌜Strg⌟+⌜R⌟ auf. Ziehen Sie aus dem vertikalen Lineal eine senkrechte Hilfslinie an die Position *X 200 Pixel* und aus dem horizontalen Lineal eine waagerechte Hilfslinie an die Position *Y 135 Pixel*.

3 Das Freistellungswerkzeug soll auf die Dateigröße eingestellt werden, damit Sie die vier Bilder, die Sie einsetzen, mühelos auf die benötigte Größe bringen können. Klicken Sie dazu in der Palette *Werkzeug-Optionen* auf die Schaltfläche *Vorderes Bild*. Die Maße der Datei sind jetzt für das Freistellungs-Werkzeug definiert, alle Bilder, die Sie jetzt beschneiden, werden auf dieses Seitenverhältnis und die Auflösung *72 dpi* gebracht. Wenn Sie diese Voreinstellung später wieder aufheben möchten, müssen Sie dazu nur auf die Schaltfläche *Löschen* in der Palette *Werkzeug-Optionen* klicken.

4 Rufen Sie mit *Fenster/Ebenen einblenden* die Ebenen-Palette auf, Sie benötigen sie zum Kopieren der Bilder in die Arbeitsdatei. Öffnen Sie anschließend vier Bilder Ihrer Wahl. Beschneiden Sie die Bilder mit dem Freistellungs-Werkzeug auf den gewünschten Ausschnitt.

5 Aktivieren Sie eines der Bilder, fassen Sie die Miniatur in der Ebenen-Palette mit der Maus an und ziehen Sie diese in die Arbeitsdatei. Das Bild wird dorthin kopiert. Rufen Sie jetzt *Bearbeiten/Frei transformieren* auf. Das Bild erhält acht Markierungsknoten, ziehen Sie es mithilfe der Eckpunkte in die obere linke Ecke der Arbeitsdatei.

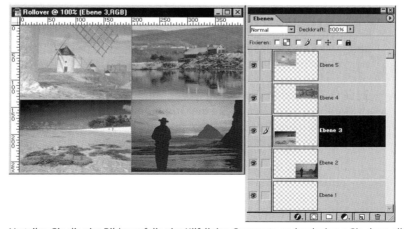

Verteilen Sie die vier Bilder auf die vier Hilfslinien-Segmente und reduzieren Sie dann alle Ebenen auf eine Ebene

9

Navigationselemente erstellen

Mit einem Doppelklick in das Bild lösen Sie den Transformierungsvorgang aus. Fügen Sie anschließend die weiteren drei Bilder in die Arbeitsdatei ein und verteilen Sie sie auf die anderen drei Felder. Verschmelzen Sie dann alle Ebenen, indem Sie *Ebene/Sichtbare auf eine Ebene reduzieren* wählen.

6 Machen Sie den Betrachter neugierig, indem Sie die Bildcollage mit einem Filter verfremden. Wählen Sie *Filter/Kunstfilter/Grobes Pastell* und verwenden Sie die Einstellungen *Strichlänge 6, Details 4, Struktur Sandstein, Skalierung 100 %* und *Relief 30*.

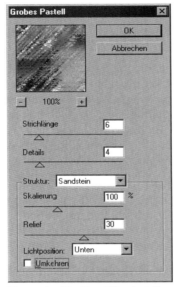

Verwenden Sie diese Filtereinstellungen

Die großen Abbildungen in weiteren Ebene einsetzen

Nachdem Sie die Grundcollage erstellt haben, müssen die vier Fotos, die später beim Überfahren des Rollovers mit der Maus vergrößert dargestellt werden, auf vier zusätzlichen Ebenen gespeichert werden.

1 Die Arbeitsdatei sowie die vier beschnittenen Originalbilder sollten jetzt noch geöffnet sein. Ziehen Sie die Originalbilder in die Arbeitsdatei, indem Sie sie jeweils markieren und dann mit gehaltener ⌐Umschalt⌐-Taste die Miniatur aus der Ebenen-Palette in die Arbeitsdatei ziehen.

Das Halten der ⌐Umschalt⌐-Taste bewirkt in diesem Fall, dass die Bilder exakt zentriert platziert werden. Da die Bilder die gleiche Größe wie die Arbeitsdatei aufweisen, füllen sie die Datei somit komplett aus und ein weiteres Positionieren ist nicht nötig.

So soll es aussehen: An unterster Stelle Ihrer Ebenen-Palette liegt die Collage, darüber liegen die vier Bilder in voller Bildgröße

2 Ihre Datei weist jetzt fünf Ebenen auf. Durch das Kopieren und Verschieben von Ebenen sind die Ebenen-Bezeichnungen eventuell nicht mehr eindeutig. Bennenen Sie die Ebenen ggf. von unten ausgehend in *Ebene 0* bis *Ebene 4* um.

Klicken Sie dazu mit der rechten Maustaste auf die jeweilige Ebene und wählen Sie aus dem Kontextmenü den Eintrag *Ebeneneigenschaften*, sodass Sie in der darauf folgenden Dialogbox einen neuen, eindeutigen Namen vergeben können.

3 Die Arbeit in Photoshop ist abgeschlossen. Speichern Sie die Datei beispielsweise mit der Bezeichnung *Rollover.psd* auf Ihrer Festplatte und öffnen Sie die Datei dann in ImageReady.

Rollover-Status in ImageReady festlegen

Viele Bildbearbeitungs-Funktionen können Sie sowohl in Photoshop als auch in ImageReady vornehmen. Slices können in beiden Programmmen festgelegt werden. Hier wird das Anlegen der Slices in ImageReady vorgenommen, da Sie so gleich den entsprechenden Rollover-Status einstellen können.

1 In ImageReady angekommen, aktivieren Sie nach dem Öffnen der Datei *Rollover.psd* zunächst das Slice-Werkzeug mit dem Shortcut K. Legen Sie für jedes der vier Hilfsliniensegmente ein Slice an, indem Sie jeweils links oben klicken und bis zur rechten unteren Ecke des Segments das Slice aufziehen.

Jedes der vier Segmente benötigt ein Slice

2 Rufen Sie mit *Fenster/Rollover einblenden* die Rollover-Palette auf. Außerdem benötigen Sie noch die Ebenen-Palette, wählen Sie daher *Fenster/Ebenen einblenden.*

3 Aktivieren Sie das Slice-Auswahlwerkzeug, es befindet sich in der Werkzeug-Palette unter dem Slice-Werkzeug. Aktivieren Sie damit das erste Slice, indem Sie das Segment oben links anklicken. In der Rollover-Palette sehen Sie den Status *Normal*, deaktivieren Sie alle Ebenen, bis auf die an unterster Stelle liegende *Ebene 0*, indem Sie die Augensymbole der anderen Ebenen in der Ebenen-Palette mit einem Klick darauf entfernen. Somit ist für den Status *Normal* ausschließlich die unterste Ebene sichtbar.

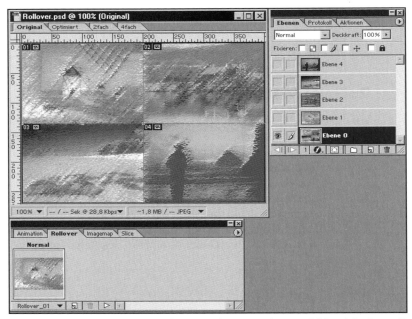

So müssen Ebenen- und Rollover-Palette aussehen, wenn das erste Bild und der Status Normal aktiv sind

4 Öffnen Sie jetzt das Menü der Rollover-Palette und wählen Sie den Eintrag *Neuer Status*. Der Status *Über* wird eingefügt und wird als aktiver Status markiert. Alle Veränderungen, die Sie jetzt an der Ebene-Palette vornehmen, beziehen sich auf diesen Status.

Deaktivieren Sie jetzt die *Ebene 0*, indem Sie das Augensymbol per Mausklick entfernen. Aktivieren Sie stattdessen die *Ebene 1*, jetzt sollte das Bild in voller Dateigröße dargestellt werden.

Für den Status Über des ersten Slice darf nur Ebene 1 sichtbar sein

5 Testen Sie jetzt die bisherigen Einstellungen in der Brower-Vorschau, wählen Sie dazu *Datei/Vorschau in/Internet-Explorer* bzw. den Browser, den Sie installiert haben. In der Browser-Ansicht sollten jetzt die vier Miniaturbilder angezeigt werden, und in dem Moment, wo Sie die Maus über das obere, linke Bild bewegen, sollte eben dieses Bild vergrößert dargestellt werden.

6 Gehen Sie jetzt für die drei weiteren Slices genauso vor: Markieren Sie als Nächstes das zweite Slice mit dem Slice-Auswahlwerkzeug, in der Rollover-Palette erscheint der Status *Normal*, bei dem die unterste Ebene sichtbar geschaltet sein soll.

Fügen Sie einen weiteren Status ein und schalten Sie genau die Ebene auf sichtbar, die die Vergrößerung des im zweiten Slice gezeigten Bildes enthält. Prüfen Sie die Einstellungen zwischendurch immer wieder in der Browser-Ansicht. Vollziehen Sie diese Schritte auch für Slice drei und vier.

9.3 Hotspots – Arbeiten mit Imagemaps

Eine Imagemap ist ein Bild, das in verschiedene Maus-sensitive Bereiche aufgeteilt wird. Diese Bereiche können beliebig geformt sein. Es sind sowohl rechteckige, kreisförmige als auch polygonförmige Imagemap-Bereiche generierbar. Das ist der große Unterschied zum Einteilen von Bildern mit Slices, diese können Bilder nur in rechteckige Bereiche aufteilen. Der zweite Unterschied ist, dass beim Exportieren von Imagemaps das Bild als Ganzes gespeichert wird. Exportieren Sie ein in Slices aufgeteiltes Bild, so wird für jedes Slice eine separate Datei gespeichert. Jedem Imagemap-Bereich können Sie einen Namen zuweisen, dieser wird später im HMTL-Code gespeichert. Außerdem können Sie den Bereich mit einer URL, einem Zielframe und einem Alttext versehen.

Erstellen einer Imagemap

In diesem Projekt erstellen Sie als Grundlage für das Imagemap die Umrisse Frankreichs, die Sie mit einem Foto des Eiffelturms füllen. Über diesem Bild fügen Sie dann zu verschiedenen Regionen Imagemap-Bereiche ein, die dann illustrierende Fotos einblenden, wenn diese Region mit der Maus berührt wird.

Auf der Website werden die illustrierenden Bilder nur dann angezeigt, wenn der Betrachter die Maus über die entsprechende Region bewegt

Die Hintergrunddatei vorbereiten

1 Laden Sie von der DATA BECKER-Website die Datei *Frankreich.psd*. In dieser Datei ist der Umriss Frankreichs gespeichert. Öffnen Sie die Datei in Photoshop. Sie benötigen außerdem drei beliebige Abbildungen, die Sie für die Arbeit an diesem Projekt als Dummies einsetzen

2 Sie benötigen jetzt eine Datei, die Adobe Ihnen mit der Photoshop-Version 6.o mitliefert. Wenn Sie die Standardinstallation durchgeführt haben, befindet sich die Datei im Verzeichnis *C:\Programme\Adobe\Photoshop 6.o*. Öffnen Sie aus diesem Verzeichnis die Datei *Eiffelturm.tif*.

3 Markieren Sie die gesamte Datei mit Strg+A. Wählen Sie dann *Bearbeiten/ Kopieren*, sodass die Datei in die Zwischenablage eingefügt wird. Wechseln Sie zurück zur Datei *Frankreich.psd*. Fügen Sie den Zwischenablageinhalt mit *Bearbeiten/Einfügen* in die Datei.

4 Rufen Sie mit *Fenster/Pfade einblenden* die Pfad-Palette auf. Klicken Sie den Pfad in der Palette mit der Maus an, sodass er in der Datei angezeigt wird. Positionieren Sie jetzt den Eiffelturm, indem Sie *Bearbeiten/Frei transformieren* wählen. Mithilfe der Markierungsknoten skalieren Sie das Foto auf die gewünschte Größe, und indem Sie innerhalb der Markierung ziehen, bestimmen Sie die Lage des Eiffelturms innerhalb des Pfads. Wenn Sie mit der Positonierung fertig sind, lösen Sie den Transformieren-Vorgang mit einem Doppelklick aus.

5 Wählen Sie aus dem Menü der Pfad-Palette den Eintrag *Auswahl erstellen*. Photoshop fragt Sie per Dialog, ob Sie eine weiche Auswahlkante erstellen möchten.

Transformieren Sie den Eiffelturm so, dass er die Fläche ausfüllt

9

Navigationselemente erstellen

Geben Sie hier *2 Pixel* ein, aktivieren Sie auch die Option *Glätten*. Invertieren Sie die Auswahl mit *Auswahl/Auswahl umkehren*. Drücken Sie die [Entf]-Taste, um die Bereiche außerhalb des Umrisses zu entfernen. Heben Sie anschließend die Auswahl mit [Strg]+[D] auf.

6 Rufen Sie *Bild/Einstellen/Farbton/Sättigung* auf und aktivieren Sie das Kontrollkästchen *Färben*. Verschieben Sie den Regler *Farbton* auf den Wert *120* und den Regler *Lab-Helligkeit* auf *-60*. Schließen Sie die Dialogbox mit einem Klick auf *OK*.

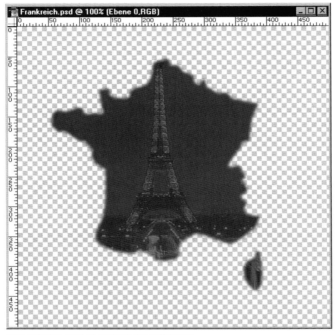

Der gefärbte und abgedunkelte Eiffelturm

7 Mithilfe des gespeicherten Pfads versehen Sie den Umriss jezt mit einer Kontur. Aktivieren Sie das Werkzeug Pinsel mit dem Shortcut [B] und wählen Sie aus der Werkzeug-Optionen-Palette eine Pinselspitze mit einem Durchmesser von drei Pixeln und einer harten Kante. Standardmäßig ist dies die zweite in der Liste. Definieren Sie als Vordergrundfarbe einen Grünton, der aus den Werten *R 70*, *G 120* und *B 70* besteht.

8 Klicken Sie den Pfad erneut in der Pfad-Palette an, wählen Sie diesmal aus dem Paletten-Menü den Eintrag *Pfadkontur füllen*. Bestätigen Sie die darauf folgende Dialogbox mit *OK*.

Einfügen der Bezeichnungen

1 Fügen Sie jetzt die Bezeichnungen für die Regionen ein. Aktivieren Sie das Text-Werkzeug und klicken Sie in die Datei. Erfassen Sie zunächst *Paris*, markieren Sie den gesamten Text mit ⌨Strg+A und formatieren Sie ihn mithilfe der Palette *Werkzeug-Optionen* in der Schriftart *Tahoma bold* und dem Schriftgrad *14 Punkt*, die Schriftfarbe soll *Weiß* sein. Schließen Sie die Bearbeitung des Textes mit ⌨Enter ab. Positionieren Sie den Schriftzug mithilfe des Verschieben-Werkzeugs. Orientieren Sie sich bei der Positionierung an der Abbildung.

2 Kopieren Sie die erste Textebene, indem Sie aus dem Menü der Ebenen-Palette den Eintrag *Ebene duplizieren* wählen. Photoshop fragt Sie, wie Sie die Ebene benennen möchten. Geben Sie *Normandie* ein und bestätigen Sie mit *OK*. Wählen Sie wieder ⌨Strg+A und überschreiben Sie das Wort *Paris* mit *Normandie*. Positionieren Sie auch diese Ebene. Wiederholen Sie diese Schritte für die Regionen *Champagne* und *Provence*.

3 Wenn alle Ebenen eingefügt und platziert sind, verschmelzen Sie sie mit *Ebene/Sichtbare auf eine Ebene reduzieren*.

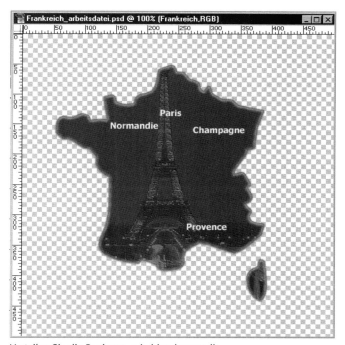

Verteilen Sie die Regionen, wie hier dargestellt

4 Die unterste Ebene ist fertig gestellt. Öffnen Sie jetzt drei beliebige Bilder, die Sie für die Illustration verwenden möchten. Fügen Sie alle drei Dateien in die Arbeitsdatei ein, indem Sie nacheinander die Miniatur des jeweiligen Bildes in die Arbeitsdatei ziehen. Ziehen Sie jedes Bild mit dem Verschieben-Werkzeug an die richtige Position. Geben Sie den Ebenen eine logische Bezeichnung, wie unten abgebildet, indem Sie jeweils mit der rechten Maustaste auf eine Ebenen-Miniatur klicken und den Eintrag *Ebenen-Optionen* wählen. In der darauf folgenden Dialogbox können Sie einen Namen vergeben.

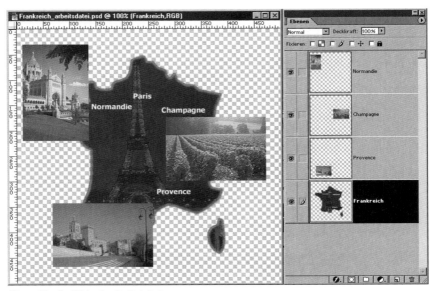

Fügen Sie die Bilder in die Datei ein

5 Die Arbeit in Photoshop ist abgeschlossen, speichern Sie die Datei, wechseln Sie zu ImageReady und öffnen Sie die Datei dort.

Erstellen der Imagemap-Bereiche in ImageReady

In ImageReady stehen Ihnen insgesamt vier Imagemap-Werkzeuge zur Verfügung: *Rechteckige Imagemap, Kreisförmige Imagemap, Polygonförmige Imagemap* und das Imagemap-Auswahlwerkzeug. Wenn Sie mit den Werkzeugen *Rechteckige Imagemap* und *Kreisförmige Imagemap* arbeiten, sparen Sie im HTML-Code Speicherplatz, da diese Imagemaps einfacher zu beschreiben sind. In diesem Beispiel verwenden Sie allerdings das Werkzeug *Polygonförmige Imagemap*, da die Imagemap die Regionen Frankreichs beschreiben soll. Wenn Sie in der fertigen Datei den Mauszeiger über die Region *Provence* oder *Normandie* bewegen, wird ein illustrierendes Bild dazu angezeigt. Da hier die Arbeit mit dem Werkzeug *Polygonförmige Imagemap* beschrieben werden soll, werden die Regionen markiert, Sie können alternativ dazu die Beschriftungen der Regionen mit dem Werkzeug *Rechteckige Imagemap* markieren.

Slices mit URL-Verknüpfungen nicht mit Imagemap-Bereichen versehen

Wenn Sie in einer Datei Slices mit URL-Verknüpfung anlegen, sollten Sie keine Imagmap-Bereiche erstellen, da dies bewirken könnte, dass einige Browser die Verknüpfungen ignorieren.

1 Öffnen Sie die Arbeitsdatei in ImageReady. Aktivieren Sie das Werkzeug *Polygonförmige Imagemap*, es befindet sich in der Werkzeug-Palette an dritter Stelle von oben links mit den anderen Imagemap-Werkzeugen zusammen-gefasst.

2 Erstellen Sie zunächst die Imagemap für die Region *Normandie*. Orientieren Sie sich dazu an der Abbildung und setzen Sie per Mausklick einen Knoten-punkt nach dem anderen. Zum Schließen der Form können Sie entweder ei-nen Doppelklick ausführen oder mit der Maus direkt in den zuerst gesetzten Punkt klicken. Fügen Sie anschließend auch die Bereiche *Champagne* und *Provence* ein. Es genügt, wenn Sie die Regionen grob einfassen. Wenn Sie sehr viele Knotenpunkte setzen, vergrößert dies die HTML-Datei, was auf Kosten der Ladezeit geht.

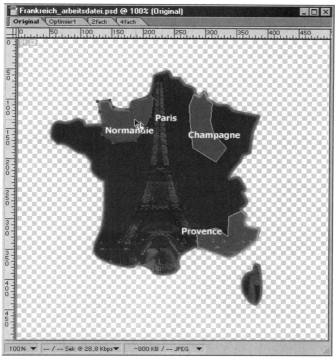

Legen Sie die drei Imagemaps fest

3 Sollten Sie mit der Form einer Imagemap nicht ganz zufrieden sein, können Sie diese ohne Probleme anpassen. Wählen Sie dazu das Imagemap-Aus-wahlwerkzeug, fassen Sie einen Punkt mit der Maus an und ziehen Sie ihn an die gewünschte Stelle. Möchten Sie einen zusätzlichen Punkt einfügen, halten Sie beim Klicken auf einen Streckenabschnitt die (Umschalt)-Taste ge-drückt, ein neuer Punkt wird eingefügt, den Sie daraufhin auch wieder ver-schieben könnnen. Zum Löschen eines Knotenpunkts klicken Sie ihn mit ge-haltener (Alt)-Taste an.

4 Rufen Sie mit *Fenster/Imagemap* die Imagemap-Palette auf. Hier können Sie bei Bedarf einen URL, ein Ziel und ein Alt-Tag eingeben. In diesem Beispiel ist die Angabe eines URLs nicht nötig, da diese Imagemap durch Rollover-

Status definiert wird. Geben Sie aber in das Feld *Alt* eine Bezeichnung ein, die dem Besucher Ihrer Website bei Ladeschwierigkeiten anzeigt, welche Grafik hier erscheinen sollte.

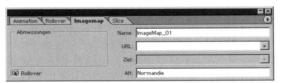

In der Imagemap-Palette können Sie URL, Ziel und Alt-Tag für den Imagemap-Bereich festlegen

5   Aktivieren Sie den ersten Bereich *Normandie*. Geben Sie in der *Imagemap-Palette* in das Feld *Alt* die Bezeichnung *Normandie* ein und wechseln Sie dann zur Palette *Rollover*.

6   Im Status *Normal* sollte jetzt die Hintergrundebene aktiviert sein. Wählen Sie aus dem Paletten-Menü den Eintrag *Neuer Status* und stellen Sie dann Ebene *Normandie* ebenfalls auf sichtbar ein, indem Sie vor die Miniaturabbildung in der Palette das Augensymbol aktivieren. Achten Sie darauf, dass im Status *Over* beide Ebenen sichtbar sein müssen.

So müssen Ebenen-Palette und Rollover-Palette für das erste Imagemap aussehen

7   Wiederholen Sie diese Schritte für alle drei Imagemaps. Markieren Sie die nächste Imagemap, geben Sie in der Imagemap-Palette einen Alt-Tag ein, wechseln Sie zur Rollover-Palette, erstellen Sie einen neuen Status und schalten Sie die entsprechende Ebene auf sichtbar.

Die Einstellungen für das zweite Imagemap

8 Nach Beendigung dieser Arbeit testen Sie die Grafik in Ihrem Browser. Wählen Sie dazu *Datei/Vorschau in Browser/Internet Explorer* bzw. Ihren favorisierten Browser.

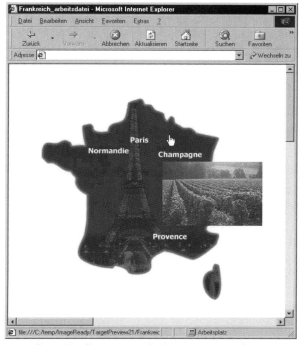

Kontrollieren Sie die Imagemap in der Browser-Vorschau

Navigationselemente erstellen

9

Überfahren Sie jetzt mit der Maus die Imagemap-Bereiche, daraufhin sollte das entsprechende Bild erscheinen. Der generierte Code funktioniert für Internet Explorer und Netscape gleichermaßen.

In der Browser-Vorschau wird Ihnen der generierte Code angezeigt. Sie können ihn bei Bedarf in Ihren HTML-Editor kopieren. Die Einzelbilder legt Image-Ready grundsätzlich im Verzeichnis *Images* ab, das automatisch in dem Verzeichnis erstellt wird, in dem Sie Ihre Arbeitsdatei speichern.

Anzeigen von Imagemaps

Wenn Sie eine Datei öffnen, die Imagemaps enthält, und dann das Imagemap-Auswahlwerkzeug aktivieren, werden die Imagemaps automatisch angezeigt. Beim Beurteilen der Datei stören die Imagemaps mitunter, in diesem Fall können Sie sie aus- und wieder einblenden, indem Sie in der Werkzeug-Palette auf das Symbol *Imagemap ein-/ausblenden* klicken. Es befindet sich direkt links unter den Farbfeldern neben dem Symbol *Slices ein-/ausblenden*. Der Befehl *Ansicht/Extras* blendet übrigens sämtliche Begrenzungs- bzw. Hilfslinien in der Datei aus und wieder ein.

Falls Sie die Imagemap-Begrenzungen in einer anderen Art und Weise darstellen möchten, wählen Sie *Bearbeiten/Voreinstellungen/Imagemaps*. Hier finden Sie die Optionen zum Verändern der Imagemap-Anzeige.

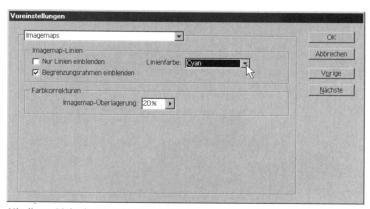

Mit dieser Dialogbox regeln Sie, wie Imagemaps angezeigt werden

Überlappende Imagemaps

Wenn Sie verschiedene Imagemap-Bereiche erstellen, die sich gegenseitig überlappen, gilt der an oberster Stelle liegende Bereich als aktiv.

Ausrichten von Imagemap-Bereichen

Sie können werkzeugbasierte Imagemap-Bereiche aneinander ausrichten. Möchten Sie ebenenbasierte Imagemaps ausrichten, müssen Sie sie genauso behandeln wie gewöhnliche Ebenen. Verbinden Sie zunächst die auszurichtenden Ebenen und wählen Sie dann den Befehl *Ebene/Verbundene ausrichten*.

Auswählen eines Imagemap-Typs

Sie haben in ImageReady die Möglichkeit, zwischen zwei Imagemap-Typen zu wählen: den Client-seitigen und den Server-seitigen Imagemaps. Wenn Sie unter *Ausgabe-Einstellungen* den Client-seitigen Imagemap-Typ wählen, werden die Verknüpfungen vom Browser selbst interpretiert – dies ist auch die Standardeinstellung.

Im Gegensatz dazu werden bei Server-seitigen Imagemaps die Verknüpfungen vom Server interpretiert. Client-seitige Imagemaps funktionieren auch ohne Verbindung zum Server, dadurch können Sie meist deutlich schneller navigieren. Server-seitige Imagemaps funktionieren nicht, wenn ein Bild mehrere Slices enthält.

Entscheiden Sie sich für eine Server-seitige-Imagemap, so erstellt ImageReady eine eigene Map-Datei, die auf der gewählten Server-Option basiert. Hierbei müssen Sie allerdings den Pfad zur Map-Datei in der HTML-Datei aktualisieren.

HTML-Ausgabeoptionen definieren

Mit den Ausgabeoptionen bestimmen Sie, wie ihr HTML-Code generiert wird, ob Tags groß oder klein geschrieben werden oder ob Slices in Tabellen oder CSS beschrieben werden.

1 Wählen Sie *Datei/Ausgabe-Einstellungen/HTML*. Es öffnet sich die entsprechende Dialogbox. Hier können Sie Einfluss auf das Erscheinungsbild des HTML-Codes nehmen.

2 Passen Sie im Bereich *Formatierung* die Darstellung des HTML-Codes an den Stil an, den Sie sonst bei der HTML-Programmierung verwenden. Diese Formatierungen dienen lediglich der Übersichtlichkeit und haben keinen Einfluss auf die Funktionsweise des Codes. Bei vielen Programmierern hat sich eingebürgert, die Tag-Schreibung grundsätzlich in Großbuchstaben vorzunehmen und die Attribute-Schreibweise in Kleinbuchstaben. Grundsätzlich hängen diese Einstellungen aber davon ab, welche Formatierung Sie als übersichtlich beurteilen.

3 Wählen Sie im Bereich *Imagemaps* aus dem Listenfeld *Art:* den Eintrag *Client-seitig*, da hier eine Imagemap mit mehreren Bereichen erstellt wurde.

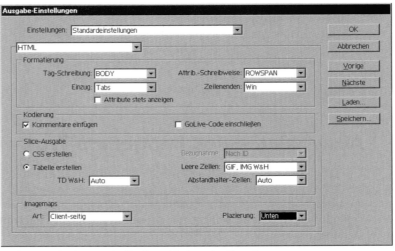

In dieser Dialogbox regeln Sie die HTML-Ausgabe-Einstellungen

10. Mehr Tiefe für die Seite: Mit Ebenen arbeiten

Zu den größten Stärken von Photoshop gehört sicher die Ebenentechnik. Mithilfe der komfortablen Ebenen-Palette von Photoshop erstellen Sie spannende Composings. Stellen Sie sich diese Ebenen wie Folien vor, die Sie übereinander legen, wobei einige Teile dieser Folien deckend und andere transparent oder teiltransparent sind.

Wenn Sie eine neue Datei in Photoshop anlegen, besitzt diese grundsätzlich eine einzige Ebene. Diese Ebene erhält in der Ebenen-Palette in den meisten Fällen die Bezeichnung Hintergrund – mit einer Ausnahme. Wenn Sie beim Erstellen der Datei im Bereich *Inhalt* die Option *Transparent* aktivieren, wird die neue Ebene als *Ebene 1* bezeichnet.

Der große Unterschied hierbei ist, dass die Ebene *Hintergrund* innerhalb mehrerer Ebenen nicht in ihrer Position in der Ebenen-Palette verschoben werden kann, außerdem können Sie auf die Ebene *Hintergrund* keine Ebenenstile anwenden. Auch Füllmethoden oder Deckkraftregelung sind für Hintergrundebenen ausgeschlossen.

Die Arbeit an einer Ebene beeinflusst nicht die anderen Ebenen, daher ist die Ebenentechnik für Composings so wichtig. Sie können Dateien, die verschiedene Ebenen enthalten, problemlos sowohl in Photoshop als auch in ImageReady öffnen und bearbeiten.

In den ersten Abschnitten dieses Kapitels werden die Möglichkeiten der Ebenenarbeit an kurzen Beispielen der klassischen Bildbearbeitung erläutert, weiter hinten finden Sie komplexe Fotomontagen, wie Sie sie für die Portalseite Ihre Website einsetzen können.

10.1 Mit der Ebenen-Palette arbeiten

Die Ebenen-Palette bietet Ihnen alle Optionen zur Ebenenverwaltung. Sie können Ebenen erstellen, verschieben, kopieren, löschen, anzeigen und ausblenden. In der Palette sehen Sie für jede Ebene eine Miniaturabbildung des Inhalts.

Sie haben die Möglichkeit, Ebenen miteinander zu verbinden, sodass Transformieren- und Verschiebenfunktionen sich auf alle verbundenen Ebenen auswirken. Sie arbeiten hierbei nicht nur mit den Schaltflächen auf der Palette, sondern auch mit dem Paletten-Menü. Photoshop bietet Ihnen außerdem das Menü *Ebene*. Hier finden Sie weitere Befehle zum Gestalten von Ebenen wie die Ebenenstile. Erstellen Sie jetzt ein unkompliziertes Composing, um mit der Ebenen-Palette zu arbeiten.

Ebenensätze

Mit dem Menübefehl der Ebenen-Palette *Neuer Ebenensatz* ordnen Sie zusammengehörige Ebenen. Ebenen werden ähnlich der Aktionssets der Aktionen-Palette zu Gruppen zusammengefasst.

Hintergrund in Ebene konvertieren

Möchten Sie auch der Hintergrundebene einen Ebenenstil verleihen oder sie in der Stapelposition innerhalb der Ebenen-Palette verschieben, haben Sie die Möglichkeit, die Hintergrundebene zu konvertieren. Wählen Sie dazu aus dem Photoshop-Menü *Ebene/Neu/ Ebene aus Hintergrund*.

1 Wählen Sie *Fenster/Ebenen einblenden*, um die Ebenen-Palette anzuzeigen. Erstellen Sie eine neue Datei mit der Größe *400x300 Pixel* bei einer Auflösung von *72 dpi* im *RGB*-Modus. Aktivieren Sie die Optionsschaltfläche *Weiß* im Bereich *Inhalt*. Nach Bestätigung der Dialogbox sehen Sie in der Ebenen-Palette, dass neben der Miniaturabbildung ein Schlosssymbol abgebildet ist. Es weist darauf hin, dass diese Ebene nicht in ihrer Position verändert werden kann.

2 Die Hintergrundebene soll die Grundstruktur aufnehmen, wählen Sie *Filter/ Strukturierungsfilter/Kacheln*. Geben Sie als Kachelgröße den Wert *10*, als Fugenbreite *2* und unter *Fugen aufhellen* den Wert *5* ein. Wenn Sie nach Bestätigung der Dialogbox die Ebenen-Palette betrachten, sehen Sie, dass die Optionen im oberen Bereich der Palette nicht anwählbar sind.

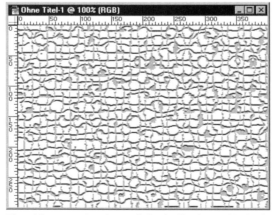

Diese Hintergrundstruktur soll durch alle Ebenen hindurch scheinen

Wenn die Hintergrundebene aktiviert ist, können Sie lediglich die vier Optionen Neuen Satz erstellen, Neue Füllebene oder Einstellungsebene erstellen, Neue Ebene erstellen und Ebene löschen verwenden, alle anderen Optionen sind nicht aktiv

3 Klicken Sie auf das Symbol *Neue Ebene erstellen*, es ist das zweite von rechts unten an der Palette. Die *Ebene 1* wird eingefügt und auch aktiviert, d. h., Sie können sie sofort bearbeiten. Photoshop stellt die aktive Ebene durch ein Pinselsymbol neben der Miniaturabbildung dar.

4 Auf der *Ebene 1* fügen Sie die Wolkentextur ein. Achten Sie darauf, dass Schwarz als Vordergrundfarbe und Weiß als Hintergrundfarbe eingestellt sind. Sie erreichen dies mit dem Shortcut D. Rufen Sie dann *Filter/Renderingfilter/ Wolken* auf. Bei voller Deckkraft und der Füllmethode *Normal* überdeckt die *Ebene 1* die Hintergrundebene vollständig. Öffnen Sie das Listenfeld *Füllmethode einstellen* und wählen Sie die *Differenz* aus. Bei dieser Füllmethode wird die Farbe mit dem niedrigen Farbwert von der mit dem höheren Farbwert subtrahiert.

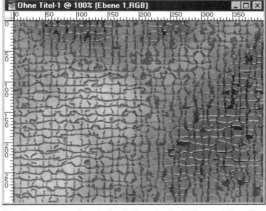

Die Ebene 1 wurde mit der Füllmethode Differenz über die Hintergrundebene gelegt

10

Mit Ebenen arbeiten

5 Erstellen Sie eine zweite Ebene. Verwenden Sie alternativ zur Schaltfläche das Paletten-Menü, indem Sie auf den kleinen Pfeil oben rechts an der Palette klicken und dann den Menüeintrag *Neue Ebene* anwählen. Die *Ebene 2* erhält einen Beleuchtungseffekt. Rufen Sie daher *Filter/Renderingfilter/*Beleuchtungseffekte auf. Öffnen Sie das Listenfeld *Stil* und wenden Sie den Stil *Blauer Strahler* an. Der Strahler liegt standardmäßig in der Dateimitte. Fassen Sie den Strahlermittelpunkt mit der Maus an und verschieben Sie ihn in die rechte obere Ecke des Vorschaufensters. Belassen Sie die Grundeinstellungen für *Lichtart, Glanz, Material, Belichtung* und *Umgebung*.

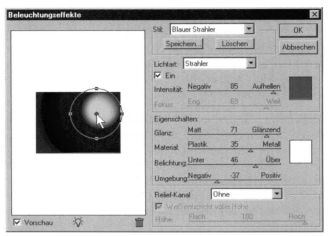

Sie verschieben den Strahler, indem Sie am mittleren Stützpunkt ziehen, mithilfe der anderen vier Stützpunkte skalieren Sie den Lichteinfall

6 Die Füllmethode der *Ebene 2* soll *Normal* sein. Dies ist die Füllmethode, die jede neue Ebene automatisch erhält. Öffnen Sie den Schieberegler *Deckkraft*, indem Sie auf den Listenpfeil klicken. Verschieben Sie ihn auf den Wert *30 %*. Alternativ können Sie den Wert auch direkt in das Feld eingeben.

Unterhalb der Listenfelder *Füllmethode einstellen* und *Deckkraft* finden Sie die Optionen zum Fixieren der Ebenen. Das erste Kontrollkästchen verhindert, dass transparente Bereiche übermalt werden, ist das zweite Kontrollkästchen aktiviert, kann die Ebene nicht gefüllt werden, das dritte verhindert die Verschiebung der Elemente einer Ebene. Aktivieren Sie das vierte der Kontrollkästchen, so sind alle drei Funktionen gesperrt.

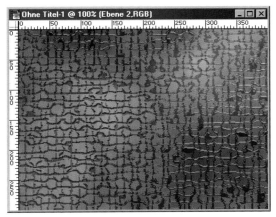

*Das fertige Composing können Sie beispielsweise als Hintergrund oder als Oberfläche für Navigations-
elemente einsetzen*

Das Augensymbol links in der Palette zeigt, dass eine Ebene sichtbar ist. Möch-
ten Sie eine Ebene ausblenden, klicken Sie auf das Augensymbol. Wenn Sie eine
Datei für das Web als JPEG oder GIF speichern, also in einem Format, das keine
Ebenen verwalten kann, werden ausgeblendete Ebenen gelöscht.

Möchten Sie die Ebenen in ihrer Position zueinander verändern, fassen Sie die
Miniaturabbildung mit der Maus an und ziehen Sie sie an die gewünschte Position innerhalb der Palette. Lassen Sie die Maustaste los, die Ebene wird verschoben.

10.2 Bestimmte Farbbereiche ausblenden

Das Ausblenden bestimmter Farbtöne funktioniert über die Dialogbox *Ebenenstil*. Sie können hier im Bereich *Erweiterte Füllmethode* einzelne Farbkanäle als
transparent definieren.

Mit dieser Technik stellen Sie Bilder, die einen einheitlichen, gut abgegrenzten
Hintergrund aufweisen, mit wenigen Mausklicks frei. Doch die Technik des Frei-
stellens ist nicht der einzige Nutzen. Sie können auch reizvolle Übergänge zwischen Bildmotiven herstellen und so attraktive Collagen gestalten.

Fallschirmspringer im Stadtpark –
Freistellen mit der Dialogbox Ebenenstil

In diesem Beispiel soll ein Fallschirmspringer, der praktischerweise vor einem
grauen Himmel aufgenommen wurde, im Stadtpark landen. Zuerst hellen Sie mit
der Tonwertkorrektur den Himmel weiter auf, bis er weiß ist, um dann das Motiv

10

Mit Ebenen arbeiten

per Drag & Drop in das zweite Bild zu kopieren und per Ebenenstil den Himmel auszublenden. Sie können die beiden verwendeten Bilder von der DATA BECKER-Website laden. Eine Dateiübersicht finden Sie im Anhang dieses Buches.

Diese Montage ist nicht ohne weiteres als solche zu enttarnen

Bilder montieren

Achten Sie bei Fotomontagen, die realistisch wirken sollen, darauf, dass Sie Motive verwenden, die von Schärfegrad, Auflösung und Lichteinfall her sehr ähnlich sind, anderenfalls würde die Montage entlarvt.

1   Öffnen Sie die Datei *garten.jpg* und dann die Datei *fallschirm.jpg*. Der Himmel ist nicht völlig weiß, es bestehen einige graue Pixel, wie das Histogramm in der Tonwertkorrektur zeigt. Rufen Sie *Bild/Einstellen/Tonwertkorrektur* auf. Die Erhebung ganz links im Histogramm repräsentiert die dunklen Töne bis hin zu Schwarz, etwas rechts der Mitte ist der Grauwert der Fallschirmseile angesiedelt und die Erhöhung ganz rechts stellt die hellen Grauwerte dar. Diese sollen aus dem Bild komplett ausgeblendet werden.

2   Verschieben Sie den oberen rechten Schieberegler so weit nach rechts, bis Sie sämtliche hellen Grauwerte ausgeblendet haben, dies ist beim Tonwert

220 der Fall. Diese Aktion betrifft auch die anderen Tonwerte, sie werden leicht aufgehellt. Um diesem entgegenzuwirken, schieben sie den mittleren Regler so weit nach rechts, bis die Fallschirmschnüre wieder den alten Tonwert aufweisen, dies entspricht dem Wert *0,70*. Bestätigen Sie die Dialogbox. Um das Histogramm nach der Änderung zu beurteilen, rufen Sie die Tonwertkorrektur erneut auf, Sie sehen, dass die Erhöhung, welche die hellen Grauwerte dargestellt hat, verschwunden ist.

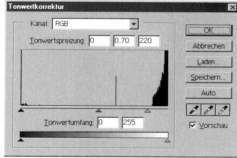

Verschieben Sie die Regler auf diese Werte

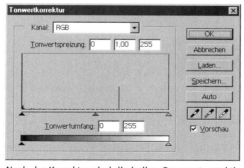

Nach der Korrektur sind die hellen Grauwerte praktisch aus dem Bild „rausgefallen"

3 Rufen Sie die Ebenen-Palette mit *Fenster/Ebenen einblenden* auf und ordnen Sie die beiden Bilder nebeneinander an. Klicken Sie das Bild *Fallschirm.jpg* an, da es aktiv sein muss. Sie sehen jetzt in der Ebenen-Palette die Miniaturabbildung. Halten Sie die (Umschalt)-Taste gedrückt, fassen Sie die Miniatur mit der Maus an und ziehen Sie sie in die Baum-Datei. Photoshop zeigt ein Rechteck an, das Ihnen darstellt, an welche Position Sie die Datei gerade schieben. Das Halten der (Umschalt)-Taste bewirkt, dass die Ursprungsdatei genau zentriert in die neuen Zieldatei eingefügt wird.

Ziehen Sie die Fallschirmebene aus der Ebenen-Palette auf die Baum-Datei

Bevor Sie die Ebenenstile-Dialogbox einsetzen, ist der weiße Hintergrund deckend

4 Klicken Sie doppelt auf die neue *Ebene 1* in der Ebenen-Palette, dadurch öffnet sich die Dialogbox *Ebenenstil*, alternativ dazu wählen Sie den Befehl *Ebene/Ebenenstil/Fülloptionen*. Im Bereich *Erweiterte Füllmethode* finden Sie die Sektion *Farbbereich*. Wählen Sie aus dem Listenfeld den Eintrag *Graustufen*. Unter dem Listenfeld befinden sich die Regler *Diese Ebene* und

Darunterliegende Ebene. Verschieben Sie den rechten Regler der aktuellen Ebene nach links auf den Wert *240*, sodass der weiße Hintergrund völlig ausgeblendet wird. Würden Sie den Regler noch weiter nach links schieben, würden die nächsthelleren Bereiche ebenfalls ausgeblendet. Würden Sie ihn bis an den linken Rand schieben, wäre *Schwarz* mit dem Wert *0* die einzige noch sichtbare Farbe dieser Ebene. Bestätigen Sie die Dialogbox.

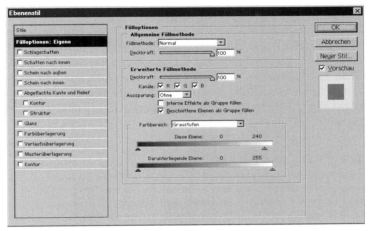

Verschieben Sie den Regler auf den Wert 240

5 Wählen Sie das Verschieben-Werkzeug oder halten Sie die [Strg]-Taste gedrückt und ziehen Sie den Fallschirmspringer an die gewünschte Position.

In der Ebenen-Palette wird der weiße Hintergrund weiterhin angezeigt, er ist nicht entfernt, sondern lediglich ausgeblendet

10

Mit Ebenen arbeiten

Die Montage ist fertig, Sie können sie mit *Speichern unter* in einem beliebigen Dateiformat sichern. Allerdings ist PSD das einzige Format, das Ebenen unterstützt, bei allen anderen Formaten werden die sichtbaren Ebene auf eine einzige Ebene reduziert, was eine spätere Nachbearbeitung ausschließt.

Fließende Übergänge schaffen

Mit der Dialogbox *Ebenenstil* können Sie nicht nur Farben innerhalb eines definierten Bereichs hart ausblenden, sondern auch weiche Übergänge zwischen Farbwerten herstellen. Möchten Sie beispielsweise den Himmel des einen Bildes mit der Landschaft des anderen Bildes kombinieren, funktioniert das gut auf diese Weise. Übrigens hieß die hier verwendete erweiterte Fülloption bis zur Version Photoshop 3.0 Montagekontrolle – dieser Ausdruck macht eigentlich deutlicher, was mit den Ebenen passiert.

Ebenen-Inhalte verschieben

Das Verschieben von Ebeneninhalten ist wohl die häufigste Korrektur bei der Ebenenarbeit. Sie können dies bei aktiviertem Verschieben-Werkzeug mit der Maus tun, haben aber alternativ die Möglichkeit, in Schritten von 1 Pixel zu verschieben, indem Sie die Pfeiltasten Ihrer Tastatur benutzen. Möchten Sie den Inhalt der Ebene in 10-Pixel-Schritten bewegen, halten Sie beim Arbeiten mit den Pfeiltasten die Umschalt-Taste gedrückt.

Der blaue Himmel stammt hier aus der im Hintergrund liegenden Ebene

1 Laden Sie die Bilder *schnee.jpg* und *vogelsonne.jpg* von der Website oder öffnen Sie ähnliche Bilder, um das Beispiel nachzuvollziehen. Wie im Beispiel zuvor benötigen Sie die Ebenen-Palette. Legen Sie wieder beide Bilder nebeneinander und ziehen Sie die Miniaturabbildung des Fotos *vogelsonne.jpg* aus der Ebenen-Palette auf die Datei *schnee.jpg*. Photoshop fügt es in einer neuen Ebene ein.

Diese Originalbilder werden montiert – mit den erweiterten Füllmethoden ist es möglich, die dunklen Bereiche des unteren Bildes in sanften Übergängen einzublenden

2 Klicken Sie doppelt auf die *Ebene 1*, um wieder die Palette *Ebenenstil* zu erhalten. Im vorigen Beispiel wurde ein klar abgegrenzter Bereich aus dem oberen Bild ausgeblendet. Diesmal arbeiten Sie umgekehrt. Sie verwenden die Schieberegler *Darunterliegende Ebene*, um Teile der unten liegenden Ebene in das obere Bild einzublenden. Da die Übergänge diesmal fließend sein sollen, müssen Sie die (Alt)-Taste gedrückt halten und dann an dem rechten Regler ziehen. Diese Aktion bewirkt, dass der Regler sich in zwei kleine Dreiecke teilt.

3 Verschieben Sie die rechte Hälfte des Reglers bis auf den Wert *100*. Dadurch erstellt Photoshop fließende Übergänge der Farben mit den Tonwerten *0* bis *100*, also der tiefen Töne. Diese werden in das oben liegende Bild eingeblendet. Zur Verdeutlichung der Wirkungsweise: Wenn Sie das Gleiche mit dem rechten Regler der unteren Ebene machen würden, würde der Schnee in das obige Bild eingeblendet. Wenn Sie den linken Regler der oberen Ebene nach rechts schieben, bewirkt das, dass die dunklen Bereiche transparent werden. Schieben Sie den rechten Regler der unteren Ebene nach links, werden die hellen Bereiche – also in diesem Fall die Sonne – durchsichtig.

10

Mit Ebenen arbeiten

Die Wirkung auf die Montage, ohne dass der Regler für das Einblenden der unteren Ebene geteilt wurde

10.3 Nicht alles zeigen: Ebenenmasken erstellen

Masken schützen bestimmte Bildbereiche vor Bearbeitung – beispielsweise durch Werkzeuge, Farbkorrekturfunktionen oder Filter. Wenn Sie eines der Auswahlwerkzeuge benutzen, wird der Bereich, der nicht ausgewählt wurde, maskiert.

Skifahren am Strand

Für dieses Beispiel benötigen Sie die Bilddateien *ski.jpg* und *strand.jpg* von der DATA BECKER-Website. Sie können aber auch ähnliche Bilder aus Ihrem Fundus einsetzen.

So kann's kommen – mit Photoshop snowboarden Sie am Strand

1 Zunächst müssen Sie die zwei Bilder wieder in einer Datei zusammenfügen. Ziehen Sie die Datei *Strand.jpg* in die Datei *Ski.jpg*, sodass der Sandstrand über dem Schnee liegt. Ziehen Sie dazu das Miniaturbild aus der Ebenen-Palette der Datei *Strand.jpg* in die zweite Datei, sodass sie kopiert wird.

2 Wechseln Sie mit dem Shortcut Q in den Maskierungsmodus, alternativ klicken Sie auf das Symbol *Maskierungsmodus* in der Werkzeug-Palette – es ist das grau schraffierte Rechteck mit der kreisrunden Aussparung. Aktivieren Sie das Verlaufs-Werkzeug mit dem Shortcut G – es teilt sich den Platz in der Werkzeug-Palette mit dem Füll-Werkzeug. Aktivieren Sie die Schaltfläche *Linearer Verlauf* in der Palette *Werkzeug-Optionen*. Der Modus soll *Normal* sein und die Deckkraft *100 %*. Wenn Sie in den Maskierungsmodus wechseln, springen Vorder- und Hintergrundfarbe automatisch auf *Schwarz* und *Weiß*, das sind auch die Einstellungen, die Sie benötigen.

3 Ziehen Sie jetzt bei gehaltener Umschalt-Taste mit einem Abstand von 10 Pixeln vom unteren Bildrand über eine Länge von ca. 80 Pixeln nach oben.

Ziehen Sie mit dem Verlaufswerkzeug von unten nach oben, ...

... Sie erhalten diese Verlaufsmaske

Das Halten der `Umschalt`-Taste schränkt die Mausbewegung auf Bewegungen in 45°-Schritten ein. Die Strecke in Pixeln können Sie in der Informationen-Palette ablesen *(Fenster/Inforamtionen einblenden)*. Wenn Sie die Maustaste loslassen, erstellt Photoshop eine Verlaufsmaske.

4 Wechseln Sie durch erneutes Drücken der Taste `Q` zurück in den Normalmodus. Hier kann Photoshop keine Verlaufsauswahl anzeigen, Sie sehen lediglich ein Auswahlrechteck. Wählen Sie jetzt den Menübefehl *Ebene/Ebenenmaske hinzufügen/Auswahl maskieren*. Photoshop fügt die Auswahlmaske in die Ebenen-Palette ein.

Im Normalmodus wird die Auswahl lediglich als Rechteck angezeigt

Die Original-Bilddaten bleiben erhalten, in der Ebenen-Palette sehen Sie, dass lediglich eine Maske über dem Original liegt

Die Ebenenmaske bearbeiten

Ebenenmasken sind eine äußerst praktische Angelegenheit, da sie jederzeit modifiziert werden können. Die Bearbeitung ist hierbei elegant zu bewerkstelligen.

Immer wenn Sie komplexe Masken anlegen, die Sie eventuell später noch bearbeiten möchten, ist es sinnvoll, mit Ebenenmasken zu arbeiten statt mit herkömmlichen Alphakanälen.

Wenn Sie einen Alphakanal anlegen und dann die Auswahl bearbeiten, sind die Originalpixel unwiderruflich verloren, bei der Ebenenmaske jedoch bleibt das Originalbild erhalten.

1   Halten Sie die [Umschalt]- und die [Alt]-Taste gedrückt und klicken Sie dann auf das Symbol der Ebenen-Maske in der Ebenen-Palette. Daraufhin zeigt Ihnen Photoshop die Maske im Ebenenmaskenmodus an.

Standardmäßig ist die Maske in einem transparenten Rot dargestellt. Sie können die Maske jetzt wie ein gewöhnliches Bild mit den Werkzeugen bearbeiten.

Photoshop stellt die Ebenenmaske in diesem Rotton dar

2   Aktivieren Sie das Werkzeug Pinsel mit dem Shortcut [B]. Wählen Sie aus der Palette *Werkzeug-Optionen* eine Pinselspitze mit dem *Durchmesser 100 Pixel* und einer *Kantenschärfe* von *0 %*. Der *Modus* soll *Normal* sein und geben Sie in das Feld *Deckkraft* den *Wert 30 %* ein.

Stellen Sie *Weiß* als Vordergrundfarbe ein und übermalen Sie den oberen Maskenrand, sodass der Himmel der Datei *Strand.jpg* zum Vorschein kommt. Wenn Sie die Bearbeitung abgeschlossen haben, klicken Sie erneut mit gehalter [Umschalt]- und [Alt]-Taste in die Miniatur der Ebenenmaske. Die Maskenbearbeitung wird abgeschlossen.

10

Mit Ebenen arbeiten

Bearbeiten Sie die Maske beispielsweise mit den Malwerkzeugen

Durch die Bearbeitung der Maske tritt der Himmel der unten liegenden Ebene zum Vorschein

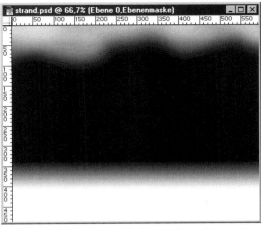

Sie können die Maske auch im Graustufenmodus anzeigen lassen, klicken Sie dazu nur mit ge-haltener [Alt]-Taste in die Ebenenminiatur

Ebenenmaske aus Objekten erstellen

Sie können Ebenenmasken auch aus beliebigen Vektordateien erstellen, die Sie in Programmen wie Adobe Illustrator erzeugt und als EPS exportiert haben. Auf diese Weise erstellen Sie aus allen möglichen Formen Bilderrahmen.

Solche Grafiken können beispielsweise gut in Rollover eingebunden werden, bei dem zunächst nur solch ein Ausschnitt zu sehen ist und dann das ganze Bild angezeigt wird, wenn es mit der Maus überfahren wird

10

Mit Ebenen arbeiten

1 Öffnen Sie eine beliebige Bilddatei, der Sie einen neuen Rahmen geben möchten. Für dieses Beispiel verwenden Sie eine Winterlandschaft, die mit einer stilisierten Schneeflocke maskiert wird. Die Bilddatei darf nicht auf der Hintergrundebene liegen, da hier keine Ebenenmasken eingefügt werden können. Sollte die Datei auf der Hintergrundebene liegen, wählen Sie *Ebene/Neu/Ebene aus Hintergrund*.

2 Öffnen Sie die Datei, die als Maske dienen soll. Wenn es sich um eine Vektordatei handelt, müssen Sie sie aus dem Zeichenprogramm als EPS exportieren, damit Photoshop sie laden kann. Wählen Sie *Datei/Öffnen* und suchen Sie die gewünschte Datei. Nach dem Befehl *Öffnen* gibt Ihnen Photoshop in einer Dialogbox die Möglichkeit, Größe und Auflösung für die Umrechnung in eine Bitmap-Datei zu bestimmen. Geben Sie hier eine Größe an, die etwas kleiner als das zu maskierende Bild ist. Als Auflösung geben Sie genau die des Bildes ein.

3 Fassen Sie jetzt die Miniatur der Vektordatei – in diesem Fall der Schneeflocke – in der Ebenen-Palette an und ziehen Sie sie auf die Bilddatei. Die Schneeflocke wird in einer zweiten Ebene eingefügt. Aktivieren Sie das Werkzeug Zauberstab mit dem Shortcut ⬚W⬚. Klicken Sie damit in die Mitte der Form. Aktivieren Sie mit einem Klick in die Ebenen-Palette die Bilddatei, die Auswahl bleibt erhalten.

4 Wählen Sie *Ebene/Ebenenmaske hinzufügen/Außerhalb der Auswahl maskieren*. Daraufhin wird alles, was außerhalb der Auswahl lag, ausgeblendet. Löschen Sie die Objektebene anschließend, indem Sie sie mit der Maus anfassen und in das Papierkorbsymbol an der Palette ziehen. Für dieses Beispiel wurde die untere Ebene noch über den Befehl *Ebene/Ebenenstil/Schlagschatten* unter Verwendung der von Photoshop vorgeschlagenen Standardeinstellung mit einem Schatten versehen.

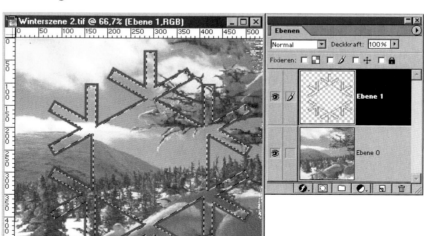

Wählen Sie mit dem Zauberstab die Form aus

Ebenenobjekt als Auswahl laden

Möchten Sie den Inhalt einer Ebene als Auswahl laden, müssen Sie nur mit gehaltener Strg-Taste in die Miniaturabbildung in der Ebenen-Palette klicken.

10.4 Ebenen ausrichten und miteinander verknüpfen

In diesem Abschnitt erstellen Sie für eine Portalseite eine Grafik, die sowohl Bild- als auch Textelemente enthält. Die eingesetzten Techniken sind das Verknüpfen und anschließende Ausrichten von Ebenen. Außerdem arbeiten Sie mit dem Ebenenstil *Musterfüllung* und der Füllmethode *Hartes Licht*.

Mehr denn je achten Verbraucher heute auf eine gesunde Ernährung. Informieren Sie sich auf den folgenden Seiten, wie Sie ausgewogene Kost mit kullinarischen Erlebnissen vereinen. Viel Spaß beim Lesen und guten Appetit wünscht das FiT-Team!

Bauen Sie diese Info-Seite auf

Den Bildhintergrund erstellen

1 Laden Sie die Datei *obst.jpg* von der DATA BECKER-Website. Das Bild liegt noch auf der Hintergrundebene, wählen Sie *Ebene/Neu/Ebene aus Hintergrund*, damit Sie auch diese Ebene mit Stilen versehen oder sie an anderen Ebenen ausrichten können.

2 Aktivieren Sie das Rechteck-Werkzeug mit dem Shortcut ⒰ aus der Werkzeug-Palette. Achten Sie darauf, dass in der Werkzeug-Optionen-Palette das Attribut *Neue Formebene erstellen* aktiviert ist. Wählen Sie als Vordergrundfarbe *Weiß*. Diese Ebene soll den Hintergrund aufhellen, damit der Text darüber gut lesbar ist.

3 Ziehen Sie ein Recheck auf, das einen Großteil der Bildebene überdeckt, orientieren Sie sich dabei an der Abbildung. Geben Sie in das Feld *Deckkraft* in der Ebenen-Palette den Wert *60 %* ein.

Ziehen Sie ein Rechteck auf, das etwa diese Größe hat

Die Textebene mit einem Ebenenstil versehen

1 Als Nächstes soll die Überschrift erstellt werden. Aktivieren Sie das Text-Werkzeug, wählen Sie *Schwarz* als Vordergrundfarbe mit dem Shortcut ⒟ und klicken Sie in die Datei. Erfassen Sie das Wort *Fit*, wählen Sie dann Strg+Ⓐ, um den gesamten Text zu markieren, und formatieren Sie ihn über die Zeichen-Palette *(Fenster/Zeichen einblenden)* beispielsweise in der *Tahoma Bold* bei einem Schriftgrad von *120 Punkt*. Ab dem Schriftgrad 72 Punkt können Sie die Schriftgröße übrigens nicht mehr aus dem Listenfeld der Zeichen-Palette auswählen, sondern müssen sie direkt in das Feld eingeben.

2 Rufen Sie jetzt *Ebene/Ebenenstil/Musterüberlagerung* auf. Falls dieser Befehl gerade nicht anwählbar ist, müssen Sie die Bearbeitung der Textebene zunächst mit Enter abschließen. Beim Aufrufen des Ebenenstils ist sofort ein

Muster ausgewählt. Öffnen Sie die Auswahlliste *Muster*, indem Sie auf den Listenpfeil klicken. An sechster Stelle der Liste finden Sie das Muster *Glanz* – wählen Sie es per Mausklick aus. Aktivieren Sie abschließend das Kontrollkästchen *Schlagschatten*, damit der Text sich später besser vom Hintergrund abhebt.

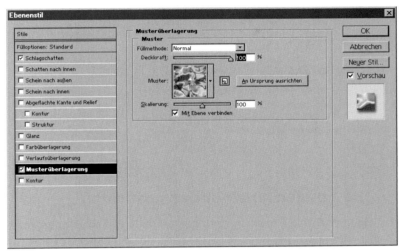

Wählen Sie das Muster Glanz aus der Liste und aktivieren Sie das Kontrollkästchen Schlagschatten

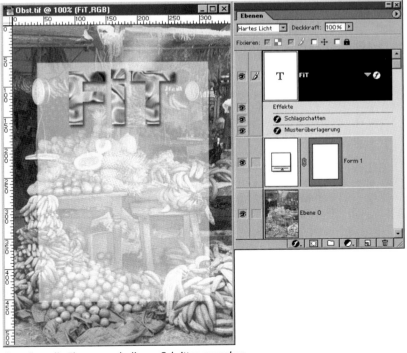

So sollten die Ebenen nach diesen Schritten aussehen

10

Mit Ebenen arbeiten

Ebenenstile bearbeiten

Wollte man bis zur Version 4.0 in Photoshop einen Schlagschatten erstellen, musste man sich helfen, indem man das zu schattierende Objekt auf eine unterlegte Ebene kopierte und dann mit der Tonwertkorrektur abdunkelte, um es dann weichzuzeichnen. Dieses relativ aufwändige Verfahren übernimmt Photoshop jetzt für Sie über die Dialogbox *Ebenenstil*. Doch nicht nur Schlagschatten lassen sich im Handumdrehen erstellen, insgesamt neun weitere Ebenestile sind einsetzbar. Die Stile können problemlos miteinander kombiniert werden und bieten detaillierte Einstellungsmöglichkeiten, dadurch entstehen bei der Gestaltung immer neue interessante Effekte.

Ebenenstile können nicht mit Malwerkzeugen oder Filtern bearbeitet werden. Möchten Sie abschließend angewandte Ebenenstile verändern, verschmelzen Sie die Stil-Ebene beispielsweise mit einer darunter liegenden, dadurch wird der Effekt in die Ebenen eingerechnet.

Die Ebenen aneinander ausrichten

1 Der Text soll exakt in der Mitte der hellen Fläche stehen, richten Sie die Ebenen dazu per Menübefehl aneinander aus. Klicken Sie in die Ebene *Form 1* und klicken Sie dann in das leere Feld vor der Textebene, sodass dort ein Kettensymbol erscheint. Die Ebenen sind jetzt verbunden. Es ist wichtig, die Ebene *Form 1* als erste zu markieren, weil diese dann als Ausgangsebene für die Ausrichtung angesehen wird. Wählen Sie *Ebene/Verbundene ausrichten/ Horizontale Mitten* – die Ebenen werden zueinander zentriert.

2 Die Text- und die Formebene sollen nach der Ausrichtung verschmolzen werden. Rufen Sie *Ebene/Verbundene auf eine Ebene reduzieren* und wählen Sie dann in der Ebenen-Palette die Füllmethode *Hartes Licht*. Der Text erscheint dadurch transparent, enthält aber immer noch das Füllmuster.

3 Abschließend sollen die Bildebene und die darüber liegende Formebene ebenfalls ausgerichet werden. Klicken Sie die Bildebene an und verketten Sie sie mit der Formebene. Wählen Sie *Ebene/Verbundene ausrichten/Obere Kanten* und anschließend zusätzlich *Ebene/Verbundene ausrichten/Horizontale Mitten*. Übrigens können Sie nach dem Ausrichten die Verkettung von Ebenen auch wieder lösen, wenn Sie sie getrennt voneinander verschieben möchten.

Ebenen ausrichten

Wenn Sie mit dem Befehl *Verbundene ausrichten* arbeiten möchten, müssen alle beteiligten Ebenen eine Deckkraft von mehr als 50 % aufweisen. Besitzt eine Ebene verschiedene Helligkeitsstufen, orientiert sich die Ausrichtung an dem ersten Pixel, der eine höhere Deckkraft hat.

Die Ebenen nach der Ausrichtung

Den Fließtext erzeugen

Wenn Sie mit dem Textwerkzeug in die Datei klicken, wird automatisch ein grafischer Text erzeugt – der Text liegt ohne einen Rahmen in den Ebenen. Mittlerweile ist es aber auch möglich, einen Textrahmen zu erzeugen, indem Sie klicken und dann ziehen. Photoshop erstellt einen Textrahmen, der acht Stützpunkte erhält. An diesen Stützpunkten können Sie den Textrahmen skalieren und auch drehen, wenn Sie die Maus in einem kleinen Abstand zu den Eckpunkten bewegen.

Der Vorteil des Textrahmens ist, dass Sie beim Erfassen von Mengentext keine Zeilenumbrüche durch Drücken von [Enter] einfügen müssen, sondern der Text automatisch innerhalb des Rahmens umfließt. Trennungen werden dabei von Photoshop erzeugt. Ist eine Trennung nicht gewünscht, können Sie die Zeile aber immernoch mit einem [Enter] umbrechen.

1 Markieren Sie mit einem Mausklick die oberste Ebene, damit die neue Textebene über allen anderen Ebenen eingefügt wird. Erstellen Sie durch Klicken und Ziehen mit dem Text-Werkzeug einen Mengentextrahmen. Erfassen Sie den gewünschten Informationstext. Der Text in diesem Beispiel ist nur als Blindtext zu sehen.

2 Markieren Sie den gesamten Text mit [Strg]+[A] und formatieren Sie ihn in der *Tahoma Bold* mit einer Schriftgröße von *14 Punkt* und der Textfarbe *Schwarz*.

10

Mit Ebenen arbeiten

Wählen Sie in der Palette *Absatz (Fenster/Absatz einblenden)* die Schaltfläche *Text links ausrichten*. Schließen Sie die Bearbeitung mit Enter ab.

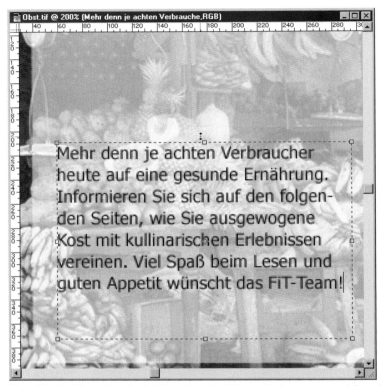

Wenn Sie den Mauszeiger in die Nähe eines der Stützpunkte bewegen, wandelt er sich in einen Doppelpfeil bzw. einen Drehpfeil, sodass Sie den Textrahmen skalieren oder drehen können

3 Auch diese Textebene soll an den anderen Ebenen ausgerichtet werden. Klicken Sie in der Ebenen-Palette auf die unterste Ebene und verbinden Sie alle drei Ebenen durch Setzen des Verkettungssymbols. Wählen Sie dann erneut *Ebene/Verbundene ausrichten/Horizontale Mitten*.

Beachten Sie, dass sich die Ausrichtung auf den Textrahmen bezieht. Optisch steht der Text bei der Ausrichtung linksbündig eventuell etwas zu weit links. Lösen Sie dann die Verkettung und verschieben Sie den Textrahmen durch Anklicken mit dem Verschieben-Werkzeug und anschießendes Drücken der Taste → um einige Pixel.

Ebenen miteinander verschmelzen

Wenn Sie mit dem Composing Ihrer Ebenen zufrieden sind und alle sichtbaren Ebenen innerhalb einer neuen Ebene miteinander verschmelzen möchten, halten Sie die Alt-Taste gedrückt und wählen *Ebene/Sichtbare auf eine Ebene reduzieren*. Bei diesem Befehl bleiben die Originalebenen erhalten.

10.5 Eine Portalseite mit verschiedenen Ebenen gestalten

In diesem Projekt werden die eben beschriebenen Ebenentechniken miteinander vereint. Gestalten Sie die Portalseite einer Website.

Den Hintergrund bildet eine Zielflagge, die Sie gestalten, indem Sie zunächst in einer kleinen Datei mit 8 x 6 Pixeln einzelne schwarze Pixel setzen, die dann mit der Methode *Pixelwiederholung* vergrößert wird.

Sie benötigen für dieses Projekt die Dateien *Car.jpg* und *Rad.jpg* von der DATA BECKER-Website. Alternativ können Sie eigene Fotos und Grafiken einsetzen, die Sie wie in diesem Beispiel bearbeiten.

Die Portal-Collage einer Website

Die Hintergrundfläche gestalten

1 Erstellen Sie mit *Datei/Neu* eine leere Datei mit den Maßen *4 x 3 Pixel* bei einer Auflösung von *72 dpi*, der Modus soll *RGB* sein und die Hintergrundfarbe *Weiß*. Um einfacher die Pixel setzen zu können, wählen Sie *Bearbeiten/Voreinstellungen/Bildschirm- und Zeigerdarstellung*. Aktivieren Sie im Bereich *Malwerkzeuge* die Optionsschaltfläche *Größe der Spitze*.

10

Mit Ebenen arbeiten

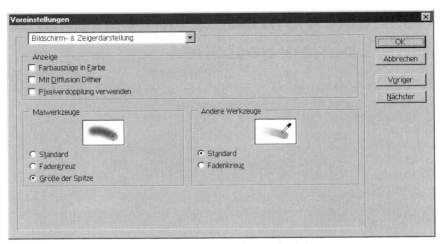

In dieser Dialogbox regeln Sie, wie der Mauszeiger dargestellt wird

2 Zoomen Sie die Datei mit *Ansicht/Ganzes Bild* auf die maximale Darstellungs-
größe und aktivieren Sie das Buntstift-Werkzeug. Wählen Sie in der Palette
Werkzeug-Optionen die kleinstmögliche Pinselspitze, diese hat die Größe *1
Pixel*. Wenn Sie jetzt den Mauszeiger über die Datei bewegen, sehen Sie, dass
Photoshop Ihnen die Pixelgröße als Vorschau anzeigt.

Wählen Sie als Vordergrundfarbe *Schwarz*, indem Sie den Shortcut D auf Ihrer
Tastatur drücken. Setzen Sie jetzt versetzt insgesamt sechs schwarze Pixel,
wie in der Abbildung dargestellt.

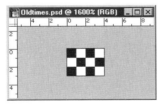

Setzen Sie sechs versetzte schwarze Pixel

3 Die Datei soll nun auf die Zielgröße vergrößert werden. Rufen Sie die Dialogbox *Bildgröße* aus dem Menü *Bild* auf. Im oberen Bereich sind die Pixelmaße
dargestellt. Geben Sie in das Feld *Breite* den Wert *700 Pixel* ein. Das Kontrollkästchen *Proportionen erhalten* muss dabei aktiv sein, damit die Datei nicht
verzerrt wird.

Aktivieren Sie zusätzlich *Bild neu berechnen mit* und wählen Sie aus dem
Listenfeld den Eintrag *Pixelwiederholung*. Wenn Sie die Dialogbox bestätigen, rechnet Photoshop die Datei auf die Zielgröße. Da Sie vorher die maximale Ansicht gewählt werden musste, sehen Sie jetzt nur einen kleinen Ausschnitt der Datei.

Verkleinern Sie sie deshalb wieder mit *Ansicht/Ganzes Bild*. Ist Ihnen dieser
Darstellungsfaktor noch zu groß, halten Sie Strg- und Alt-Taste und drücken

Sie die Taste ⊡ auf Ihrer Tastatur. Vergrößern können Sie die Ansicht entsprechend mit (Strg)+(Alt)+(+).

4 Der Hintergrund soll jetzt verzerrt und aufgehellt werden sowie eine Struktur erhalten, damit das Schachbrettmuster an eine Zielflagge erinnert. Wählen Sie *Filter/Verzerrunsfilter/Verbiegen*. Setzen Sie auf der senkrechten Linie zwei Punkte und verschieben Sie den oberen etwas nach rechts und den unteren nach links. Aktivieren Sie die Optionsschaltfläche *Durch verschobenen Teil ersetzen*.

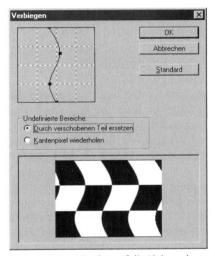

Setzen Sie zwei Punkte auf die Linie und verschieben Sie sie, wie hier dargestellt

5 Da die Fläche im Hintergrund liegen soll, muss ihr der Kontrast genommen werden. Rufen Sie mit *Bild/Einstellen/Tonwertkorrektur* das Histogramm auf und schieben Sie den unteren linken Schieberegler auf den Wert *190*.

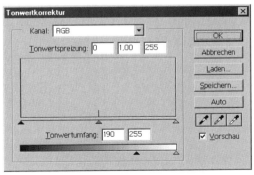

Verschieben Sie den Regler auf den Wert 190

6 Die stilisierte Flagge wirkt noch sehr zweidimensional. Geben Sie dem Hintergrund mit *Filter/Strukturierungsfilter/Mit Struktur versehen* eine natürliche Struktur. Wählen Sie die Einstellung *Sandstein* bei einer Skalierung von *100* % und einem Relief von *5*.

10

Mit Ebenen arbeiten

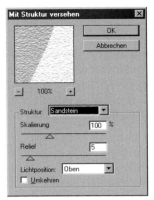

Strukturieren Sie den Hintergrund mit diesen Einstellungen

7 Das fertige Bild soll als Eingangssymbol einer Portalseite dienen. Damit die weißen Felder nicht in den Seitenhintergrund übergehen, versehen Sie das Gesamtbild mit einem Rahmen. Wählen Sie dazu *Auswahl/Alles auswählen* und anschließend *Auswahl/Auswahl verändern/Umrandung*. Sie erhalten eine Dialogbox, in die Sie die Breite *2 Pixel* eingeben. Nach Bestätigung der Dialogbox wählen Sie *Bearbeiten/Fläche füllen*. Füllen Sie die Umrandung mit der Vordergrundfarbe – in diesem Fall *Schwarz* – bei der Füllmethode *Normal* und einer Deckkraft von *30 %*. Da die Auswahlanzeige die Beurteilung stört, können Sie sie mit Strg+H aus- und auch wieder einblenden. Deaktivieren Sie abschließend mit *Auswahl/Auswahl aufheben* die Markierung.

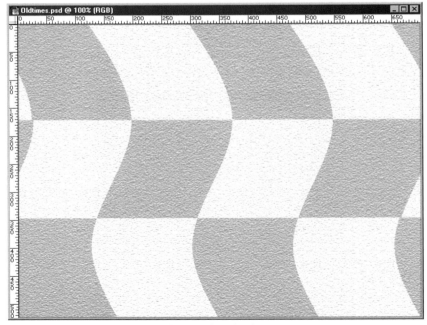

Das Ergebnis aus Verzerrung, Aufhellung und Strukturierung

Das Rad einfügen

1 Öffnen Sie die Datei *Rad.jpg*. Falls Sie die Ebenen-Palette noch nicht eingeblendet haben, wählen Sie *Fenster/Ebenen einblenden*. Fassen Sie mit der Maus die Miniatur des Rades in der Ebenen-Palette an und ziehen Sie sie in die Arbeitsdatei. Photoshop fügt das Rad auf einer neuen Ebene ein. Verschieben Sie es mithilfe des Verschieben-Werkzeugs in die rechte obere Dateiecke.

2 Gerade bei der Arbeit mit vielen detailreichen Ebenen müssen Sie häufig die Ansicht wechseln und den Zoomfaktor dem gerade zu bearbeitenden Detail anpassen.

Aktivieren Sie das Zoom-Werkzeug und ziehen Sie einen Markierungsrahmen über das Rad, sodass es herangezoomt wird. Wählen Sie dann das Werkzeug *Auswahlellipse* aus der Werkzeug-Palette, es versteckt sich in der Werkzeuggruppe ganz oben links.

Alternativ können Sie auch durch mehrmaliges Drücken von ⌈Umschalt⌉+⌈M⌉ zu diesem Werkzeug switchen. Ziehen Sie eine Auswahlellipse auf, die etwas größer ist als das Rad. Die Position der Auswahl können Sie mit den Pfeiltasten auf Ihrer Tastatur optimieren.

Wenn Sie beim Benutzen der Pfeil-Tasten die ⌈Umschalt⌉-Taste gedrückt halten, wird die Auswahl in Schritten von 10 Pixeln verschoben.

Erstellen Sie eine ellipsenförmige Auswahl

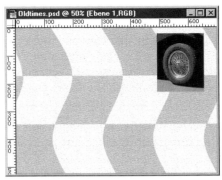

Verschieben Sie das Rad etwa an diese Position

3 Die Kante der Auswahl soll weich sein, wählen Sie daher *Auswahl/Weiche Auswahlkante*. Geben Sie in die darauf folgende Dialogbox *5 Pixel* ein. Über dem Befehl *Ebene/Ebenenmaske hinzufügen/Außerhalb der Auswahl maskieren* versieht Photoshop die Ebene mit einer Maske, die Maske wird in der Ebenen-Palette angezeigt und kann jederzeit weiterbearbeitet werden, indem Sie mit Umschalt+Strg auf das Symbol der Auswahlmaske klicken. Zum Schließen des Bearbeitungsmodus drücken Sie mit Umschalt+Strg erneut auf das Maskensymbol.

4 Da über dem Rad der Schriftzug angeordnet werden soll, muss die Deckkraft dieser Ebene verringert werden, ansonsten würde das die Lesbarkeit der Schrift deutlich verringern. Verschieben Sie den Regler *Deckkraft* in der Ebenen-Palette auf den Wert *60 %*.

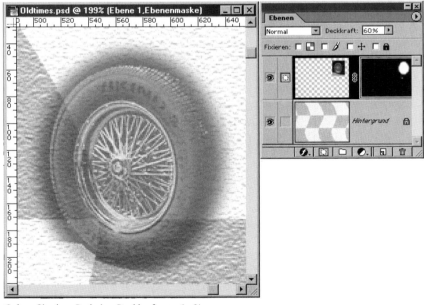

Geben Sie dem Rad eine Deckkraft von 60 %

Den Oldtimer einfügen

1 Öffnen Sie die Datei *Car.jpg*. Ziehen Sie auch diese Datei aus der Ebenen-Palette in die Zieldatei. Der Wagen ist noch zu groß. Wählen Sie *Bearbeiten/ Frei transformieren*, dadurch erhält das Bild acht Markierungsknoten, mit deren Hilfe Sie es skalieren können. Halten Sie die (Umschalt)-Taste gedrückt, um eine Verzerrung zu vermeiden, und ziehen Sie an einem der Eckpunkte sodass der Wagen verkleinert wird.

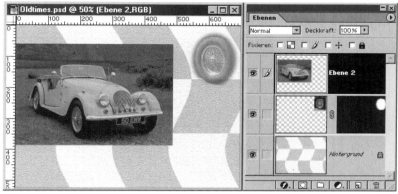

Skalieren Sie den Wagen auf diese Maße

2 Der Wagen muss frei gestellt – also Teile des Hintergrunds entfernt werden. In diesem Beispiel soll die Freistellung über einen Pfad erfolgen, der dann in eine Ebenen-Maske gewandelt wird. Rufen Sie mit *Fenster/Pfade einblenden* die Pfad-Palette auf. Aktivieren Sie das Werkzeug Zeichenstift mit dem Short-cut (P), es befindet sich zusammengefasst mit den verschiedenen Pfad-Werk-zeugen an dritter Stelle von unten links in der Werkzeug-Palette.

3 Setzen Sie den ersten Pfad-Stützpunkt, wichtig dabei ist, dass Sie die linke Maustaste klicken und gleichzeitig ziehen, dadurch wird ein Kurvenpunkt erstellt. Einfaches Klicken erzeugt Eckpunkte.

Legen Sie einen Pfad rund um den Wagen an

10

Mit Ebenen arbeiten

Legen Sie um den Wagen herum eine Pfadstrecke aus Kurvenpunkten an und schließen Sie den Pfad dann mit einem einfachen Klick in den ersten Punkt. Sie könnten jetzt mit *Ebene/Ebenen-Beschneidungspfad hinzufügen/Aktueller Pfad* den Pfad direkt verwenden, um das Bild freizustellen, allerdings wäre dann nur eine harte Kante möglich.

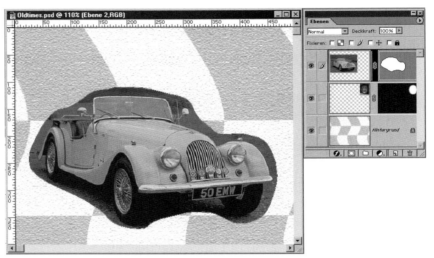

So sähe das Bild aus, wenn Sie statt einer weichen Ebenenmaske einen Ebenen-Beschneidungspfad anlegen würden

4 Da der Übergang zum Hintergrund jedoch fließend sein soll, wählen Sie stattdessen aus dem Menü der Pfad-Palette den Eintrag *Auswahl erstellen*. Photoshop generiert eine Auswahl entlang der Pfadstrecke. Die Auswahl ist jetzt noch hart, ändern Sie das mit *Auswahl/Weiche Auswahlkante* und geben Sie *5 Pixel* in die Dialogbox ein. Sie sehen schon an der Auswahlbegrenzung, dass die Ecken abgerundet wurden. Fügen Sie jetzt die Auswahl als Ebenenmaske ein, indem Sie *Ebene/Ebenenmaske hinzufügen/Außerhalb der Auswahl maskieren* wählen. In der Ebenen-Palette wird die Maske angezeigt.

Nachdem Sie den Menübefehl Weiche Auswahlkante gewählt haben, wirkt die Markierung abgerundet

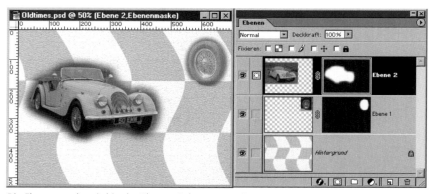

Die Ebenenmaske wird in der Ebenen-Palette angezeigt

Ebenen-Beschneidungspfade einsetzen

Mit der Dialogbox *Ebenenstil* blenden Sie bestimmte Farbtöne aus, häufiger kommt es aber vor, dass Bereiche ausgeblendet werden sollen, die uneinheitliche Farbwerte aufweisen. In diesem Fall ist es nötig, eine Ebenenmaske oder einen Ebenen-Beschneidungspfad anzulegen. Praktisch dabei ist, dass Sie beide jederzeit verändern können, Maske und Pfad haben keine Auswirkung auf die Original-pixel des Bildes, sie teilen Photoshop lediglich mit, welche Pixel nicht angezeigt werden sollen. Der Unterschied zwischen beiden Tech-niken ist, dass Pfade grundsätzlich eine scharfkantige Auswahl er-stellen, Masken dagegen auch weiche Übergänge aufweisen kön-nen. Der Nachteil von Ebenenmasken ist, dass sie auflösungsabhän-gig arbeiten, Pfade dagegen nicht.

Die Textebenen gestalten

Sie erstellen in diesem Abschnitt insgesamt drei Textebenen. Die erste beinhal-tet das Wort *Old*, die zweite *Times* und auf der dritten Textebene liegt der Anspra-che-Slogan. *Old* und *Times* liegen auf unterschiedlichen Ebenen, obwohl sie gleich formatiert sind, damit Sie sie schneller ausrichten können.

1 Aktivieren Sie das Text-Werkzeug mit dem Shortcut Ⓐ. Klicken Sie in die Datei und erfassen Sie das Wort *Old*. Markieren Sie den gesamten Text, indem Sie *Auswahl/Alles auswählen* aufrufen. Wählen Sie *Fenster/Zeichen einblenden*, um zur *Zeichen-Palette* zu gelangen. Formatieren Sie den Text. Hier wurde die Englische Schreibschrift in der Größe 160 Punkt in der Textfarbe Schwarz verwendet.

Da die Englische Schreibschrift sehr fein ist, rufen Sie *Ebene/Ebenenstil/Schlagschatten* auf. Mit der Füllmethode *Multiplizieren*, einer Deckkraft von *75 %*, dem Winkel *120*, einer Distanz von *5 Pixeln* und einer Größe von *5 Pixeln* erhält die Schrift mehr Gewicht.

10

Mit Ebenen arbeiten

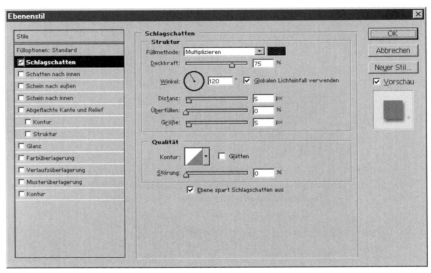

Verwenden Sie diese Einstellungen für den Schlagschatten

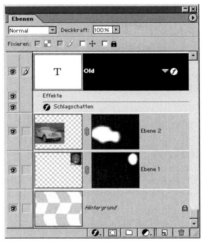

Das f rechts in der Textebene verrät, dass die Ebene mit einem Ebeneneffekt versehen ist

Die erste Textebene samt Schatten ist fertig gestellt

2 Die zweite Textebene *Times* soll gestaltet werden. Da Sie für die erste schon alle Formatierungen vorgenommen haben, können Sie diese Ebene einfach kopieren. Wählen Sie aus dem Menü der Ebenen-Palette den Eintrag *Ebene duplizieren*. Photoshop fragt Sie nach einem Namen für die neue Ebene. Geben Sie „Times" in die Dialogbox ein.

Die Ebene wird über der ersten Textebene eingefügt. Wählen Sie wieder *Auswahl/Alles auswählen* und erfassen Sie den Text *Times*. Aktivieren Sie das Verschieben-Werkzeug mit dem Shortcut V und richten Sie den Text aus, wie unten abgebildet.

3 Sie befinden sich jetzt in der Ebene *Times*. Da die beiden Textebenen ausgerichtet sind, ist es sinnvoll, sie zu verbinden, damit sie gemeinsam verschoben werden können.

Klicken Sie dazu unterhalb des Pinselsymbols der Ebene *Times* in das leere Kästchen der Ebene *Old*, sodass dort ein Kettensymbol eingefügt wird. Wenn Sie jetzt das Verschieben-Werkzeug benutzen, werden beide Wörter zusammen verschoben.

Richten Sie die beiden Textebenen aus und verbinden Sie die Ebenen in der Ebenen-Palette

4 Es fehlt noch die Ebene für den Slogan. Klicken Sie erneut mit dem Textwerkzeug in die Datei. Erfassen Sie die Zeile *join our world of exotic cars*. Formatieren Sie diesen Text beispielsweise in der Schrift *Tahoma*, in einem Schriftgrad von *40 Punkt* und der Schriftfarbe *Gelb (R 255, G 204, B 0)*.

5 Auch diese Ebene soll den Schlagschatten als Ebeneneffekt erhalten. Sie können Effekte einfach aus anderen Ebenen kopieren. Klicken Sie dazu in der Ebenen-Palette den Eintrag *Schlagschatten* der Ebene *Times* an und ziehen Sie ihn auf die Ebene *Join our ....* Wenn Sie die Maustaste loslassen, wird der Effekt auf die Ebene angewendet.

Zusätzlich zu diesem Effekt soll ein weiterer Verwendung finden. Wählen Sie *Ebene/Ebenenstil/Abgeflachte Kante und Relief*. Belassen Sie die von Photoshop vorgeschlagenen Standardeinstellungen: *Stil: Abgeflachte Kante innen, Technik: Abrunden, Farbtiefe: 100 %, Größe 5 Pixel*.

10

Mit Ebenen arbeiten

Attribute von Textebenen

Wenn Sie Textebenen erstellen, sind die Attribute *Fixieren: Transparenz* und *Fixieren: Bild* grundsätzlich aktiv, dieser Zustand ist nicht veränderbar. Das bedeutet, Sie können z. B. keine Mal- oder Retuschewerkzeuge verwenden. Wenn Sie eine Textebene mit Malwerkzeugen oder Filtern weiterbearbeiten möchten, müssen Sie vorher *Ebene/Rastern/Text* wählen. Daraufhin verschwinden die Attribute und Sie können die Ebene bearbeiten, allerdings ist der Text jetzt nicht mehr editierbar, sondern als Bild anzusehen.

Die Einstellungsebene einfügen

Der Hintergrund besteht zur Zeit nur aus Grautönen, um ihn einzufärben, müssen Sie nicht die Originalpixel einfärben, sondern können auch eine Einstellungsebene verwenden.

1 Aktivieren Sie die Hintergrundebene, indem Sie mit der Maus auf die Miniaturabbildung *Hintergrund* in der Ebenen-Palette klicken. Wenn Sie jetzt die Einstellungsebene erstellen, wird diese genau über der Hintergrundebene eingefügt. Wählen Sie *Ebene/Neue Einstellungsebene/Farbton/Sättigung*.

Photoshop fragt Sie, wie die neue Ebene benannt werden soll. Geben Sie einen Namen ein und bestätigen Sie die Dialogbox. Daraufhin erscheint *Farbton/Sättigung* und Sie können die Einstellungsebene definieren.

Klicken Sie das Kontrollkästchen *Färben* an und verschieben Sie den Regler *Farbton* auf den Wert *40*, den Regler *Sättigung* ebenfalls auf *40* und die *Lab-Helligkeit* auf *-10*. Nach Bestätigung der Dialogbox sehen Sie, dass die Einstellungsebene die Hintergrundebene tönt, aber die Originalpixel in der Miniaturabbildung sich nicht ändern.

Einstellungsebenen zur Farbkorrektur verwenden

Einstellungsebenen gehören zu den Schlagern der Ebenenarbeit. Hier können Sie z. B. Farbkorrektureinstellungen für eine darunter liegende Ebene bestimmen, ohne dass die Originalwerte verloren gehen. Die Einstellungsebene können Sie jederzeit verändern und somit neue Farbanpassungen vornehmen. Die Funktionen *Deckkraft* und *Füllmethode* können auch auf Einstellungsebenen angewandt werden.

Wenn Sie den Menübefehl *Neue Einstellungsebene* gewählt haben, können Sie in der darauf folgenden Dialogbox das Kontrollkästchen *Mit darunterliegender gruppieren* aktivieren. Dies ist dann sinnvoll, wenn Sie Ebenen noch verschieben möchten, so wird die Einstellungsebene automatisch mit verschoben.

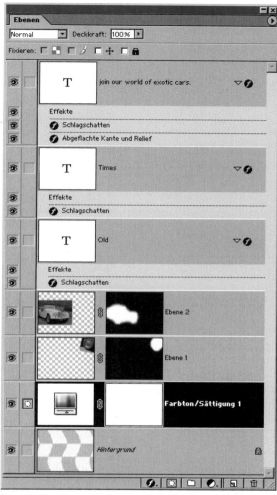

So sieht Ihre Ebenen-Palette nach Durchführung dieses Projekts aus

Alle Ebenen sind fertig gestellt, speichern Sie die Datei als PSD-Datei, damit die Ebenen nicht verloren gehen. In den Vorgänger-Versionen von Photoshop mussten Sie den Befehl *Ebene/Auf Hintergrundebene reduzieren* einsetzen, bevor Sie die Datei als TIF oder JPEG speichern konnten.

Seit der Version 6.0 ist dies nicht mehr nötig, wählen Sie einfach *Datei/Speichern unter* und dann das gewünschte Dateiformat. Die Originaldatei bleibt dabei erhalten und bleibt unangetastet.

10

Mit Ebenen arbeiten

11. Von animierten Eye-Catchern und Werbebannern

Beim Arrangieren von Animationen ist wie bei allen Arbeiten für das Web einer der wichtigsten Aspekte die Dateigröße. Wenn Sie über die Gestaltung einer Animation nachdenken, planen Sie möglichst wenige Farben und Verläufe ein.

Auch dass sich die einzelnen Bilder der Animation ähneln, ist ein wichtiger Punkt, denn bei der Optimierung forscht ImageReady nach redundanten Pixeln, die sich wiederholen. Diese werden später bei der Anzeige im Browser nicht neu geladen.

11.1 Erstellen auffallender Animationen

Animationen sind eine gute Möglichkeit, die Neugier des Betrachters zu wecken. Erstellen Sie mit ImageReady Platz sparende, aber effektive Animationen.

Bewegliche Spotlights generieren

Der Clou dieser Animation besteht aus der Kombination von Wirkung und Ladezeit. Die geringe Anzahl an Farben sorgt für eine geringe Anzeigedauer und der Ausleuchtungseffekt sorgt beim Betrachter für Neugier. Diese Animation könnte beispielsweise als Eingangsgrafik für die Portalseite Ihrer Website dienen.

Maßeinheiten in ImeageReady

Im Gegensatz zu Photoshop können Sie in ImageReady die Schriftgröße nicht in Punkt eingeben, die hier verwendete Maßeinheit ist Pixel (px).

Der Text wird von einer Maske abgedeckt und nur ein Spot leuchtet die Hintergrundebene aus

1 Für dieses Projekt benötigen Sie zwei Dateien. Die erste nimmt den Text auf, in der zweiten erstellen Sie die Maske, die den Text abdeckt und gleichzeitig mit einem Spot den Text ausleuchtet. Photoshop und ImageReady sind gleichermaßen in der Lage, Bildinhalte zu verwalten, die über die Datei hinausgehen. Die zweite Datei muss deutlich größer sein als die Textdatei, damit Sie die Maske verschieben können, ohne dass die Ränder der Datei zum Vorschein kommen.

2 Erstellen Sie mit *Datei/Neu* eine leere Datei. Geben Sie ihr den Namen *Spotlight* und wählen Sie eine Größe von 300 x 60 Pixel. Im Bereich Inhalt der ersten Ebene aktivieren Sie die Optionsschaltfläche *Transparent*.

3 Aktivieren Sie das Text-Werkzeug und klicken Sie in die Datei. Erfassen Sie die Worte *come closer*. Klicken Sie in der Palette *Optionen* auf die Schaltfläche *Paletten*, sodass sich die Zeichen-Palette öffnet.

Markieren Sie mit dem Befehl *Auswahl/Alles auswählen* oder dem Tastaturbefehl Strg+A den gesamten Text. In diesem Beispiel wurde die Schriftart *IceAgeD* verwendet. Geben Sie eine Schriftgröße von *44 Pixel* ein.

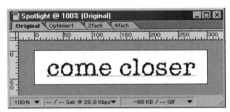

Die blaue Linie kennzeichnet die Textgrundlinie, Sie können sie über Ansicht/Einblenden/Textgrundlinie aktivieren und deaktivieren

4 Erstellen Sie eine neue Datei mit der Breite *700 Pixel* und einer Höhe von *80 Pixel*. Im Bereich *Inhalt* wählen Sie *Transparent*.

5 In dieser zweiten Datei erstellen Sie die Lochmaske, die den Text der ersten Datei teilweise abdecken wird. Klicken Sie in die *Werkzeug*-Palette auf das Symbol *Vordergrundfarbe einstellen*. Definieren Sie eine dunkelblaue Vordergrundfarbe mit den Werten *R 0*, *G 0* und *B 90*.

Füllen Sie die Datei mit dem Befehl *Bearbeiten/Fläche füllen*. Wählen Sie im Bereich *Inhalt* die Option *Füllen mit Vordergrundfarbe*. Übernehmen Sie im Bereich *Füllmethode* eine Deckkraft von *100 %* und den Modus *Normal*. Verwenden Sie einen Beleuchtungsfilter, um einen Spot zu erstellen. Wählen Sie dazu *Filter/Renderingfilter/Beleuchtungseffekte*.

Im Feld *Stil* muss der Eintrag *Standard* ausgewählt sein. Sie erhalten jetzt einen relativ großen Spot, den Sie verkleinern müssen. Ziehen Sie dazu an einem der Knotenpunkte, bis der Spot etwa die Höhe der Datei ausfüllt. Alle anderen Einstellungen übernehmen Sie mit *OK*.

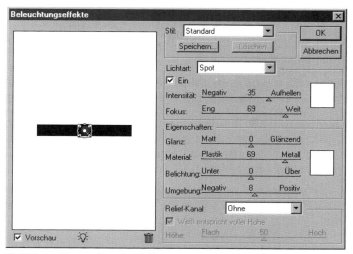

Verkleinern Sie den Spot durch Ziehen an den Knotenpunkten

So sieht das Ergebnis der Beleuchtung aus

6 Rufen Sie mit *Fenster/Ebenen einblenden* die Ebenen-Palette auf. Ziehen Sie jetzt mit gehaltener ⌷Umschalt⌷-Taste die Ebene *Hintergrund* in die erste Datei in die Textebene. Durch das Halten der ⌷Umschalt⌷-Taste wird die Ebene genau zentriert eingesetzt.

7 Stellen Sie sicher, dass die erste Datei *Spotlight* aktiviert ist. Klicken Sie evtl. dazu in die Titelleiste der Datei. Die *Ebene 1*, die die Maske enthält, sollte jetzt aktiv sein. Wählen Sie aus dem Listenfeld *Füllmethode einstellen* den Eintrag *Multiplizieren*.

8 Aktivieren Sie das Verschieben-Werkzeug. Halten Sie die ⌷Umschalt⌷-Taste gedrückt, und ziehen Sie den Spot nach links, sodass er zentriert über dem *c* von *come* liegt.

Der Startpunkt der Ausleuchtung liegt über dem Buchstaben c

Den Spot animieren

1 Rufen Sie mit *Fenster/Animation einblenden* die Palette *Animation* auf. Sie enthält bisher einen Frame.

2 Wählen Sie aus dem Menü der Palette *Animation* zweimal den Eintrag *Neuer Frame*, sodass insgesamt drei Frames in die Palette eingefügt werden.

3 Aktivieren sie den mittleren Frame mit einem Mausklick. Das Verschieben-Werkzeug sollte noch aktiv sein. Halten Sie die [Umschalt]-Taste gedrückt, um die Mausbewegung horizontal einzuschränken, und ziehen Sie den Spot zentral über das *r* von *closer*.

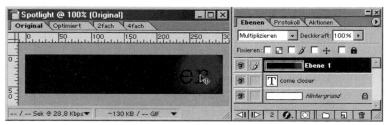

Der Endpunkt der Ausleuchtung soll über dem r liegen, verschieben Sie den Spot an diese Stelle

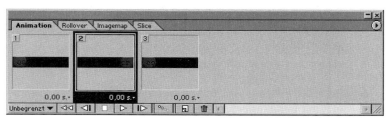

So müssen die drei Frames jetzt aussehen

4 Aktivieren Sie jetzt Frame 1 und 2, indem Sie *Frame 1* anklicken, die [Umschalt]-Taste halten und dann in *Frame 2* klicken. Sie erstellen jetzt Zwischenframes mithilfe der Animations-Palette. Öffnen Sie das Menü der Palette und wählen Sie den Befehl *Dazwischen einfügen*.

Achten Sie darauf, dass die Option *Alle Ebenen* aktiv ist und im Bereich *Parameter* alle drei Kontrollkästchen angeklickt sind. Im Listenfeld *Dazwischen einfügen* muss der Eintrag *Auswahl* aktiviert sein. In das Feld *Hinzuzufügende Frames* geben Sie die Zahl *6* ein. Klicken Sie danach auf *OK*. ImageReady errechnet automatisch die Zwischeninstanzen.

5 Damit die Animation flüssig von links nach rechts und zurück abläuft, ist es nötig, die letzten beiden Frames zu aktivieren und auch hier Zwischeninstanzen einzufügen. Klicken Sie also *Frame 8* an, halten Sie die [Umschalt]-Taste gedrückt und klicken Sie auf *Frame 9*. Wählen Sie den Menübefehl *Dazwischen einfügen* und setzen Sie auch hier wieder sechs Frames ein.

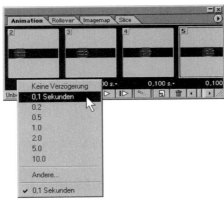

Markieren Sie die letzten beiden Frames und fügen Sie auch hier Zwischeninstanzen ein

6 Da der erste Frame dem letzten entspricht, würde das erste Bild doppelt so lange angezeigt wie die anderen, und die Animation würde nicht flüssig ablaufen. Markieren Sie daher den letzten Frame, *Frame 15*, und klicken Sie auf das Papierkorbsymbol am unteren Rand der Palette. Bestätigen Sie die Frage, ob der Frame gelöscht werden soll mit *Ja*.

7 Stellen Sie jetzt die Verzögerung ein, mit der die Animation abläuft. Wählen Sie dafür zunächst aus dem Paletten-Menü den Eintrag *Alle Frames auswählen*. Anschließend klicken Sie unterhalb der Frames auf die Anzeigedauer. Es öffnet sich ein Kontextmenü, in dem Sie den Menüeintrag *0,1 Sekunden* anklicken. Das bedeutet, dass nach 0,1 Sekunden der nächste Frame angezeigt wird. Diese Geschwindigkeit ist so hoch, dass das menschliche Auge keine Einzelbilder erkennen kann.

Dieses Kontextmenü öffnet sich, wenn Sie auf eine der Zeitangaben klicken, die unter jedem Frame angezeigt wird

Animationen verlangsamen

Wenn Sie möchten, dass diese Animation langsamer abläuft, ist es nötig, mehr Frames als Zwischenschritte einzufügen. Dies geht leider auf Kosten der Ladezeit. Testen Sie in Ihrem Browser, welchen Kompromiss zwischen Ladezeit und Animationsgeschwindigkeit für Sie ideal ist.

Die Animation optimieren

Das Optimieren der Animation gehört zu den wichtigsten Schritten. Ziel ist es, eine möglichst geringe Dateigröße zu erreichen. Animationen über 20 KByte könnten den Betrachter dazu veranlassen, den Ladevorgang abzubrechen. Überlegen Sie bei Animationen grundsätzlich, ob eine große Anzahl von Farben nötig ist oder ob es die Wirkung von Animationen nicht beeinträchtigt, wenn Sie lediglich zwei bis acht Farben verwenden.

1 Wählen Sie aus dem Menü der Palette *Animation* den Eintrag *Animation optimieren*. Aktivieren Sie beide Kontrollkästchen und bestätigen Sie die Dialogbox. ImageReady entfernt jetzt automatisch überflüssige Bildpixel.

2 Klicken Sie jetzt in der Datei auf den Reiter *2fach*. Aktivieren Sie das zweite Fenster und rufen Sie mit *Fenster/Optimieren einblenden* die Palette *Optimieren* auf.

3 Wählen Sie aus dem Listenfeld *Optimierungsformat* den Eintrag *GIF*, aus *Farbreduzierungs-Algorithmus* den Eintrag *Perzeptiv*, als *Rasterung* wählen Sie *Diffusion*, in das Feld *Lossy* tragen Sie den Wert *0* ein, die Anzahl der *Farbe* soll *6* betragen und in das Feld *Dither* tragen Sie *100 %* ein. ImageReady zeigt Ihnen jetzt am unteren Rand der Datei die Größe der Animation an. Diese beträgt in diesem Fall 15 KByte.

Mit diesen Einstellungen beträgt die Anzeigedauer der Animation 6 Sekunden bei einer Übertragungsrate von 28,8 Kbps

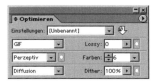

Geben Sie diese Einstellungen in die Palette Optimieren ein

4 Die Animation ist fertig und optimiert. Wählen Sie *Datei/Optimiert-Version speichern unter*. Vergeben Sie einen Namen für die GIF-Datei und speichern Sie sie auf Ihrer Festplatte. Sie können die Datei jetzt in Ihrem HTML-Editor in die Website einbinden. Sollte Ihnen die Animation zu schnell ablaufen, ist es nötig, mehr Zwischeninstanzen einzufügen. Dies geht allerdings auf Kosten der Ladezeiten.

Originaldaten speichern

Nachdem Sie eine Animation optimiert und abgespeichert haben, sind Änderungen nur noch sehr begrenzt möglich. Empfehlenswert ist es daher, die Änderungen in der Originaldatei-PSD-Datei zu vollziehen und anschließend erneut eine Optimierung durchzuführen.

Animierte Rollover-Effekte schnell gestaltet

Rollover-Effekte und Animationen können Sie mit ImageReady auch kombinieren. Anhand eines einfachen Buttons wird im Folgenden das Vorgehen beschrieben. Beachten Sie zu Beginn der Arbeit, dass Animierte Rollover als GIF-Datei gespeichert werden müssen. Verwenden Sie daher keine Motive, die sehr viele Farben aufweisen und somit als JPEG optimiert werden müssten.

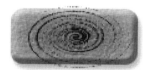

Wenn Sie den Button mit der Maus überfahren, wird eine Animation aktiviert

Pullout-Menüs in ImageReady

In ImageReady wie in Photoshop sind einige Werkzeuge der Werkzeug-Palette innerhalb einer Schaltfläche zusammengefasst. Dies wird durch ein kleines Dreieck auf der Schaltfläche gekennzeichnet. Bei all diesen Werkzeugen haben Sie die Möglichkeit, eine Palette auf die Arbeitsfläche zu ziehen, sodass Sie schnelleren Zugriff auf das jeweilige Arbeitsmittel haben. Sie müssen dazu auf die entsprechende Schaltfläche klicken, sodass sich das Menü öffnet, und dann die Maus auf den nach unten gerichteten Pfeil bewegen. Lassen Sie die Maustaste los, so liegt die Palette auf der Arbeitsfläche und Sie können sie beliebig verschieben.

Den Button vorbereiten

1 Erstellen Sie eine neue Datei mit den Maßen 130 x 80 Pixel. Aktivieren Sie das Werkzeug *Abgerundetes Rechteck*. In der Palette *Optionen* sehen Sie ganz rechts das Listenfeld *Stil*. Wählen Sie daraus den Eintrag *Schaltfläche-Stein*. Ziehen Sie jetzt in der Datei ein Rechteck auf, das die Datei fast ausfüllt.

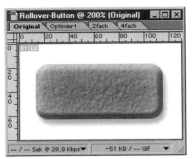

ImageReady hält für das Werkzeug Rechteck bereits Füllungen verschiedenster Art bereit, um Effekte schnell gestalten zu können

2 Aktivieren Sie das Text-Werkzeug. Klicken Sie in die Datei und erfassen Sie das Wort *START*. Diesem Beispiel wurde die Schriftart *Lucida Sans* im Schriftschnitt *Halbfett/Kursiv* bei einem Schriftgrad von *24 Pixel* und der Schriftfarbe *Schwarz* zugeordnet.

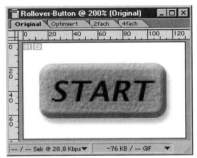

Mit dem Verschieben-Werkzeug können Sie zu jeder Zeit in der Textebene den Text an den rechten Fleck setzen und zentrieren

3 Rufen Sie die Palette *Rollover* auf und wählen Sie aus dem Paletten-Menü den Eintrag *Neuer Status*. Eine Kopie der Schaltfläche wird als *Status über* in der Palette eingefügt.

4 Wechseln Sie zur Palette *Animation*, indem Sie den Reiter anklicken. Sie sehen die Schaltfläche im ersten Frame eingefügt. Wählen Sie aus dem Paletten-Menü *Neuer Frame*. Um die Schrift zu animieren, müssen Sie zunächst die Schriftebene duplizieren.

Stellen Sie sicher, dass die Ebenen-Palette geöffnet ist, und wählen Sie aus dem Paletten-Menü den Eintrag *Ebene duplizieren*. Diese Ebene wird jetzt mit einem Verzerrungsfilter versehen. Wählen Sie *Filter/Verzerrungsfilter/Strudel*. Photoshop fragt Sie dann, ob Sie die Ebene rastern möchten. Bestätigen Sie mit *Ja*. In der darauf folgenden Dialogbox schieben Sie den Regler *Winkel* auf den maximalen Wert von *200°*.

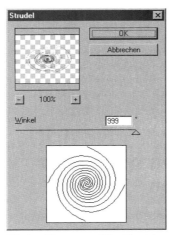

Mit dem Verzerrungsfilter Strudel werden Objekte spiralenartig verwischt

5 Jetzt sind noch beide Textebenen in Frame 2 sichtbar. Deaktivieren Sie die unten liegende Textebene, indem Sie auf das Augensymbol in der Ebenen-Palette klicken. Der erste Frame sollte jetzt die ursprüngliche Schaltfläche *START* darstellen, der zweite Frame die verzerrte Schriftebene.

Diese beiden Frameinhalte bilden den Rollover-Effekt

6 Testen Sie jetzt das animierte Rollover, indem Sie in der Werkzeug-Palette auf die Schaltfläche *Vorschau in Standardbrowser* klicken und die Maus dann über die Schaltfläche bewegen. In diesem Moment wird die Schrift animiert. Sind Sie mit der Bearbeitung zufrieden, kehren Sie zurück zu ImageReady. Optimieren Sie die Datei als *GIF* und speichern Sie sie mit *Datei/Optimiert-Version speichern unter*.

Animationen einem Rollover-Status zuweisen

Entscheiden Sie sich, in welchem Status Sie die Animation des Rollovers ablaufen lassen möchten. Im Status *Normal* läuft die Animation beim ersten Öffnen in einem Browser ab. Möchten Sie aber, dass die Animation durch eine andere Aktion wie einen Mausklick ausgelöst wird, weisen Sie dem Rollover im Paletten-Menü mit dem Befehl *Neuer Status* den entsprechenden Status zu. Durch Wiederholungen dieses Befehls werden nacheinander verschiedene Status zugewiesen. Nicht benötigte Status können Sie löschen, indem Sie den Frame mit gedrückter linker Maustaste auf das Papierkorbsymbol im unteren Bereich der Rollover-Palette ziehen.

11

Eye-Catcher und Werbebanner

Verzögerungszeiten einer Animation prüfen

Sie haben in ImageReady die Möglichkeit, sich die Vorschau einer Animation anzusehen. In dieser Vorschau werden jedoch Verzögerungszeiten nicht immer ganz korrekt wiedergegeben. Wenn Sie sicher gehen wollen, wie das endgültige Produkt abläuft, sehen Sie sich die Animation in einem Browser an. Klicken Sie dafür in der Werkzeug-Palette auf das Symbol *Vorschau in Standardbrowser.*

Eine Bildergalerie mit animierten Thumbnails vorstellen

Wenn Sie auf die Bildergalerie Ihrer Website aufmerksam machen möchten, speichern Sie einige der Bilder als animierte Thumbnails – kleine Vorschauabbildungen, die auf das Gesamtergebnis neugierig machen. Klickt der Besucher auf die Animation, so wird er direkt zur Galerie geleitet.

Diese vier Bilder werden innerhalb einer Animation nacheinander als Thumbnails aufgerufen – bei einem Mausklick auf die Animation führt sie den Besucher zur Webgalerie

Die Bilddateien laden und verkleinern

1 Die hier verwendeten Bilder stehen Ihnen auf der DATA BECKER-Website unter den Bezeichnungen *Ani01.tif* bis *Ani04.tif* zur Verfügung. Öffnen Sie die Dateien in ImageReady.

2 Für die Animation sollen allen vier Bilder verkleinert werden. Markieren Sie ein Bild nach dem anderen und wählen Sie jeweils *Bild/Bildgröße* und geben Sie in das Feld *Prozent* den Wert *40* ein. Das Kontrollkästchen *Proportionen erhalten* muss aktiviert und als *Qualität Bikubisch* ausgewählt sein.

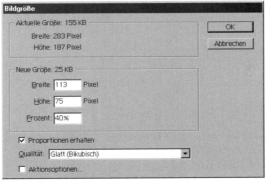

Die Dialogbox Bildgröße in ImageReady unterscheidet sich nur leicht von der in Photoshop

Die Bilddateien zusammenfügen

1 Die erste der vier Dateien soll als Animationsdatei dienen. Öffnen Sie mit *Fenster/Ebenen* einblenden die Ebenen-Palette. Aktivieren Sie die zweite Datei. Klicken Sie in der Ebenen-Palette mit gehaltener [Umschalt]-Taste die *Ebene 1* an und ziehen Sie sie auf die erste Datei. Durch das Halten der [Umschalt]-Taste wird die neue Ebene exakt zentriert eingefügt. Gehen Sie mit der Datei 3 und 4 in gleicher Weise vor. Ziehen Sie auch hier die Ebenen auf die erste Datei, sodass die Animationsdatei dann insgesamt vier Ebenen enthält. Schließen Sie die anderen drei Dateien, da sie nicht mehr benötigt werden.

Fügen Sie alle vier Thumbnails in die erste Datei ein

2 Damit der Betrachter Ihrer Website weiß, dass er die Animation anklicken muss, soll ein Text erstellt werden, der langsam eingeblendet wird. Fügen Sie eine neue Ebene ein, indem Sie aus dem Menü der Palette *Ebenen* den Eintrag *Neue Ebene* wählen. Geben Sie der neuen Ebene den Namen *Texthintergrund* und bestätigen Sie die Dialogbox. Führen Sie den Befehl *Bearbeiten/Fläche füllen* aus und wählen Sie in dem Listenfeld *Verwenden* den Eintrag *Weiß*. Die *Deckkraft* soll *100 %* betragen und der *Modus Normal*. Das

Kontrollkästchen *Transparente Bereiche schützen* muss deaktiviert sein, sonst kann der Füllvorgang nicht vollzogen werden.

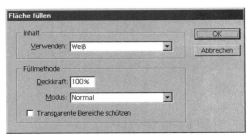

Alternativ zu Bearbeiten/Fläche füllen können Sie auch die gewünschte Farbe als Vordergrundfarbe einstellen und die Tastenkombination [Alt]+[Rück] *verwenden*

3 Die Textebene wird eingefügt. Aktivieren Sie das Text-Werkzeug und klicken Sie im oberen Drittel zentriert in die Datei. Rufen Sie die Zeichen-Palette auf, indem Sie in der Palette *Werkzeug-Optionen* auf die Schaltfläche *Paletten* klicken. Wählen Sie die Schriftart *Lucida Sans mit einem* Schriftgrad *von 18 Pixel und einem* Zeilenabstand *von 20 px*. Die Schriftfarbe *ist Schwarz*.

4 Erfassen Sie den Text *click here* und drücken Sie [Enter]. Erfassen Sie *to enter*, drücken Sie erneut [Enter] und erfassen Sie *the gallery*. Markieren Sie den gesamten Text und klicken Sie in der Palette *Absatz* auf *Text zentrieren*. Die Arbeit an der Textebene ist an dieser Stelle fertig gestellt und die Animation kann beginnen.

Bevor Sie mit der Animation beginnen, muss Ihre Ebenen-Palette diese Inhalte aufweisen

Die Animation erstellen

1 Rufen Sie mit *Fenster/Animation einblenden* die dazugehörige Palette auf. In *Frame 1* wird die Textebene angezeigt. Da jedoch das erste Bild zu sehen sein soll, schalten Sie alle Ebenen bis auf die unterste auf *unsichtbar*, indem Sie auf das Augensymbol aller anderen Ebenen in der Ebenen-Palette klicken. Vergleichen Sie mit der folgenden Abbildung.

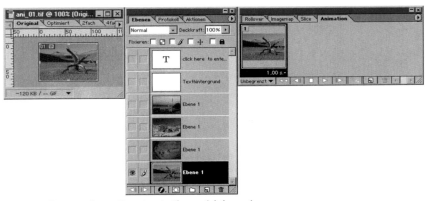

Im ersten Frame soll nur die unterste Ebene sichtbar sein

2 Fügen Sie mithilfe des *Palettenmenüs* einen neuen Frame ein, indem Sie den Eintrag *Neuer Frame* wählen. Schalten Sie jetzt die nächsthöhere Ebene auf *sichtbar*, sodass das Augensymbol vor der nächsten Ebene erscheint.

3 Wiederholen Sie für die Bilder 3 und 4 diesen Vorgang. Fügen Sie zwei neue Frames ein und schalten Sie die jeweils nächste Ebene auf *sichtbar*, sodass Sie jetzt in der Ebenen-Palette vier unterschiedliche Frames zu sehen bekommen.

In den vier Frames sollen jetzt die vier unterschiedlichen Bilder sichtbar sein

4 Generieren Sie die Texteinblendung. Fügen Sie den fünften Frame ein. Schalten Sie die Ebene *Texthintergrund* auf *sichtbar*. Fügen Sie den sechsten Frame ein und schalten Sie die Textebene auf *sichtbar*.

5 Aktivieren Sie die *Frames 5* und *6*, indem Sie zunächst *5* anklicken, Umschalt gedrückt halten und danach *6* anklicken. Führen Sie den Befehl *Dazwischen einfügen* im Paletten-Menü aus. Behalten Sie die Standardeinstellungen bis auf das Feld *Hinzuzufügende Frames*. Geben Sie hier die Zahl *5* ein und bestätigen Sie die Dialogbox.

6 Durch Ausführung des Befehls *Dazwischen einfügen* werden *5* Frames eingefügt, bei denen der Schriftzug in seiner Deckkraft bis zu 100 % zunimmt.

7 Die Ebene *Texthintergrund* ist nach diesem Schritt überflüssig geworden. Markieren Sie den *Frame 5* und klicken Sie anschließend auf das Papierkorbsymbol am unteren Rand der Palette. Bestätigen Sie den Warnhinweis *Frame löschen: 5?* Mit *Ja*.

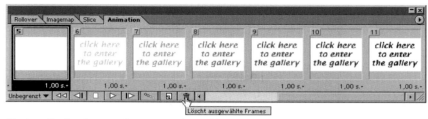

Löschen Sie den Frame 5, da sonst vor der Einblendung des Textes die weiße Fläche erscheinen würde

Die Verzögerungszeiten einstellen

1 Sämtliche Frames sind fertig gestellt. Zum Festlegen der Verzögerungszeiten im Ablauf der einzelnen Frames markieren Sie die ersten vier Bilder-Frames, indem Sie *Frame 1* anklicken, die [Umschalt]-Taste gedrückt halten und *Frame 4* anklicken.

Unterhalb der Frames wird Ihnen die Verzögerung in Sekunden dargestellt. Klicken Sie mit der linken Maustaste auf eine der Zeitangaben.

2 Wählen Sie aus dem Kontextmenü den Eintrag *1,0 Sekunden*.

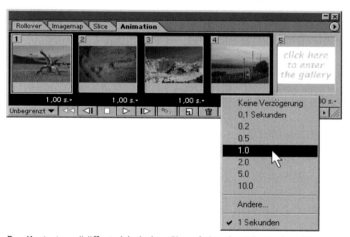

Das Kontextmenü öffnet sich, indem Sie auf eine der Zeitangaben klicken

3 Die ersten fünf Textframes sollen schneller eingeblendet werden. Klicken Sie dazu *Frame 5* an, halten Sie die [Umschalt]-Taste gedrückt und klicken Sie auf *Frame 9*.

Wählen Sie im Kontextmenü den Eintrag *Keine Verzögerung*. Markieren Sie den letzten Frame und stellen Sie für diesen eine Verzögerung von *1,0 Sekunden* ein. Die Animation wird mit dem Eintrag der URL für den Slice und der Optimierung fertig gestellt.

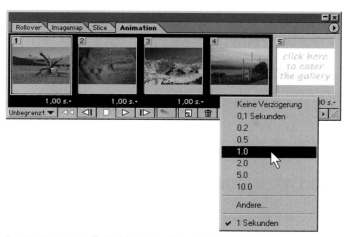

Das Kontextmenü öffnet sich, indem Sie auf eine der Zeitangaben klicken

4 Rufen Sie die Palette *Slice* auf, indem Sie den Reiter *Slice* anklicken. Im Feld *Typ* wählen Sie den Eintrag *Bild* aus. Der Name der Datei ist automatisch eingetragen. Geben Sie in das Feld *URL* die gewünschte Internetadresse ein. In diesem Beispiel lautet die Adresse http://www.databecker.de. Die Adresse muss vollständig sein und den Teil *http://* beinhalten. Der gewünschte Zielframe, wie z. B. *_blank*, wird im Listenfeld *Ziel* angegeben, sodass die verknüpfte Datei in einem neuen Fenster angezeigt wird. Sie können den Zielframe aber auch Ihren individuellen Wünschen anpassen.

Jede Bilddatei enthält automatisch einen Ebenen-basierten Slice, geben Sie hier die Verknüpfung ein

Die Animation optimieren

1 Schließen Sie alle nicht mehr benötigten Paletten. Klicken Sie in der Arbeitsdatei auf das Register *2fach* und rufen Sie mit *Fenster/Optimieren einblenden* die dazugehörige Palette auf.

2 Wählen Sie aus dem Listenfeld *Einstellungen* den Eintrag *GIF Web-Palette*. So wird verhindert, dass Ihre Bilddateien auf unterschiedlichen Browsern unterschiedlich dargestellt werden.

3 Wählen Sie für das Listenfeld *Dithering-Algorithmus* den Eintrag *Diffusion*. Tragen Sie in das Feld *Dither* den Wert *100* ein und bestätigen Sie die Eingaben mit [Enter]. Die Animation ist jetzt vollendet. Testen Sie das Ergebnis in Ihrem Browser, indem Sie in der Werkzeug-Palette auf das Symbol *Vorschau in Standardbrowser* klicken.

11

Eye-Catcher und Werbebanner

Mit diesen Optimierungseinstellungen benötigt der Browser 4 Sekunden zur Anzeige bei einer Übertragungsgeschwindigkeit von 56,6 Kbps

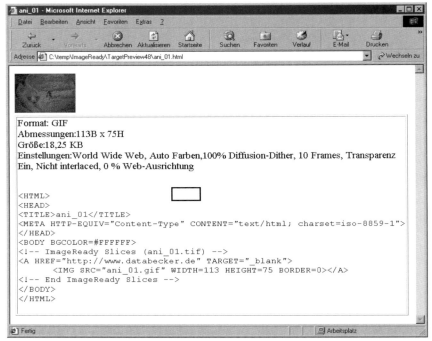

Den HTML-Code können auch direkt in Ihren HTML-Editor kopieren

4 Wenn Sie mit der Animation zufrieden sind, wechseln Sie zu ImageReady. Sichern Sie Ihre Arbeit mit dem Befehl *Datei/Optimiert-Version speichern unter* auf Ihrer Festplatte.

Anzeigen animierter Bilder in Photoshop

Öffnen Sie eine Datei in Photoshop, die eine Animation enthält, so wird Ihnen nur der Frame angezeigt, der beim Speichern in Image-Ready gerade aktiviert war. Die Möglichkeit, Animationsframes in Photoshop zu bearbeiten oder GIF-Animationen abzuspielen, fehlt leider.

12. Automatisieren von Aufgaben

Die Automatisieren-Funktionen sind eine große Hilfe, wenn Sie bestimmte Befehle – und besonders die Kombination von Befehlen – immer wieder verwenden. Stellen Sie sich vor, Sie müssen für einen Katalog hunderte von Bildern öffnen, bearbeiten und in einem anderen Format speichern.

Mit einer solchen Aufgabe ist man schnell einige Stunden beschäftigt. Mit der Photoshop-Stapelverarbeitung können Sie Ihren Rechner einfach für sich arbeiten lassen – wenn Sie möchten, auch über Nacht.

Eine Aktion besteht aus einem oder mehreren Befehlen, die Sie entweder auf einzelne Dateien oder per Stapelverarbeitung auf eine beliebige Anzahl Dateien anwenden können. Zur besseren Verwaltung können Sie aus mehreren Aktionen Sets zusammenstellen, die auch gespeichert werden können.

12.1 Aufzeichnen von Aktionen

Im folgenden Beispiel erstellen Sie eine Aktion, mit der Sie Buttons für Ihre Website im gleichen Outfit gestalten und dann als GIF optimieren und speichern. Als Grundlage legen Sie zunächst eine neue Datei an und erstellen eine Form mit einem der Objekt-Werkzeuge. Die fertige Aktion können Sie auch auf andere Navigationselemente anwenden.

Kompatibilitätsprobleme mit ImageReady

Leider sind Photoshop und ImageReady in Bezug auf die Arbeit mit Aktionen nicht kompatibel. Es ist nicht möglich, gespeicherte Photoshop-Aktionen in ImageReady zu importieren. Da Aktionen in ImageReady nicht gespeichert werden können, ist dies umgekehrt auch nicht möglich.

Datei erstellen und Form erzeugen

1   Wählen Sie *Datei/Neu*. In der Dialogbox *Neu* geben Sie in das Feld *Name* eine logische Bezeichnung ein. Unter diesem Namen wird die GIF-Datei später gespeichert. Bedenken Sie also, wenn Sie beispielsweise mehrere Buttons erstellen möchten, dass Sie die Dateinamen durchnummerieren.

In diesem Beispiel beginnen wir mit *Button01*. Wenn Sie sich an den Maßen dieses Beispiels orientieren möchten, geben Sie in das Feld *Breite 100 Pixel* und in das Feld *Höhe 70 Pixel* ein. Die Auflösung ist – wie bei der Arbeit mit dem Web gewohnt – *72 dpi*, der *Modus* ist *RGB*.

Wichtig ist, dass Sie im Bereich *Inhalt* die Optionsschaltfläche *Transparent* anklicken. Dies ist notwendig, da sonst beim Speichern des GIFs das Kontrollkästchen Transparenz nicht zu aktivieren wäre. Es wäre zwar auch möglich, das Löschen der Hintergrundebene in die Aktion aufzunehmen, sodass die Ebenen-Hintergründe der Objekte transparent wären, aber dieser Weg ist eleganter.

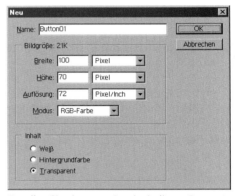

Erstellen Sie eine neue Datei mit diesen Parametern

2 An dritter Stelle von unten rechts in der Werkzeug-Palette finden Sie die verschiedenen Objekt-Werkzeuge zusammengefasst. Klicken Sie mit der Maustaste auf die Position, sodass sich das Flyout-Menü öffnet. Wählen Sie jetzt den Eintrag *Ellipse-Werkzeug* aus.

3 Nachdem Sie ein Werkzeug ausgewählt haben, passt sich die neue Eigenschaftsleiste von Photoshop 6.0 automatisch dem Werkzeug an. Sie haben hier die Möglichkeit, verschiedene Optionen auszuwählen. Für dieses Beispiel sollte die Schaltfläche *Neue Formebene erstellen* aktiv, der *Ebenenstil Standard* sein, als *Modus* wählen Sie *Normal* und stellen die *Deckkraft* auf *100 %*.

So sollte die Eigenschaftsleiste aussehen, bevor Sie die Ellipse zeichnen

4 Um die Arbeit an der Datei besser beurteilen zu können, wählen Sie *Ansicht/ Einzoomen*, Photoshop vergrößert die Ansicht auf *200 %*.

5 Ziehen Sie in der Datei eine Ellipse auf. Die Farbe des Objekts spielt zu diesem Zeitpunkt keine Rolle, da später ein Ebenenstil generiert wird, der die Farbe beinhaltet.

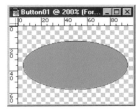

Erstellen Sie eine Ellipse – Form und Farbe sind hier noch nicht wichtig

Die Optionen der Objekt-Werkzeuge

Wenn Sie ein Objekt-Werkzeug ausgewählt haben, erscheinen in der Eigenschaftsleiste unterhalb des Photoshop-Menüs links drei Optionschaltflächen. Die erste ist *Neue Formebene erstellen*, die zweite *Neuen Arbeitspfad erstellen* und die dritte *Gefüllten Bereich erstellen*. Die erste Option *Neue Formebene erstellen* ist technisch gesehen eine Kombination der beiden anderen Optionen. Sie erstellen eine Füllebene, die von einem Arbeitspfad umschlossen wird. Die Füllung ist verantwortlich für Farbe und Struktur – der Pfad für die Form. Die zweite Option erstellt einen reinen Arbeitspfad und die dritte Option eine reine Füllebene. Dadurch, dass diese Füllebene keinen Pfad enthält, können Sie die geometrische Form nicht mithilfe der Pfadwerkzeuge ändern, sondern ausschließlich mit den Mal- und Retusche-Werkzeugen bearbeiten.

Aktion aufzeichnen und Unterbrechung einfügen

Die Buttons in diesem Beispiel werden automatisch mit einer Textebene versehen. Da jeder Button eine eigene Beschriftung erhalten muss, fügen Sie in die Aktion eine Unterbrechung ein. Sie können dann den Text sowie Textstil und Position anpassen, bevor Sie mit der Aktion fortfahren.

Der Schaltermodus

Möchten Sie, dass die aufgezeichneten Aktionen im Schaltermodus dargestellt werden, so wählen Sie den gleichnamigen Eintrag aus dem Paletten-Menü. Erneutes Wählen von Schaltermodus wechselt wieder zum Normalmodus. Der Schaltermodus erhöht die Übersichtlichkeit, da die Aktionen hier farblich dargestellt werden können. Auch die zugewiesene Funktionstaste wird hier abgebildet. Leider können Sie Aktionen in diesem Modus nicht bearbeiten.

1 Rufen Sie mit *Fenster/Aktionen einblenden* die Aktionen-Palette auf, falls diese nicht bereits auf Ihrem Bildschirm zu sehen ist. Photoshop 6.0 liefert bereits einige Aktionen innerhalb des Sets *Standardaktionen.atn*. Da Sie diese Aktionen vorerst nicht benötigen, schließen Sie das Set, indem Sie auf das Dreieck vor dem Ordner *Standardaktionen* klicken.

Erstellen Sie ein neues Set, indem Sie durch einen Klick auf den Paletten-Pfeil oben rechts das Menü öffnen, und wählen Sie dann den Menüeintrag *Neues*

12
Automatisieren von Aufgaben

Set. Sie erhalten eine Dialogbox, in der Sie einen Namen für das Set vergeben können. Geben Sie hier beispielsweise *Website* ein und bestätigen Sie mit *OK.*

Sie schließen bzw. öffnen ein Set, indem Sie auf das Dreieck vor dem Setnamen klicken

2 Öffnen Sie das Menü erneut und wählen Sie diesmal *Neue Aktion.* Geben Sie diesmal den Namen *Buttons* ein. Das neue Set *Website* ist hier schon automatisch ausgewählt. Um die Aktion später per Tastendruck aufrufen zu können, wählen Sie aus dem Feld *Funktionstaste* einen Eintrag – in diesem Beispiel F2. Möchten Sie der Aktion eine Farbe zuweisen, wählen Sie aus dem Listenfeld *Farbe* einen Farbton aus. Dieser wird dann später im Schaltermodus die Aktion kennzeichnen. Klicken Sie zur Bestätigung auf die Schaltfläche *Aktion.*

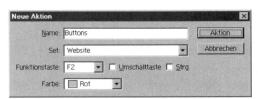

Sie können bis zu 44 Aktionen mit Tastenkombinationen belegen, wenn Sie die F*-Tasten mit* Umschalt*- und* Strg*-Taste kombinieren*

3 Die Aufnahme ist jetzt aktiv, Photoshop zeichnet Ihre Befehle auf. Sie erkennen dies daran, dass der kreisförmige Aufnahmeknopf unten an der Palette rot dargestellt wird. Verleihen Sie jetzt dem Objekt einen Ebenenstil. Wählen Sie dazu *Ebene/Ebenenstil/Musterüberlagerung* – die Schaltfläche wird mit einem Muster versehen. Da der Button dreidimensional wirken soll, aktivieren Sie zusätzlich das Kontrollkästchen *Abgeflachte Kante und Relief.* Belassen Sie bei beiden Stilen die Standardeinstellungen.

4 Fügen Sie jetzt die Textebene ein. Aktivieren Sie dazu das Text-Werkzeug aus der Werkzeug-Palette – symbolisiert durch ein t. Legen Sie die Textstile mithilfe der Eigenschaftsleiste fest. Wählen Sie eine Schriftart, beispielsweise *Arial bold* in einem Schriftgrad von *20 Punkt,* stellen Sie die *Glättung* auf den Eintrag *Scharf* und aktivieren Sie die Schaltfläche *Text zentrieren.* Beachten

Sie, dass Photoshop in einer Aktion nur solche Einstellungen speichert, die geändert werden. Das bedeutet in der Praxis: Wenn Sie möchten, dass die Textfarbe grundsätzlich schwarz ist, müssen Sie sie vor der Aufzeichnung in irgendeiner anderen Farbe definieren und dann während der Aufzeichnung *Schwarz* als Textfarbe festlegen. Um die Textfarbe auszuwählen, klicken Sie auf das Feld *Textfarbe einstellen*. Für dieses Beispiel empfiehlt sich Schwarz, da so der Kontrast am höchsten ist.

Jeder neue Text wird mit den Attributen erstellt, die Sie zuvor in der Eigentschaftsleiste angegeben haben

5 Klicken Sie jetzt etwa in die Mitte der Ellipse. Erfassen Sie den Text, also die Beschriftung des Buttons. Da die Position wahrscheinlich noch nicht exakt ausbalanciert ist, halten Sie die ⟨Strg⟩-Taste gedrückt – dadurch wandelt sich der Mauszeiger vorübergehend in das Verschieben-Werkzeug – klicken Sie den Text an und schieben Sie ihn an die gewünschte Position. Schließen Sie die Bearbeitung der Textebene durch Drücken von ⟨Enter⟩ ab.

6 Da Sie nicht Buttons in Serie produzieren möchten, die den gleichen Text enthalten, ist es nötig, an dieser Stelle eine Unterbrechung in die Aktion einzubauen. Wählen Sie aus dem Menü der Aktions-Palette den Eintrag *Unterbrechung einfügen*. Es öffnet sich die Dialogbox, in der Sie eine Meldung einfügen können. Diese erinnert Sie später daran, was an dieser Stelle zu tun ist. Erfassen Sie in diesem Fall beispielsweise: *Text formatieren und Position prüfen!* Klicken Sie auf *OK*.

Die Option Fortfahren zulassen

In der Dialogbox *Aufzeichnung beenden* haben Sie die Möglichkeit, die Optionsschaltfläche *Fortfahren zulassen* zu aktivieren. Wenn Sie dies tun, erhält die Dialogbox, die später die Aktion unterbricht, nicht nur die Schaltfläche *Anhalten*, sondern eine zweite mit der Aufschrift *Weiter*. Wenn eine Bearbeitung der Datei nicht grundsätzlich nötig ist, haben Sie hiermit die Möglichkeit, die Unterbrechung zu umgehen.

7 Nachdem Sie die Unterbrechung eingefügt haben, können Sie sofort mit der Aufzeichnung fortfahren. Photoshop hat die Unterbrechung zwar registriert, jedoch nicht die Aufnahme der Aktion gestoppt. Das GIF soll optimiert und exportiert werden. Wählen Sie *Datei/Für Web speichern* und dann aus dem

Listenfeld *Gespeicherte Sets von Optimierungseinstellungen* den Eintrag *GIF 32 Dithering*. Bei dieser Einstellung ist kaum ein Qualitätsverlust erkennbar und die Ladezeit beträgt lediglich 1 Sekunde.

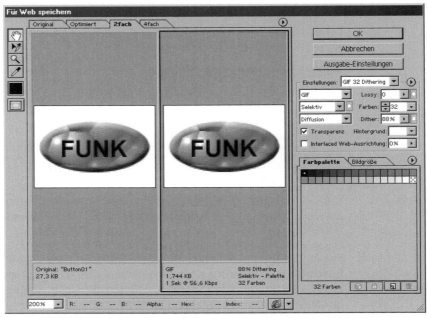

Ein Qualitätsverlust ist bei dieser Einstellung nicht erkennbar

8 Jetzt folgt ein für den Verlauf der Aktion wichtiger Schritt: Bestätigen Sie die Dialogbox mit *OK*, daraufhin erhalten Sie die Dialogbox *Optimiert-Version speichern unter*. Sie müssen jetzt unbedingt das Verzeichnis wechseln bzw. mit der Schaltfläche *Neuen Ordner erstellen* ein neues eröffnen, in das Sie anschließend wechseln.

Anderenfalls würde der Dateiname gespeichert und beim späteren Ausführen der Aktion die Datei immer wieder überschrieben. Durch das Wechseln des Verzeichnisses weiß Photoshop, dass der Dateiname nicht mit in die Aktion integriert werden soll. Bestätigen Sie dann mit einem Klick auf *Speichern*.

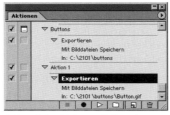

Anhand der Aktionen-Palette können Sie prüfen, ob der Dateiname in die Aktion integriert wurde: Das obere Beispiel ist richtig, hier endet die Pfadangabe mit dem Verzeichnisnamen. Bei der unteren Aktion hingegen wurde die Datei gespeichert. Beim Ausführen der unteren Aktion würden die Dateien immer wieder überschrieben

9 Die Aktion ist vollständig. Beenden Sie die Aufnahme, indem Sie auf den *Stop*-Button am unteren Rand der Palette klicken oder aus dem Paletten-Menü den Eintrag *Aufzeichnung beenden* wählen.

Die Aufzeichnung von Aktionen unterbrechen und fortführen

Besonders beim Aufzeichnen komplexer Aktionen verliert man mitunter den Faden und möchte eine Einstellung testen oder findet einen Befehl nicht sofort. Dies stellt kein Problem dar: Klicken Sie einfach auf den Stop-Button an der Aktionen-Palette, probieren Sie die richtige Einstellung für die Aktion aus und klicken Sie dann wieder auf den Aufnahme-Button um das Aufzeichnen fortzusetzen.

Einzig zu beachten ist hierbei, dass Sie in der Zwischenzeit keine andere Aktion mit der Maus markieren, denn es wird immer die markierte Aktion fortgesetzt.

Prozent als Maßeinheit

Möglicherweise möchten Sie Aktionen aufzeichnen, die sich auf ganz unterschiedliche Dateigrößen beziehen. In diesem Fall ändern Sie zu Beginn der Aufzeichnung mit dem Befehl *Bearbeiten/Voreinstellungen/Maßeinheiten & Lineale* die Maßeinheit der Lineale auf Prozent.

Dadurch bezieht sich die Aktion immer auf die gleiche relative Position im Bild. Bedenken Sie auch hierbei, dass die Änderung der Maßeinheit in die Aktion integriert werden muss, es genügt nicht, vor Aufnahme der Aktion auf Prozent umzustellen, da Photoshop diese Einstellung dann nicht speichert.

Motivabhängige Bearbeitung

Bedenken Sie, dass sich bestimmte Befehle einer Aktion auf verschiedene Dateien auch unterschiedlich auswirken. Wird beispielsweise ein Bilderrahmen mit einer Breite von 10 Pixeln erstellt, ist der spätere Eindruck abhängig von den Maßen des Bildes. Scharfzeichnungsfilter wirken sich auf niedrig aufgelöste Dateien stärker aus als auf hoch aufgelöste.

12.2 Ausführen von Aktionen

Die zuvor erstellte Aktion können Sie jederzeit abrufen, allerdings ist es nötig, dass ein Objekt erstellt wurde, auf welches die Aktion zugreift. Anderenfalls erhalten Sie die Fehlermeldung, dass ein bestimmter Befehl nicht ausgeführt werden kann.

Aktionen aus der Protokoll-Palette übernehmen

Bei der Arbeit in ImageReady können Sie Befehle direkt per Drag & Drop aus der Protokoll-Palette in die Aktionen-Palette gezogen werden. In Photoshop ist dies leider noch nicht möglich.

1 Erstellen Sie eine neue Datei. Achten Sie darauf, dass Sie im oberen Feld einen Dateinamen angeben; unter diesem Namen wird die Datei später automatisch gespeichert.

2 Aktivieren Sie wieder eines der Objekt-Werkzeuge. Egal, ob Sie z. B. das Ellipse-, Polygon- oder Eigene-Form-Werkzeug verwenden, die Aktion ist auf jedes Objekt anwendbar. Erstellen Sie ein Objekt Ihrer Wahl. Sie haben jetzt mehrere Möglichkeiten, die Aktion zu aktivieren. Entweder Sie verwenden den zuvor definierten Shortcut – in diesem Fall (F2) –, oder Sie markieren die gewünschte Aktion in der Aktionen-Palette mit der Maus und wählen aus dem Paletten-Menü den Eintrag *Ausführen* oder klicken auf den *Start*-Button unten an der Aktionen-Palette.

3 Photoshop startet die Aktion, versieht den Button mit den Ebenenstilen, erstellt eine Textebene und unterbricht dann – wie zuvor definiert – die Ausführung. Sie erhalten die Meldung, die Sie vorher eingegeben haben. Ändern Sie jetzt den Text, formatieren Sie ihn, wenn gewünscht, und positionieren Sie ihn, wenn nötig, mit dem Verschieben-Werkzeug.

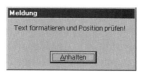

Die bei der Aufzeichnung festgelegte Meldung weist Sie daraufhin, was an dieser Stelle zu tun ist

4 Die Aktion wird nicht automatisch fortgesetzt, Sie müssen dazu erneut den *Start*-Button anklicken. Sie erhalten nach Beendigung der Aktion übrigens keine Bestätigung. Kontrollieren Sie das Ergebnis, indem Sie die gespeicherte GIF-Datei öffnen.

Aktionen widerrufen

Bedenken Sie, dass eine Aktion aus mehreren Befehlen besteht. Sie können mit *Bearbeiten/Rückgängig* nur den letzten Befehl der Aktion rückgängig machen. Wenn Sie nicht sicher sind, ob die Aktion die gewünschte Wirkung hat und sie evtl. rückgängig machen möchten, speichern Sie entweder die Datei und wählen Sie dann *Datei/Zurück zur letzten Version*, oder öffnen Sie mit *Fenster/Protokoll einblenden* die Protokoll-Palette und wählen Sie aus dem Paletten-Menü den Befehl *Neuer Schnappschuss*. Sie fixieren damit den aktuellen Zustand der Datei. Schnappschüsse werden oberhalb der Protokoll-Einträge eingefügt. Sind Sie mit der ausgeführten Aktion nicht zufrieden, klicken Sie in der Protokoll-Palette auf die Schaltfläche des gespeicherten Schnappschusses, somit wird die Aktion revidiert.

12.3 Festlegen der Ausführungsoptionen

12

Automatisieren von Aufgaben

Wenn Sie lange, komplexe Aktionen starten und diese nicht korrekt ausgeführt werden, ist es bei normaler Ausführungs-Geschwindigkeit mitunter schwierig herauszufinden, an welcher Stelle der Fehler liegt und wie er korrigiert werden kann. Mithilfe der Ausführungsoptionen ändern Sie die Geschwindigkeit. Gehen Sie wie folgt vor:

1 Öffnen Sie das Menü der Aktionen-Palette und wählen Sie den Befehl *Ausführen-Optionen*.

2 Sie erhalten eine Dialogbox, in der Sie die Geschwindigkeit festlegen können, mit der die Aktion abgespielt wird. So sind Sie in der Lage zu beobachten, an welcher Stelle die Aktion stockt. Es stehen Ihnen drei Optionen zur Verfügung. Die erste Option *Beschleunigt* entspricht der standardmäßigen Geschwindigkeit von Photoshop. Wenn Sie *Schrittweise* wählen, wird jeder Befehl der Aktion einzeln ausgeführt und das Bild danach zunächst komplett aufgebaut, sodass Sie die Veränderung beurteilen können. Mit der Option *Anhalten für: x Sekunden* bestimmen Sie selbst, wie lange die Pausen zwischen den einzelnen Befehlen sein sollen.

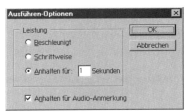

Sie finden in der Auführen-Optionen-Dialogbox drei Optionen zur Bestimmung der Durchführungs-Geschwindigkeit

Audio-Anmerkungen

Am unteren Rand der Dialogbox *Ausführen-Optionen* befindet sich das Kontrollkästchen *Anhalten für Audio-Anmerkungen*. Wenn Sie dieses Kontrollkästchen aktivieren, werden Audio-Anmerkungen grundsätzlich vollständig abgespielt, bevor der nächste Befehl startet. Um eine Audio-Anmerkung festzulegen, müssen Sie ein Mikrofon an Ihren Rechner anschließen.

Wählen Sie dann aus der Werkzeug-Palette das Audio-Anmerkung-Werkzeug (*Shortcut* [N]), es versteckt sich standardmäßig unter dem Anmerkungen-Werkzeug über der Verschiebehand unten links in der Werkzeug-Palette. Klicken Sie mit dem Audio-Anmerkung-Werkzeug an der Stelle des Bildes, wo das Symbol eingefügt werden soll. Es öffnet sich eine Dialogbox. Klicken Sie hier die Schaltfläche *Starten* an und nehmen Sie den Text auf. Nach Beendigung der Spracheingabe klicken Sie auf *Stop*, das Symbol wird eingefügt.

12.4 Änderung nötig? Aktionen bearbeiten

Bereits aufgenommene Aktionen lassen sich in Photoshop komfortabel und intuitiv bearbeiten. Egal, ob Sie Befehle temporär ausschalten, vollständig löschen oder neue Befehle in eine Aktion integrieren möchten, dies ist mit wenigen Handgriffen möglich.

Befehle ausschließen

1 Öffnen Sie die Aktionen-Palette, falls sie nicht ohnehin noch geöffnet ist.

2 Lassen Sie Photoshop die einzelnen Befehle der Aktion *Buttons* anzeigen, indem Sie auf das Dreieck vor der Aktion klicken, sodass es nach unten zeigt. Sie sehen jetzt vier Befehle. In der Spalte ganz links zeigt Photoshop durch Häkchen an, dass sämtliche Befehle ausgeführt werden, wenn die Aktion gestartet wird. Möchten Sie einen dieser Befehle ausschließen, müssen Sie nur per Mausklick das Häkchen vor dem jeweiligen Befehl entfernen.

Die zuvor erstellte Aktion Buttons: Die Häkchen vor den Befehlen signalisieren, das sämtliche Befehle ausgeführt werden

3 Soll ein Befehl vollständig gelöscht werden, markieren Sie den betreffenden Befehl mit einem Mausklick und wählen dann aus dem Paletten-Menü den Eintrag *Löschen*. Alternativ ziehen Sie den Befehl mit der Maus in den Papierkorb an der Palette.

Neue Aktions-Schritte einfügen

Möchten Sie einer Aktion im Nachhinein neue Befehlsketten zufügen, ist dies problemlos möglich. Führen Sie die folgenden Schritte an der Aktion *Buttons* durch.

1 Nachdem Photoshop die Textebene erstellt hat und sie diese geprüft haben, soll auf die Textebene der Filter *Blendenflecke* angewendet werden. Neue Befehle werden immer nach dem markierten Befehl eingefügt. Klicken Sie also den Befehl *Stop* mit der Maus an, um ihn zu markieren.

2 Öffnen Sie das Paletten-Menü und wählen Sie den Eintrag *Aufzeichnung beginnen*. Alles was Sie jetzt tun, wird nach der Unterbrechung und vor dem Befehl *Exportieren* eingefügt.

3 Wählen Sie jetzt *Filter/Renderingfilter/Blendenflecke*. Es öffnet sich eine Dialogbox, in der Sie die Stärke und Richtung der Blendenflecke bestimmen können. Klicken Sie auf *OK*, um die Dialogbox zu bestätigen.

4 Wählen Sie aus dem Paletten-Menü den Eintrag *Aufzeichnung beenden* oder klicken Sie auf den *Stop*-Button an der Palette. Der Befehl wurde eingefügt und wird beim nächsten Textlauf die Textebene mit Blendenflecken versehen.

Der Filter-Befehl Blendenflecke wurde in die Aktion eingefügt

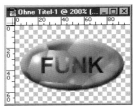

Da der Button-Hintergrund und der Text noch auf unterschiedlichen Ebenen liegen und der Filter sich nur auf die aktuelle Ebene auswirkt, wurde nur die Textebene mit dem Effekt versehen

Menübefehl einfügen

Einige Menübefehle sind nicht aufzeichnungsfähig, dazu gehören z. B. die Werkzeugoptionen und die Ansichts- und Fensterbefehle. Diese und auch die anderen Menübefehle können nachträglich mit der Funktion *Menübefehl einfügen* in die Aktion integriert werden.

Wieder arbeiten Sie mit der schon erstellten Aktion *Buttons*.

1 Der gerade eingefügte Filter *Blendenflecke* soll sich nicht nur auf die Textebene, sondern auf den gesamten Button beziehen. Dazu müssen die beiden Ebenen auf eine einzige Ebene reduziert werden. Klicken Sie in der Aktionen-Palette wieder den Befehl *Stop* an, da nach dem Ausrichten der Textebene die Ebenen verschmolzen werden sollen.

2 Rufen Sie aus dem Paletten-Menü den Eintrag *Menübefehl einfügen* auf. Photoshop zeigt eine Dialogbox, die auf den ersten Blick verwirrend ist: *Um einen Menübefehl aufzunehmen, wählen Sie mit der Maus den gewünschten Befehl aus*. Da Anwender es gewohnt sind, bei einer solchen Meldung direkt in der Dialogbox auszuwählen, kommt man mitunter nicht gleich auf die Idee, jetzt direkt im Photoshop-Menü einen Befehl auszuwählen – dem ist aber so.

12

Automatisieren von Aufgaben

Wählen Sie aus dem Menü *Ebene* den Eintrag *Sichtbare auf eine Ebene redu-zieren.*

3 Der Befehl wird in die Dialogbox aufgenommen. Bestätigen Sie jetzt mit OK. Anschließend finden Sie den Befehl unter dem Eintrag *Stop* in der Aktionen-Palette wieder.

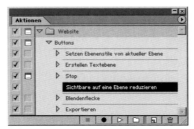

Zwischen Stop und Blendenflecke finden Sie jetzt Sichtbare auf eine Ebene reduzieren

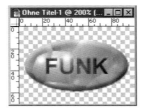

Durch das Verschmelzen der Ebenen wirkt sich der Filter jetzt auch auf den Button-Hintergrund aus

Modales Steuerelement integrieren

Die Bezeichnung „Modales Steuerelement" klingt zunächst etwas kompliziert und arbeitsintensiv. Glücklicherweise ist das Gegenteil der Fall. Modale Steuer-elemente unterbrechen Aktionen, damit Sie in einer Dialogbox bestimmte Werte einfügen können.

Dies kann z. B. die Dialogbox eines Filters sein, in der Sie dessen Stärke bestim-men, oder Sie bestimmen die Pixelbreite eines Auswahlrahmens. Alles, was Sie tun müssen, damit ein solches Steuerelement aufgerufen wird, ist, in der Aktio-nen-Palette vor dem entsprechenden Befehl das Dialogfeldsymbol zu aktivieren. Klicken Sie dazu zwischen dem Häkchen und dem Befehl in der Palette.

1 Setzen Sie ein modales Steuerelement ein, indem Sie vor den Befehl *Blenden-flecke* der Aktion *Buttons* ein Dialogfeldsymbol setzen und die Aktion erneut durchführen. Daraufhin wird sich die Dialogbox des Filters öffnen, sodass Sie die Einstellungen neu definieren können.

Per Mausklick fügen Sie ein Modales Steuerelement ein. Die rote Umrandung des Dialogfeld-symbols vor Buttons zeigt an, dass nicht alle Befehle ein Steuerelement enthalten

Pfade in Aktionen einfügen

Sie können mit Photoshop auch Pfade in Aktionen integrieren. Legen Sie einen Pfad an. Beginnen Sie mit dem Aufzeichnen der Aktion. Wenn der Pfad eingesetzt werden soll, markieren Sie ihn mit der Maus in der Pfad-Palette und wechseln Sie wieder zur Aktionen-Palette. Wählen Sie hier aus dem Paletten-Menü den Eintrag *Pfad einfügen* und führen Sie die Aktion wie gewohnt fort.

12.5 Verwalten von Aktionen in der Aktionen-Palette

Photoshop liefert Ihnen standardmäßig schon einige Aktionssets. Wenn Sie die Aktionen-Palette zum ersten Mal aufrufen, finden Sie das Set *Standardaktionen.atn*.

Im Paletten-Menü finden Sie noch weitere Sets: *Befehle.atn*, *Bildeffekte.atn*, *Frames.atn*, *Produktion.atn*, *Strukturen.atn* und *Texteffekte.atn*. Sie integrieren diese vordefinierten Sets in die Aktionen-Palette, indem Sie sie direkt im Menü anwählen. Möchten Sie eigene Sets speichern, gehen Sie folgendermaßen vor:

1 Photoshop speichert keine einzelnen Aktionen, sondern nur Sets. Markieren Sie mit der Maus das zu Beginn dieses Kapitels erstellte Set *Websites*. Öffnen Sie das Paletten-Menü und wählen Sie den Befehl *Aktionen speichern*. Besonders wenn Sie lange, komplizierte Aktionen erstellt haben, ist es sinnvoll, diese zu speichern, da die Aktion bei einem eventuellen Systemabsturz verloren wäre.

2 Möchten Sie gespeicherte Aktionssets laden, so finden Sie auch diesen Befehl im Paletten-Menü: Wählen Sie *Aktionen laden* und wechseln Sie zu dem Verzeichnis, in dem Sie die *atn*-Datei gespeichert haben, markieren Sie die Datei und klicken Sie auf *Laden*. Auf diese Weise können Sie Aktionen zwischen verschiedenen Rechnern austauschen.

12

Automatisieren von Aufgaben

Die Reihenfolge von Aktions-Sets, Aktionen oder Befehlen können Sie in der Palette einfach per Drag & Drop ändern. Fassen Sie einen Eintrag mit der Maus an, ziehen Sie ihn an die gewünschte Stelle und lassen Sie die Maustaste los.

Tastenkombination und Farbe der Aktion ändern

Wenn Sie die Tastenkombination oder die Farbe einer Aktion ändern möchten, klicken Sie doppelt auf den Aktionsnamen in der Aktionen-Palette. Das Gleiche gilt für das Umbenennen von Set-Namen.

Aktions-Sets in das Paletten-Menü integrieren

Wenn Sie ein Aktions-Set im Photoshop-Ordner *Vorgaben* speichern, erscheint das Set anschließend am Fuß des Paletten-Menüs der Aktionen-Palette.

12.6 Stapelverarbeitung

Besonders bei einer großen Anzahl zu bearbeitender Bilder ist die Stapelverarbeitung eine nützliche Funktion. Für dieses Projekt soll folgendes Szenario dargestellt werden: Für den Druck einer Broschüre wurden einige TIF-Dateien im CMYK-Modus mit einer Auflösung von 300 dpi gespeichert, diese sollen nun für die Website aufbereitet werden. Das Endformat soll JPEG im Modus *RGB* bei einer Auflösung von *72 dpi* sein.

Die Aktion für die Stapelverarbeitung vorbereiten

Um die Stapelverarbeitung an einem Projekt durchzuspielen, bereiten Sie im Folgenden ein paar Dateien vor und zeichnen die für die Stapelverarbeitung benötigte Aktion auf. Ob Sie die Befehle *Öffnen, Speichern* und *Schließen* mit in die Aktion integrieren, ist für Stapelverarbeitungen unerheblich, da diese Befehle in der Dialogbox *Stapelverarbeitung* deaktiviert werden können.

Möchten Sie die Aktion aber nicht ausschließlich für Stapelverarbeitungen nutzen, sondern direkt an einem Bild anwenden, öffnen Sie die Datei zuerst und starten Sie dann den Aufnahme-Vorgang. Anderenfalls wird immer dieselbe Datei geöffnet und bearbeitet.

Wie so oft führen aber auch hier viele Wege zum Ergebnis: Sie können den Befehl *Öffnen* auch in der Aktionen-Palette deaktivieren. Der Befehl *Speichern unter* muss allerdings integriert werden, da Sie ein anderes Dateiformat wählen als das Ursprungsformat.

1 Erstellen Sie auf Ihrer Festplatte für die Beispielbilder ein Verzeichnis – etwa *C:\Bilder*. Fügen Sie in dieses Verzeichnis die beiden Unterverzeichnisse *TIFF* und *JPEG* ein. Speichern Sie im Verzeichnis *TIFF* einige TIF-Dateien mit den oben angegebenen Werten.

2 Auch die neue Aktion soll in das Set *Website* aufgenommen werden. Rufen Sie die Aktionen-Palette auf und markieren Sie das Set *Website*. Wählen Sie aus dem Paletten-Menü den Eintrag *Neue Aktion*. Geben Sie der Aktion einen passenden Namen, sodass Sie später auf einen Blick erkennen, um welche Aktion es sich handelt – hier z. B. *JPEG, RGB, 72 dpi*. Klicken Sie auf *Aktion*. Die Aufnahme ist jetzt aktiv.

3 Öffnen Sie das erste der Bilder aus dem Verzeichnis *TIFF*. Wählen Sie *Bild/ Bildgröße* und geben Sie als Auflösung *72 dpi* ein. Aktivieren Sie die Kontrollkästchen *Proportionen erhalten* und *Bild neu berechnen mit Bikubisch*. Bestätigen Sie mit *OK*.

4 Wählen Sie *Bild/Modus/RGB-Farbe*, um eine Modusumwandlung vorzunehmen.

5 Da die Bildschärfe unter der Umrechnung etwas gelitten hat, wählen Sie *Filter/Scharfzeichnungsfilter/Unscharf maskieren* mit einer *Stärke* von *30 %*, einem *Radius* von *1 Pixel* und dem *Schwellenwert 0*. Bestätigen Sie mit *OK*.

6 Zum Speichern des Bildes rufen Sie *Datei/Speichern unter* auf. Wechseln Sie zum Ordner *JPEG* und wählen Sie unter *Format* den Eintrag *JPEG* aus. Klicken Sie auf *Speichern*. Sie erhalten die Dialogbox zum Einstellen der Stärke der Komprimierung. Wählen sie die Qualitätsstufe *5*, da hierbei in Bezug auf Dateigröße und Qualität das bestmögliche Ergebnis erzielt wird. Bestätigen Sie die Dialogbox und schließen Sie die Datei mit *Datei/Schließen*.

7 Beenden Sie die Aufnahme der Aktion mit einem Klick auf den *Stop*-Button in der Aktionen-Palette. Die Aktion ist vollständig, Sie können jetzt die Stapelverarbeitung einsetzen.

So sollte die Aktion aufgebaut sein

Optimiert Version speichern in Aktionen

In ImageReady können Sie den Befehl *Optimiert Version speichern* auch in Aktionen integrieren.

Stapelverarbeitung starten

1 Wählen Sie *Datei/Automatisieren/Stapelverarbeitung*. Im Bereich *Ausführen* geben Sie das Set *Website* und die Aktion *JPEG, RGB, 72 dpi* an.

2 Wählen Sie als *Quelle* den Eintrag *Ordner* und klicken Sie auf *Wählen*. Wechseln Sie zum Verzeichnis *TIFF* und aktivieren Sie das Kontrollkästchen *„Öffnen" in Aktionen überschreiben*.

Scanner und Digitalkameras

Besitzen Sie einen Scanner oder eine Digitalkamera, die über einen Dokumenteneinzug verfügen, ist Photoshop in der Lage, über die Stapelverarbeitung mehrere Bilder in einer Aktion zu importieren und zu verarbeiten. Allerdings brauchen Sie dafür eventuell ein spezielles Importmodul, das Aktionen unterstützt. Dieses Modul erhalten Sie im Zweifelsfall von Ihrem Hersteller.

3 Wechseln Sie zum Bereich *Ziel* und wählen Sie auch hier *Ordner* aus. Klicken Sie auf *Wählen* und wechseln Sie zum Ordner *JPEG*. Aktivieren Sie hier das Kontrollkästchen *„Speichern unter" in Aktionen überschreiben*.

4 Klicken Sie auf *OK* – die Stapelverarbeitung wird gestartet.

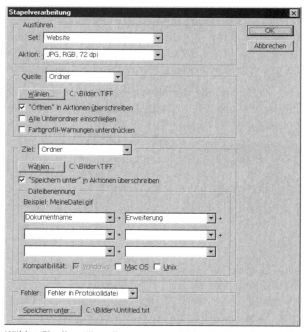

Wählen Sie diese Einstellungen in der Dialogbox Stapelverarbeitung

Fehler während der Stapelverarbeitung

Wenn Sie eine große Menge Bilder verarbeiten möchten und den Rechner dabei allein lassen, ist es ärgerlich, wenn die Stapelverarbeitung zwischendurch abbricht, weil ein Fehler aufgetreten ist. In den Vorgängerversionen von Photoshop konnte dies beispielsweise passieren, wenn in einem Ordner mit Bildern, die in JPEGs umgewandelt werden sollten, PSD-Dateien mit mehreren Ebenen enthalten waren.

Da JPEG keine Ebenen unterstützt, unterbrach Photoshop die Stapelverarbeitung. Dieser Fehler kann in der Version 6.0 nicht mehr auftreten, da Photoshop jetzt lediglich warnt, dass Informationen verloren gehen, aber dennoch speichert.

Trotzdem kann es passieren, dass ein Befehl aus anderen Gründen nicht verfügbar ist – etwa weil die Datei im falschen Modus vorliegt. Wenn in der Dialogbox *Stapelverarbeitung* im Listenfeld *Fehler* der Eintrag *Bei Fehlern anhalten* aktiviert ist, bricht Photoshop die gesamte Stapelverarbeitung ab, sobald ein Problem auftritt.

Besser ist es, wenn Sie den Eintrag *Fehler in Protokolldatei* wählen und mit der darunter liegenden Schaltfläche *Speichern unter* einen Speicherort bestimmen. Die Datei wird als TXT-Datei gesichert. So können Sie später in dieser Datei ersehen, ob Fehler aufgetreten sind.

12.7 Droplets

Droplets sind kleine Programme, die automatisch alle Bilder bearbeiten, die Sie auf das Droplet-Symbol ziehen. Um einen Droplet zu erstellen, müssen Sie vorher eine Aktion aufzeichnen und speichern.

Verwenden Sie für dieses Beispiel die eben erstellte Aktion oder eine beliebige andere. Auch beim Erstellen von Droplets haben Sie – wie bei der Stapelverarbeitung – die Möglichkeit, *Öffnen* und *Speichern* in Aktionen zu überschreiben und einen Zielordner zu wählen.

1 Wählen Sie den Befehl *Datei/Automatisieren/Droplet erstellen*.

2 Wählen Sie im Bereich *Droplet speichern unter* einen Ordner, in dem die Anwendung gespeichert werden soll. In diesem Fall wählen Sie Desktop, sodass das Droplet auf dem Desktop abgelegt wird.

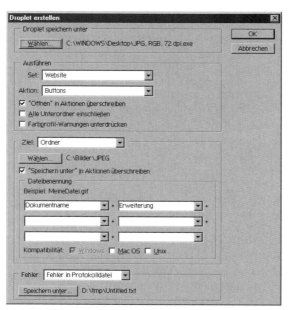

In der Dialogbox Droplet erstellen stehen Ihnen fast die gleichen Befehle zur Verfügung wie bei der Stapelverarbeitung

3 Wählen Sie im Bereich *Ausführen* das Set *Website* und die Aktion *JPEG, RGB, 72 dpi* aus. Aktivieren Sie wieder das Kontrollkästchen *„Öffnen" in Aktionen überschreiben*, damit das Programm nicht nur die in der Aktion gespeicherte Datei öffnet. Wählen Sie im Bereich *Ziel* den Eintrag *Ordner* und geben Sie ein Zielverzeichnis an. Auch hier wird das Kontrollkästchen *„Speichern unter" in Aktionen überschreiben* aktiviert, damit die Datei zwar als JPEG gespeichert, aber der Dateiname nicht verändert wird.

4 Im Bereich *Dateibenennung* haben Sie die Möglichkeit, verschiedene Dateikennungen auszuwählen. Wenn Sie nichts verändern, wird die Datei unter dem ursprünglichen Namen gespeichert. Sie können aber auch das aktuelle Datum als Dateinamen wählen. Auch in dieser Dialogbox entscheiden Sie, ob Photoshop bei Fehlern die Bearbeitung stoppen soll oder ob die Fehler in einer Datei protokolliert werden sollen. Bestätigen Sie nach der Eingabe die Dialogbox mit *OK*.

5 Minimieren Sie jetzt alle geöffneten Programme und Fenster mit der Tastenkombination [Windowstaste]+[M] oder mit einem Klick auf die *Minimieren*-Schaltflächen, um zum Desktop zu gelangen. Hier finden Sie jetzt das Droplet-Symbol. Ziehen Sie eine beliebige TIF-Datei auf das Droplet. Photoshop wird gestartet und bearbeitet die Datei.

Dieses Droplet-Symbol wird auf dem Desktop angezeigt

13. Vom Bildschirm aufs Papier – Druckoptimierung

Bei der Arbeit an Ihrer Website sollten Sie im Auge behalten, dass Sie Fotos, Logos und Texte, die Sie auf Ihrer Website verwenden, eventuell auch für klassische Druckverfahren einsetzen möchten.

Die Publikation im Internet hat zwar auch ihre Tücken, aber es ist leichter, Fehler zu korrigieren. Ganz anders verhält es sich, wenn Sie Publikationen drucken lassen. Kleine Fehler können hier schnell hohe Kosten verursachen, wenn eine ganze Auflage erneut gedruckt werden muss.

13.1 Voraussetzungen für den Druck schaffen

Am wichtigsten ist, dass Sie im Hinblick auf die Druckausgabe Bilder zunächst in hoher Auflösung scannen und die Originaldaten speichern, bevor Sie sie für das Web auf 72 dpi herunterrechnen. Speichern Sie die Daten unbedingt im RGB-Modus, da der Farbraum dieses Modus größer ist als der von CMYK. Einmal durch die CMYK-Umwandlung verlorene Farbinformationen können nicht wieder hergestellt werden.

Allerdings können Sie die Sättigung eines Bildes, das Sie von CMYK zu RGB umgewandelt haben, mit *Bild/Einstellen/Farbton & Sättigung* etwas erhöhen, sodass Sie zumindest eine Annäherung an die ursprünglichen Werte erreichen.

Speichern sollten Sie die Originaldateien im Tiff- oder – wenn ein Bild mehrere Ebenen enthält – im PSD-Format, da diese beiden Formate mit einer verlustfreien Komprimierung arbeiten und so sämtliche Informationen erhalten bleiben.

13.2 Die richtige Bildauflösung finden

Anfangs erscheint das Thema Auflösung mitunter etwas verwirrend, da Sie drei verschiedene Auflösungen unterscheiden müssen. Die erste ist die Bildauflösung, mit der ein Bild gescannt und gespeichert wird.

Die zweite Auflösung ist die Rasterweite, die Sie im *Drucken*-Dialogfeld von Photoshop bzw. einem Layout-Programm eingeben – diese wird in lpi, Lines per Inch, angegeben. Sie entscheidet darüber, wie fein das Raster ist, mit dem gedruckt wird. Die dritte Auflösung, von der hier gesprochen wird, ist die Geräteauflösung des Druckers.

Beim Webdesign ist die Wahl der Auflösung einfach, alle Bilder werden mit 72 dpi gespeichert. Bei der Druckausgabe ist die Wahl der Auflösung komplexer, sie richtet sich nach dem Bildinhalt und dem Ausgabemedium.

Fast alle wichtigen Druckverfahren – vom Offsetdruck bis zum Tintenstrahler – bauen Bilder und Schrift aus einzelnen Punkten auf. Unterschiedliche Farbtöne werden durch Aufrasterung wiedergegeben, anstelle einer Volltonfläche werden einzelne Rasterpunkte gedruckt.

Wichtig für das spätere Druckbild ist folgende Frage: Wie hoch ist die Auflösung, mit der das Ausgabegerät arbeitet? Die Druckauflösung gibt an, wie viele Rasterpunkte der Druckkopf auf einer Distanz von einem Inch unterbringen kann. Die Auflösung wird in der Regel in dpi, Dots per Inch, angegeben. Die Maßeinheit Linien pro Zentimeter ist kaum noch gebräuchlich.

Die Geräteauflösung spielt für die Bildauflösung eine wichtige Rolle. Je feiner die Geräteauflösung ist, desto feiner darf auch die Bildauflösung sein. Bild- und Druckauflösung unterscheiden sich deutlich voneinander. Ein Druckpunkt hat immer eine bestimmte Farbe – beim Vierfarbdruck entweder Gelb, Magenta, Cyan oder Schwarz.

Ein Bildpunkt hingegen kann im TrueColor-Modus eine von 16,7 Millionen Farben besitzen. Damit der Drucker diesen Punkt wiedergeben kann, benutzt er eine Vielzahl an Druckpunkten, die dicht aneinander oder überlappend platziert werden. Da das menschliche Auge nur ein begrenztes Auflösungsvermögen besitzt, erscheinen die gedruckten Rasterpunkte als ein gemischter Farbton.

Heiße Bilder ohne Raster

Wenn Sie Wert auf eine absolut rasterfreie Ausgabe legen, können Sie zu Thermosublimationsdruckern greifen. Diese Geräte sind in der Lage, echte Tönungen ohne Rasterung zu erzeugen. Dafür sind spezielle Farbfolien auf Wachsbasis oder Papiere mit eingebetteten Farbmikrokapseln nötig.

Winzige Heizelemente schmelzen farbige Partikel von einem Trägermaterial ab und übertragen sie auf das Ausgabemedium. Da keine einzelnen Druckerpunkte mehr erkennbar sind, spricht man auch vom Continuos Flow-Verfahren. Ein weiterer Vorteil: Ein Druckpunkt entspricht tatsächlich einem Bildpunkt. Arbeitet ein Thermosublimationsdrucker mit einer Geräteauflösung von 300 dpi, werden reale 300 × 300 Bildpunkte ausgegeben.

Für den Druck von Graustufen- oder Farbbildern ermitteln Sie die richtige Bildauflösung, indem Sie die Rasterweite, mit der das Bild gedruckt wird, verdoppeln. Diese Formel führt Sie zu einwandfreien Ergebnissen.

Wenn Sie Strichzeichnungen im Modus Bitmap (1 Bit) oder Schrift ausgeben, ist eine höhere Auflösung nötig. Bei Strichzeichnungen und Schriften macht sich an den Linienkanten der unerwünschte Sägezahneffekt deutlicher bemerkbar. Um diesen zu verhindern, wählen Sie eine Bildauflösung von mindestens 400 dpi. Da die Datenmengen im Bitmap-Format sehr gering sind, können Sie die Bildauflösung bei detailreichen Strichzeichnungen ohne weiteres auf 600 dpi erhöhen. Das Thema Rasterweite wird im folgenden Abschnitt besprochen.

Vergleichen Sie die hier dargestellten Bilder, sie wurden mit den Auflösungen 72, 150, 300 und 400 dpi eingescannt. Beachten Sie besonders die Detailzeichnung.

72 dpi   *150 dpi*

300 dpi   *400 dpi*

Schwarz-weiß-Bilder im Bitmap-Format benötigen eine höhere Auflösung, um einwandfrei dargestellt zu werden. Vergleichen Sie die folgenden Abbildungen, die mit 72, 150, 400 und 600 dpi erstellt wurden. Haben Sie beim Vergleich besonderes Augenmerk auf die schrägen Kanten.

72 dpi

150 dpi

400 dpi

600 dpi

13.3 Rasterweiten

Mit Rasterweite (auch Rasterfrequenz genannt) wird der Abstand bezeichnet, den die einzelnen Linien des Rasters zu einander haben. Sie geben die Rasterweite in das *Drucken*-Dialogfeld ein. Je feiner das Papier und je hochwertiger das Druckverfahren, desto feiner darf auch das Raster sein. Im Zeitungsdruck werden Raster mit einer Frequenz von ca. 85 lpi verwendet.

Hochwertige Drucksachen, die im Offsetdruck vervielfältigt werden, erhalten in der Regel ein Raster mit ca. 150 lpi. Besondere Kunstdrucke werden mit Rasterweiten bis zu 200 lpi gedruckt.

Wie im Abschnitt vorher erwähnt, ermitteln Sie die Bildauflösung für Graustufen- und Farbbilder durch eine Verdopplung des lpi-Werts. Daraus ergibt sich, dass Sie für den Zeitungsdruck Bilder mit etwa 170 dpi verwenden sollten, für die Erstellung von Broschüren und ähnlichen Drucksachen im Offsetdruck 300 dpi und für Bilder im Kunstdruck bis zu 400 dpi.

13.4 Rasterwinkel

Die Rasterwinkelung ist ein wichtiges Thema beim Erstellen von Drucksachen. Hierbei gibt es zwei Aspekte, die bedacht werden müssen. Wenn Raster überlagert werden, kann es zu Moirés kommen, wenn die Abstände der Rasterwinkel nicht groß genug sind. Daher ist es wichtig, den größtmöglichen Abstand in den Winkelschritten zu wählen.

Der zweite Aspekt ist die Tatsache, dass waagerechte und senkrechte Linien vom menschlichen Auge besser erkannt werden als diagonale. Aus diesem Grund sollte der dunkelste Farbauszug – also Schwarz – mit dem Winkel 45° versehen werden. 45°-Linien werden vom menschlichen Auge am schlechtesten erkannt. Die hellste Farbe – Yellow bzw. Gelb – erhält den Winkel 0°.

Gerade Linien erkennt das Auge besser als diagonale, je dunkler die Farbe ist, desto stärker macht sich der Effekt bemerkbar

Den Rasterwinkel im Photoshop-Druckmenü einstellen

1 Öffnen Sie eine beliebige Datei, da das Dialogfeld D*rucken* nur dann anwählbar ist, wenn Sie eine Datei geöffnet haben. Wählen Sie *Datei/Drucken* und klicken Sie auf die Schaltfläche *Einrichten*.

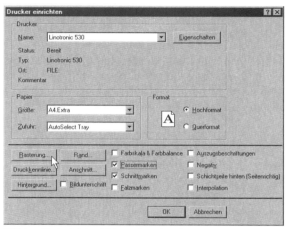

Wählen Sie im Dialogfeld Drucker einrichten den Zieldrucker aus, Linotronic 530 ist ein weit verbreiteter Druckertreiber, mit dem die meisten Dienstleister Ihre Dateien problemlos ausgeben können

2 Klicken Sie im Dialogfeld *Drucker einrichten* auf die Schaltfläche *Rasterung*. Deaktivieren Sie im darauf fogenden Dialogfeld *Rastereinstellungen* die Option *Rastereinstellungen des Druckers verwenden.* Daraufhin können Sie aus dem Listenfeld *Druckfarbe* die einzelnen Druckfarben auswählen und im Feld *Rasterwinkelung* den gewünschten Grad eingeben.

3 Wenn Sie Bilddateien drucken, in denen alle Farben in etwa zu gleichen Teilen vorkommen, liefern folgende Rasterwinkelungen einwandfreie Ergebnisse. Geben Sie für Cyan den Winkel 15° ein, für Magenta den Winkel 75°, für Gelb den Winkel 0° und für Schwarz den Winkel 45°.

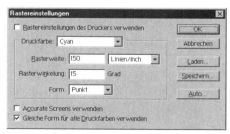

Mit dem Listenfeld Form können Sie die Form der einzelnen Rasterpunkte bestimmen

Zu den eben beschriebenen Werten gibt es Ausnahmen. Wenn Sie Dateien ausgeben, bei denen eine Farbe, beispielsweise Gelb, dominiert, Schwarz hingegen gar nicht vorkommt, ist es sinnvoll, eine andere Winkelung zu verwenden. Geben Sie in diesem Fall Gelb den Winkel 45°. Ein weiterer Fall, in dem Sie die Standard-Rasterwinkelung verändern sollten, ist folgender: Wenn Sie beispielsweise Briefbogen oder Visitenkarten in einer Sonderfarbe drucken lassen und darin Rasterflächen verwenden, sollten Sie dieser Farbe auf jeden Fall den Winkel 45° geben.

13.5 Farben außerhalb des Farbumfangs

Wie bereits erwähnt ist der für den Vierfarbdruck nötige CMYK-Farbraum kleiner als der im Web verwendete RGB-Farbraum. Es kann also vorkommen, dass Farben, die am Monitor ideal angezeigt werden, im Druckergebnis flau wirken.

Photoshop hat mehrere Farbumfangwarnungen eingebaut, mit denen Sie kontrollieren können, welche Farben im CMYK-Modus nicht dargstellt werden können. Besonders wenn Sie eine „Hausfarbe" aussuchen, die Sie zur Wiedererkennung bei all Ihren Publikationen verwenden, sollten Sie darauf achten, dass diese am Bildschirm und im Druck möglichst gleich gut dargestellt werden kann.

Druckbare und websichere Farben finden

Ermitteln Sie mithilfe des Farbwählers die Farben, die sowohl websicher als auch drucktechnisch darstellbar ist.

1 Starten Sie Photoshop und klicken Sie auf das Feld *Vordergrundfarbe.* Es öffnet sich der Farbwähler.

Klicken Sie auf das Feld Vordergrundfarbe, um den Farbwähler zu öffnen

2 In der Mitte des Farbwählers befindet sich der Farbverlauf über das gesamte Farbspektrum. Links und rechts des Balkens finden Sie Dreiecke, die Sie verschieben können. Klicken Sie eines der Dreiecke an und ziehen Sie es bis an den oberen Rand des Farbbalkens. Das Ergebnis ist, dass jetzt links im Farbwähler die Rottöne dargestellt werden.

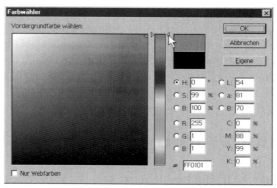

Ziehen Sie eines der Dreiecke am Farbbalken bis nach oben

3 Klicken Sie jetzt in die rechte obere Ecke des Farbquadrats, sodass Sie einen sehr reinen Rotton auswählen, der etwa die RGB-Werte R 249, G 6 und B 6 aufweist. Sie können diese Werte auch direkt in die RGB-Felder im rechten Bereich des Dialogfelds eingeben.

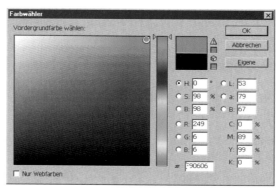

Klicken Sie in die rechte obere Ecke des Farbwählers

4 Rechts neben dem Farbbalken wird oben die aktuell gewählte Farbe angezeigt. Direkt daneben erhalten Sie jetzt zwei Warnsymbole. Das obere ist die Farbumfangwarnung. Sie zeigt an, dass diese Farbe nicht im CYMK-Modus wiedergegeben werden kann.

Direkt darunter befindet sich die Warnung zur nicht websicheren Farbe. Sie müssen jetzt nicht so lange suchen, bis Sie eine Farbe gefunden haben, die beiden Ansprüchen genügt, Photoshop hilft Ihnen dabei. Klicken Sie zunächst auf das obere Dreieck. Sie können beobachten, dass der Kreis im Farbquadrat, der die aktuelle Farbe anzeigt, sich an eine andere Stelle im Farbwähler bewegt.

5 Das obere Dreieck ist verschwunden, da durch den Klick eine Verschiebung zu einer druckbaren Farbe vorgenommen wurde. Klicken Sie jetzt auch auf das untere Warndreieck. Photoshop verschiebt die Farbe erneut, um auch eine websichere Farbe auszuwählen.

Nicht druckbare Farben

Besonders wenn Sie Grün- oder helle Blautöne auswählen, kann es vorkommen, dass Photoshop es nicht schafft, durch die automatische Verschiebung einen Farbton zu finden, der beide Kriterien erfüllt. In diesem Fall müssen Sie den Farbton deutlich verschieben.

Farbumfangwarnung anzeigen lassen

Wenn Sie Bilder drucken lassen möchten, die Ihnen noch im RGB-Modus vorliegen, können Sie sich anzeigen lassen, welche Farben im Druck anders erscheinen als am Monitor angezeigt.

1 Öffnen Sie die Datei *Wissenschaft.psd* aus dem Beispiel-Verzeichnis von Photoshop 6.0. Wenn Sie die Standardinstallation durchgeführt haben, befindet sich die Datei im Verzeichnis *C:\programme\adobe\photoshop6.0\ beispiele*.

2 Diese Datei enthält zahlreiche hochreine Farbtöne, sodass es bei der direkten Konvertierung in den CMYK-Modus zu großen Farbverschiebungen kommen würde. Lassen Sie sich zunächst die Farbumfangwarnung anzeigen, indem Sie *Ansicht/Farbumfang-Warnung* wählen. Photoshop stellt die nicht druckbaren Bereiche grau da.

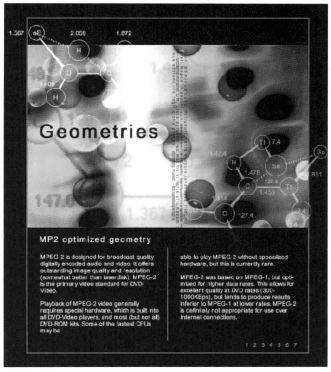

Das Druckergebnis der unbearbeiteten Originaldatei

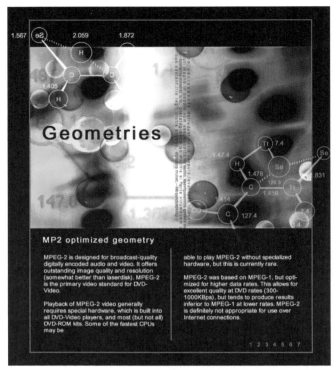

Das Resultat der Farbverschiebungen und Sättigungsverringerung

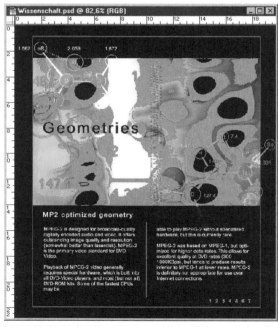

Wenn Sie die Farbumfangwarnung aktiviert haben, werden die Bereiche grau überdeckt, die nicht druckbar sind

3 Sie haben jetzt verschiedene Möglichkeiten, das Problem zu lösen. Sie können einzelne Farbtöne verschieben oder die Sättigung verringern. Diese Beispieldatei besteht aus einer Vielzahl von Ebenen, die Sie zum Korrigieren der Farben zunächst verschmelzen müssen. Wählen Sie *Ebenen/Auf Hintergrundebene reduzieren.*

4 Rufen Sie jetzt *Bild/Einstellen/Farbe ersetzen* auf. Mithilfe dieses Dialogfelds können Sie für jeden einzelnen Farbton Farbverschiebungen vornehmen oder die Sättigung verändern.

5 Wenn das Dialogfeld geöffnet ist, wandelt sich der Mauszeiger automatisch in eine Pipette. Klicken Sie jetzt in das grau markierte Feld in der rechten oberen Ecke der Bilddatei.

6 Verschieben Sie den Toleranzregler des Dialogfelds auf den Wert *50*, es werden alle dunklen Grüntöne ausgewählt.

7 Bevor Sie die Sättigung eines Farbtons verringern, versuchen Sie zunächst durch eine Verschiebung des Reglers *Farbton* eine druckbare Farbe zu finden. Verschieben Sie den Regler auf den Wert *30*. Leider können nicht alle Farbtöne nacheinander korrigiert werden, Sie müssen das Dialogfeld nach jedem korrigierten Farbton mit einem Klick auf *OK* schließen und *Bild/Einstellen/Farbe ersetzen* erneut aufrufen.

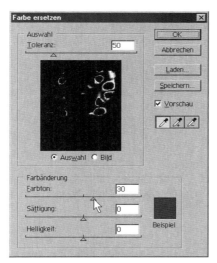

Versuchen Sie immer zuerst eine Verschiebung des Farbtons, so weit es das Motiv zulässt

8 Gehen Sie so für alle grau markierten Bereiche vor. Versuchen sie zuerst eine Farbtonverschiebung und, wenn das nicht genügt, eine Verringerung der Sättigung, indem Sie den Regler *Sättigung* nach links ziehen.

Nach dieser Bearbeitung finden sich immer noch einzelne Stellen, die nicht erfasst wurden. Diese Bereiche korrigieren Sie im folgenden Abschnitt mit dem Schwamm-Werkzeug.

Die Sättigung mit dem Schwamm verringern

Eine Alternative zum Dialogfeld *Farbe ersetzen* ist die manuelle Korrektur mithilfe des Schwamm-Werkzeugs.

1 Aktivieren Sie das Schwamm-Werkzeug. Mit diesem Werkzeug können Sie wahlweise die Sättigung verringern oder auch erhöhen. Sie regeln dies über die Palette *Werkzeug-Optionen*.

Der Schwamm teilt sich seinen Platz in der Werkzeugpalette mit dem Abwedler und dem Nachbelichter

2 Rufen Sie mit *Fenster/Werkzeug-Optionen einblenden* die gleichnamige Palette auf. Wählen Sie eine Pinselspitze mit einer Größe, die den grau markierten Bereichen angepasst ist. In diesem Beispiel wurde der Durchmesser *45 Pixel* gewählt. Selektieren Sie aus dem Listenfeld *Modus* den Eintrag *Sättigung verringern* und geben Sie in das Feld *Druck* den Wert *50 %* ein.

3 Übermalen Sie jetzt die noch gekennzeichneten Bereiche mit gedrückter linker Maustaste, bis die Farbumfangwarnung verschwindet.

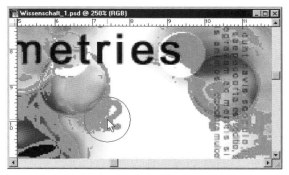

Passen Sie die Pinselspitze der Größe der markierten Bereiche an

13.6 Die Wahl der Farbseparationsart

Obwohl immer mehr neue Druckverfahren entwickelt werden, gehört für die Publikation von Farbvorlagen der klassische Vierfarb-Offsetdruck immer noch zu den am häufigsten verwendeten Druckverfahren. Bei kleinen Auflagen lohnt es sich zwar, Angebote über digitale Druckverfahren einzuholen, aber wenn Sie beispielsweise für Ihre Firma Visitenkarten, Briefbogen oder Firmenbroschüren in höherer Auflage produzieren lassen, ist der Offsetdruck in Bezug auf Abbildungsqualität, Haltbarkeit und Preis meist ungeschlagen.

Wenn Sie Daten für den Vierfarbdruck an Dienstleister senden, müssen Sie Farb-bilder vorher farbseparieren – also vom RGB- zum CMYK-Modus wandeln. Die verwendeten Druckfarben im Vierfarbdruck sind lasierend – also transparent. Deshalb kann durch das Übereinanderdrucken der vier Druckfarbraster eine gro-ße Bandbreite an Farben simuliert werden. Diese ist allerdings nicht ganz so hoch wie bei der Anzeige von RGB-Bildern am Monitor.

Die Art der Umrechnung von RGB zu CMYK entscheidet zum großen Teil über die Qualität der separierten Dateien. Die Grundeinstellungen von Photoshop liefern zwar in der Regel gute Ergebnisse, aber je nachdem, welches Bildmaterial, Druck-verfahren und welche Papierqualität Sie wählen, sind Veränderungen der Stan-dardeinstellungen sinnvoll.

Beim Übereinanderdrucken gleicher Anteile von Cyan, Magenta und Gelb sollte theoretisch reines Schwarz bzw. Grau erzeugt werden. In der Praxis kommt es aber durch leichte Unreinheiten in Druckfarbe und Papier nur zu Brauntönen. Um die-sem Problem entgegenzuwirken, werden bei der Farbseparation überall dort, wo die Grundfarben zu gleichen Teilen vorkommen, die Cyan-, Magenta- und Gelb-Anteile reduziert und durch Schwarz ersetzt. Wie stark dieser so genannte Schwarzaufbau ausfällt, regeln Sie mithilfe der Farbeinstellungen.

Neben dem Problem des Scharzaufbaus spielt das gewählte Papier eine Rolle. Je saugfähiger das Papier ist, desto mehr muss mit einem hohen Tonwertzuwachs gerechnet werden. Dies ist beispielsweise bei Zeitungspapier der Fall. Sie kön-nen über die Photoshop-Separationsvoreinstellungen einen Tonwertzuwachs von bis zu 40 % einplanen, sodass Photoshop dies bei der Konvertierung zu CMYK berücksichtigt.

Standardmäßig lautet die Voreinstellung für die Separation in Photoshop *Stan-dard für Web-Grafiken*. Hierbei wird von einem Tonwertzuwachs von 20 % aus-gegangen, die Separationsart ist GCR, der Schwarzaufbau *Mittel*, das Maximum Schwarz 100 % und der Gesamtfarbauftrag 300 %. Diese Voreinstellung geht von einem hochwertigen Papier aus, das wenig saugstark und sehr punkthaltig ist, denn ein Gesamtfarbauftrag von 300 % sollte nur bei hochwertigem Papier ver-wendet werden.

Absprache mit dem Dienstleister

Besonders beim Vervielfältigen hoher Auflagen und hochwertiger Drucksachen sollten Sie die Voreinstellungen für die Farbseparation unbedingt mit Ihrer Druckerei absprechen. Dort bekommen Sie die exakten Informationen über die richtigen Separationseinstellungen.

In der folgenden Anleitung spielen Sie das Definieren der Separationseinstellung-en durch, für Dateien, bei denen es wichtig ist, dass Schwarz zu 100 % darge-stellt wird. Dies kann z. B. der Fall sein, wenn, wie in diesem Buch, Dialogfelder abgebildet werden sollen, die farbige Bildinhalte und schwarze Umrandungen enthalten. Würde der Schwarzaufbau hier beispielsweise auf 85 % begrenzt, er-schienen die Ränder in einem schmutzigen Braunton.

1 Öffnen bzw. scannen Sie ein beliebiges Farbfoto. Stellen Sie sicher, dass das Bild im RGB-Modus vorliegt.

2 Wählen Sie *Bearbeiten/Farbeinstellungen*. Im darauf folgenden Dialogfeld ist zunächst der Eintrag *Standard für Web-Grafiken* ausgewählt. Öffnen Sie das Listenfeld *CMYK* und wählen Sie den Eintrag *Eigenes CMYK* aus, daraufhin öffnet sich das gleichnamige Dialogfeld, in dem Sie die Separationseinstellungen vornehmen können.

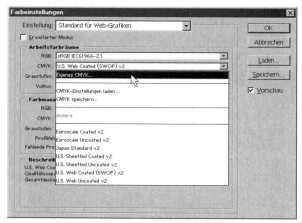

Wählen Sie den Eintrag Eigenes CMYK aus dem Listenfeld CMYK

3 Geben Sie in das Feld *Name* eine Bezeichnung ein, unter der Sie die Einstellung später speichern – in diesem Fall „Schwarz 100 %, Tonwertzuwachs 15 %". Geben Sie in das Feld *Tonwertzuwachs* den Wert *15 %* ein; da die Bilder auf einem wenig saugfähigen Papier gedruckt werden ist dieser relativ niedrige Wert ausreichend.

Aktivieren Sie die *Separationsart* GCR und wählen Sie aus dem Feld *Schwarzaufbau* den Eintrag *Mittel*. Geben Sie in das Feld *Maximum Schwarz* 100 % ein und reduzieren Sie den *Gesamtfarbauftrag* auf 285 %. Alle anderen Werte belassen Sie in den Standardeinstellungen.

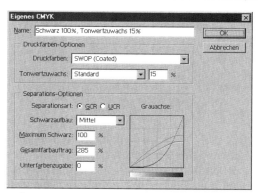

Definieren Sie in dieser Dialogbox Ihre Separationseinstellungen

4 Bestätigen Sie das Dialogfeld mit *OK* und klicken Sie im Dialogfeld *Farbein-stellungen* auf *Speichern.* Photoshop führt Sie automatisch zu dem Verzeichnis *Settings*, in dem alle Separationseinstellungen als CSF-Datei abgelegt werden. Sie müssen hier den Namen erneut eintragen und dann auf *Speichern* klicken. Daraufhin öffnet sich ein weiterer Dialog, in dem Sie einen Kommentar eingeben können. Nachdem Sie das gemacht haben, bestätigen Sie alle noch offenen Dialoge mit *OK*.

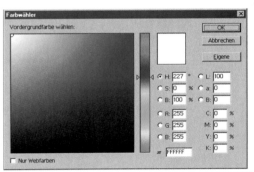

Das Ergebnis dieser Einstellungen

Die verschiedenen Separationsmethoden im Vergleich

Die Separationsmethoden werden hier an zwei verschiedenen Beispielen dargestellt. Einerseits wird ein Dialogfeld dargestellt, bei dem ein Schwarzaufbau von 100 % wichtig ist, zum anderen werden die Einstellungen an einem Farbfoto gezeigt. Das jeweils erste Bild zeigt an, mit welcher Methode die beiden darauf folgenden Bilder separiert wurden. Wählen Sie aus dieser Übersicht die für Ihr Motiv ideale Methode.

UCR

UCR ist die Abkürzung für **U**nder **C**olor **R**emoval. Bei dieser Unterfarbenentfernung sucht Photoshop nach Bildbereichen, in denen die Farben Cyan, Magenta und Gelb zu gleichen Teilen vorkommen, und ersetzt sie durch einen auf Schwarz basierenden Grauton.

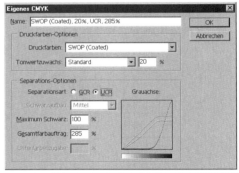

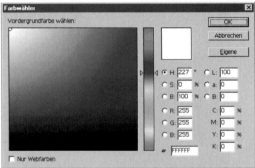

In nicht grauen Bereichen bleiben die Cyan-, Magenta- und Gelb-Anteile erhalten, es kommt zu keiner Ersetzung durch Schwarz und der Gesamtfarbauftrag wird nicht reduziert.

Die Methode bewirkt bei den meisten Bildern gute Ergebnisse.

GCR, Schwarzaufbau: Ohne

GCR ist die Abkürzung für **G**rey **C**omponent **R**eplacement – Unbuntaufbau. Im Gegensatz zum UCR werden bei dieser Methode die Cyan-, Magenta- und Gelb-Anteile in allen Farbbereichen um ein definierbares Maß verringert.

In diesem Beispiel wurde die Separationsart *Schwarzaufbau: Ohne* gewählt. Sie sehen an den Bildern, dass ein tiefes Schwarz durch den alleinigen Druck von Cyan, Magenta und Gelb nicht erreicht werden kann. Der Kontrastumfang der Bilder ist zu gering.

Diese Methode findet in der Praxis kaum Anwendungsbeispiele. Obwohl ein hoher Gesamtfarbauftrag gewählt wurde, erscheinen die Tiefen in einem dunklen Grau-Braun, aber nicht Schwarz. Dieses Problem fällt besonders bei den schwarzen Umrandungen im Dialogfeld auf.

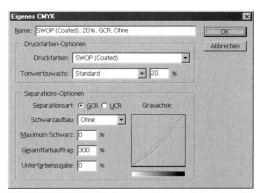

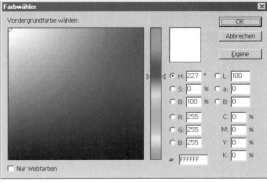

GCR, Schwarzaufbau: Wenig

Dieser Schwarzaufbau geht zu Gunsten der Farben, der Kontrast könnte aber insgesamt zu niedrig ausfallen. Bei diesem Beispiel wurde der Gesamtfarbauftrag auf 285 % begrenzt. Betrachten Sie die Wirkung im Bild.

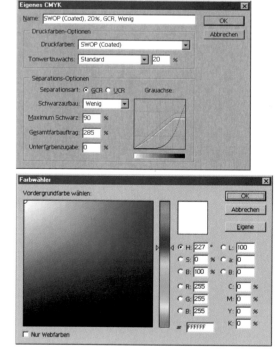

GCR, Schwarzaufbau: Mittel

Der mittlere Schwarzaufbau ist in der täglichen Bildbearbeitung wohl die am häufigsten verwendete Separationsart. Die Tiefen haben genügend Kontrast, gleichzeitig wirken die Farben brillant. Als Schwarzaufbau wurde 95 % gewählt, sodass der dunkelste Grauton den Wert 95 % aufweist. Der Gesamtfarbauftrag beträgt hier 290 %.

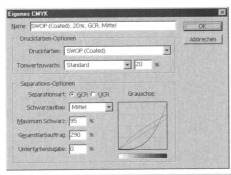

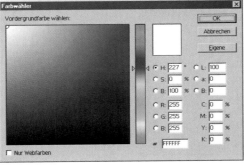

GCR, Schwarzaufbau: Stark

Der *Schwarzaufbau Stark* nähert sich schon den Grenzen der Farbersetzung. Bei den meisten Bildmotiven ist diese Methode zu massiv. Die Abbildungsqualität des Dialogfelds ist zufriedenstellend, aber in dem Farbfoto werden ungesättigte Bereiche sichtbar.

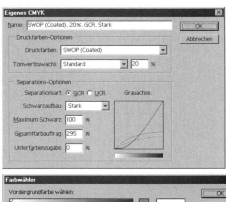

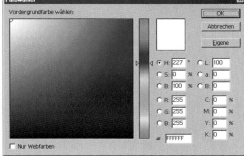

13

Druckoptimierung

GCR, Schwarzaufbau: Maximum

Ein maximaler Schwarzaufbau ist für Farbfotos kaum geeignet. Zu große Anteile von Cyan, Magenta und Gelb werden durch Grau ersetzt. Die Farben in der Fotografie wirken wenig brillant.

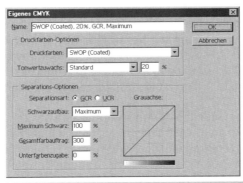

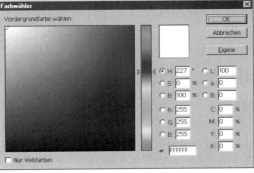

13.7 Corporate Design und Corporate Identity

Einer der wichtigsten Punkte beim Gestalten Ihrer Website und auch Ihrer Drucksachen ist der Wiedererkennungswert. Bevor Sie mit dem Designen loslegen, sollten Sie sich Gedanken darüber machen, welche Schriftart Sie verwenden und welche Farben Sie einsetzen. Präsentieren Sie sich bzw. Ihr Unternehmen in einheitlicher und eindeutiger Weise. Je konsequenter Sie persönliche Gestaltungsrichtlinien verwirklichen, desto größer ist der Wiedererkennungswert.

An bestimmten Gestaltungselementen dürfen zwar im Laufe der Zeit leichte Anpassungen vorgenommen werden, doch die grundsätzliche Ausstrahlung sollte erhalten bleiben. Neben der Schriftart und den verwendeten Farben gehören auch exakte Positionierungs- und Größenangaben zum Corporate Design. Alle wichtigen Stilmittel finden sich an definierten Stellen auf Druckstücken und auch auf der Website wieder.

13.8 Proofs simulieren das spätere Druckergebnis

Designer haben damit zu kämpfen, dass das Schlagwort WYSYWYG – what you see is what you get – bei der Druckumsetzung digitaler Bilder häufig nicht der

Realität entspricht. Was auf dem Monitor ideal aussieht, muss auf dem gedruckten Papier noch lange nicht perfekt sein. Die einzige echte Kontrolle über das Druckergebnis haben Sie, wenn Sie Bilder vor dem Vervielfältigen der Gesamtauflage andrucken lassen.

Beim Andrucken werden Bilder mit dem vorgesehenen Druckverfahren auf dem ausgewählten Papier gedruckt. Solche Andrucke sind relativ kostspielig. Es gibt preisgünstigere Alternativen, die allerdings die Qualität eines Andrucks nicht ganz erreichen, dazu gehören Softproofs, bei denen einzelne Farbfolien auf einer Trägerfolie belichtet werden, und digitale Proofs.

14. Ein komplettes Website-Design erstellen

In diesem Projekt erstellen Sie das komplette Design einer Website vom Hintergrund bis zu Schaltflächen und Animationen. Alle Einzelteile werden webgerecht optimiert, sie müssen nur noch in Ihrem HTML-Editor zusammengefügt werden. Ziel ist es in diesem Fall, mit möglichst geringem Speicherbedarf interessante Effekte zu erzielen.

Bevor Sie mit der Arbeit beginnen, legen Sie eine Verzeichnisstruktur auf Ihrer Festplatte an, damit alle Dateien übersichtlich gespeichert werden. Nennen Sie das Hauptverzeichnis *Aaron* und erstellen Sie die Unterordner *Screendesign* und *Images*.

Speichern Sie dann im Hauptverzeichnis die HTML-Dateien, legen Sie unter *Images* alle Bilder ab, die Sie für die Website exportieren, und speichern Sie alle Arbeitsdateien im Verzeichnis *Screendesign*.

Gestalten Sie die Elemente für diese Website in diesem Projekt

Die richtige Seitengröße finden

Das Finden der richtigen Seitengröße zum Gestalten Ihrer Website ist immer mit Kompromissen verbunden. Sie können nicht wissen, auf welchem System und mit welcher Auflösung ein User Ihre Seite betrachtet. Die Auflösung 800 × 600 Pixel ist zurzeit noch der kleinste gemeinsame Nenner. Diese Gesamtpixelzahl steht Ihnen aber nicht ganz zur Verfügung, da der Browser Platz für die Navigationselemente benötigt. Wenn Sie Ihre Website für eine bestimmte Einstellung optimieren möchten – beispielsweise für den Internet Explorer 5.0, bei einer Auflösung von 600 × 800 – dann stellen Sie zunächst auf Ihrem System über die Systemsteuerung die gewünschte Auflösung ein. Starten Sie den Internet Explorer und stellen Sie ihn auf Vollbildmodus.

Drücken Sie die Taste (Druck) auf Ihrer Tastatur – Sie haben somit einen Screenshot des gesamten Bildschirms erstellt. Laden Sie Photoshop und wählen Sie *Datei/Neu*. Photoshop passt automatisch die Größe einer neuen Datei dem Zwischenablageinhalt an. Bestätigen Sie das Dialogfeld.

Wählen Sie daraufhin *Bearbeiten/Einfügen,* der Screenshot wird in die Datei eingefügt. Aktivieren Sie das Freistellungswerkzeug und schneiden Sie den Bereich innerhalb der Navigation aus. Übrig bleibt die Größe, die Sie für Ihre Website nutzen können. Kontrollieren Sie die Pixelmaße mit *Bild/Bildgröße*. Die Bildgröße beträgt bei diesem Beispiel 780 × 434 Pixel.

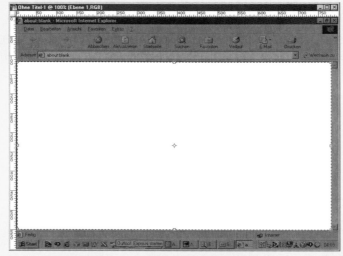

Stellen Sie die Datei so frei, dass nur der weiße Raum innerhalb der Navigation übrig bleibt

14.1 Hintergrund erstellen

Sie erstellen in diesem Projekt eine Hintergrundkachel, die mit wenigen Farben auskommt und darum Speicherplatz spart. Sie erstellen dazu ein eigenes Muster, mit dem die Kachel gefüllt wird, und legen dann darüber eine Formebene an, die durch Verwendung der Füllmethode *Hartes Licht* den Hintergrund abdunkelt.

Muster festlegen

1 Laden Sie Photoshop und wählen Sie *Datei/Neu.* Wählen Sie im Dialogfeld *Neu* als Maßeinheit Pixel aus. Geben Sie dann die Breite 1 Pixel und die Höhe 20 Pixel ein. Die Auflösung beträgt wie immer beim Webdesign 72 dpi und der *Modus* soll *RGB-Farbe* sein. Den Bereich *Inhalt* können Sie vernachlässigen, da diese Datei lediglich zum Erstellen des Musters dient. Bestätigen Sie mit *OK.*

2 Sie tönen jetzt die einzelnen 20 Pixel der Bilddatei, dazu ist es nötig, die Ansicht auf maximale Größe zu zoomen. Wählen Sie *Ansicht/Ganzes Bild.* Photoshop stellt die Datei jetzt im Ansichtsfaktor 1600 % dar, sodass Sie die einzelnen Pixel leicht tönen können.

3 Aktivieren Sie das Buntstift-Werkzeug. Wählen Sie in der Palette *Werkzeug-Optionen* eine Pinselstärke von nur einem Pixel Durchmesser aus. Der *Malmodus* ist *Normal* und die *Deckkraft* beträgt *100 %.* Sie benötgen jetzt den Farbregler, rufen Sie ihn mit *Fenster/Farbregler einblenden* auf. Klicken Sie außerdem die Taste [D] auf Ihrer Tastatur, um die Standardfarbeinstellungen Weiß als Hintergrundfarbe und Schwarz als Vordergrundfarbe aufzurufen.

4 Tragen Sie in das Eingabefeld des Farbreglers den Wert *40* ein. Jetzt trägt der Buntstift einen Grauton mit dem Wert 40 % auf. Übermalen Sie die oberen beiden Pixel der Datei mit diesem Wert.

Wenn Sie das Beispiel exakt nachbauen möchten, färben Sie die weiteren Pixel von oben nach unten folgendermaßen: Die nächsten drei Pixel erhalten die Deckkraft 30 %, dann zwei Pixel mit 25 %, zwei Pixel mit 15 %, drei Pixel mit 0 %, zwei Pixel mit 15 %, drei Pixel mit 25 % und drei Pixel mit 30 %.

Bei der Beschreibung wird hier deshalb so akribisch vorgegangen, weil beim Gestalten von Streifenmustern Farbkombinationen entstehen können, die einen Flimmereffekt erzeugen. Dies würde die Lesbarkeit der auf der Website platzierten Elemente stark beeinträchtigen.

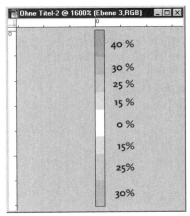

Erstellen Sie eine Datei mit diesen Pixel-Werten

5 Markieren Sie die gesamte Datei mit *Auswahl/Alles auswählen* und wählen Sie dann *Bearbeiten/Muster festlegen.* Es öffnet sich das Dialogfeld *Mustername*, in das Sie eine Bezeichnung – in diesem Fall „Graue Streifen" – eingeben. Bestätigen Sie mit *OK.*

Der Name, den Sie hier vergeben, wird auch in der Ebenenstil-Liste Musterüberlagerung verwendet

6 Nachdem Sie das Muster festgelegt haben, können Sie die Datei schließen, ohne sie zu speichern, sie wird nicht mehr benötigt.

Muster festlegen

Wenn Sie Muster erstellen, wie eben beschrieben, tauchen diese auch in der Liste des Ebenenstils *Musterüberlagerung* auf. Sie können jede beliebige Auswahl als Muster festlegen und erzeugen damit attraktive Effekte.

Hintergrundfläche füllen und Formebene erstellen

1 Erstellen Sie mit *Datei/Neu* eine weitere Datei. Geben Sie in das Feld *Name* die Bezeichnung „Hintergrundkachel" ein, wählen Sie eine Breite von 1280 und eine Höhe von 100 Pixeln. Wichtig ist hierbei, dass die Höhe der Datei durch die Größe des Musters – hier 20 Pixel – teilbar ist, sonst wären später in der Browseransicht die Schnittkanten sichtbar. Wählen Sie eine Auflösung von 72 dpi und den Modus *RGB-Farbe*. Wählen Sie im Bereich *Inhalt* die Option *Weiß*. Schließen Sie das Dialogfeld mit einem Klick auf *OK*.

2 Versehen Sie jetzt die Hintergrundebene mit der Musterfüllung, indem Sie *Bearbeiten/Fläche füllen* wählen und dann aus dem Listenfeld *Füllen mit* den Eintrag *Muster* auswählen. Öffnen Sie das *Listenfeld Eigenes Muster* und wählen Sie Ihr Muster *Graue Streifen* aus. Verwenden Sie den *Modus Normal* und eine *Deckkraft* von *100 %*. Schließen Sie das Dialogfeld, daraufhin wird die Hintergrundfläche mit dem Muster gefüllt.

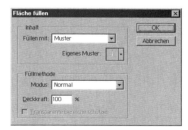

Füllen Sie die Hintergrundfläche mit diesen Einstellungen

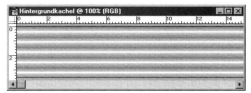

Das Ergebnis der Musterfüllung

3 Da auf der Website HTML-Text platziert werden soll, ist der Hintergrund jetzt noch zu kontrastreich. Rufen Sie daher *Bild/Einstellen/Tonwertkorrektur* auf und geben Sie in das linke untere Feld im Bereich *Tonwertumfang* den Wert *180* ein. Bestätigen Sie mit *OK*.

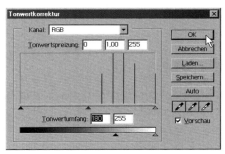

Mit der Tonwertkorrektur hellen Sie die Hintergrundfläche auf

4 Rufen Sie mit *Fenster/Informationen einblenden* die *Info-Palette* auf. Öffnen Sie das Paletten-Menü und wählen Sie den Eintrag *Paletten-Optionen*. Selektieren Sie aus dem Menü *Maßeinheit* den Eintrag *Pixel* und schließen Sie das Dialogfeld. Blenden Sie mit der Tastenkombination [Strg]+[R] die Lineale ein und ziehen Sie aus dem linken Lineal eine vertikale Hilfslinie, die Sie an der Position *X 150 Pixel* platzieren.

5 Wählen Sie *Fenster/Informationsleiste einblenden.* Die Leiste wird am unteren Rand des Programmfensters angezeigt. Geben Sie links in das Feld für den Zoomfaktor 50 % ein. Die Arbeitsdatei wird jetzt in der Größe 50 % dargestellt. Ziehen Sie jetzt an der rechten unteren Ecke der Arbeitsdatei, sodass der graue Hintergrund erscheint.

Zweck dieser Aktion ist, dass Sie im Folgenden ein Rechteck erstellen, das Sie außerhalb der Arbeitsfläche beginnend erstellen. So stellen Sie sicher, dass durch Positionierungsungenauigkeiten auf keinen Fall ein weißer Rand übrig bleibt. Die überlappenden Ränder des Rechtecks werden beim Exportieren als GIF-Datei automatisch abgeschnitten.

6 Aktivieren Sie das Rechteck-Werkzeug und dann in der Palette *Werkzeug-Optionen* die Schaltfläche *Neue Formebene erstellen.* Es soll kein Ebenenstil verwendet werden, der *Modus* ist *Normal* und die *Deckkraft 100 %*.

14

Ein komplettes Website-Design

7 Klicken Sie auf das Feld *Vordergrundfarbe einstellen* und geben Sie im *Farb-wähler* die RGB-Werte *R 195, G 195, B 195* ein. Bestätigen Sie das Dialogfeld, das Ergebnis ist ein heller Grauton als Vordergrundfarbe.

8 Klicken Sie jetzt links oben außerhalb der Arbeitsfläche und ziehen Sie nach links unten ein Rechteck auf, das bis an die vertikale Hilfslinie reicht.

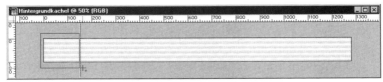

Die Bereiche des Rechtecks, die außerhalb der Arbeitsfläche liegen, entfallen beim Export. Durch diesen Trick müssen Sie das Rechteck nicht mühsam auf die exakte Höhe der Arbeitsfläche positionieren

Die Form modifizieren

1 Aktivieren Sie das Ankerpunkt-hinzufügen-Werkzeug. Zoomen Sie den rechten Rand des Rechtecks heran, indem Sie ca. 250 % in die Informationsleiste eingeben.

2 Fügen Sie jetzt dem rechten Rand drei Ankerpunkte zu. Den ersten setzen Sie auf Höhe der obersten weißen Linie der Hintergrundkachel, den zweiten auf Höhe der untersten Linie und den dritten in die Mitte des Randes.

Wenn der mittlere Ankerpunkt gesetzt ist, erhält er zwei Tangenten. Klicken Sie den Endpunkt der unteren Tangente an und ziehen Sie ihn einige Pixel nach rechts, Sodass eine Kurve entsteht.

Dadurch, dass Sie die beiden anderen Ankerpunkte gesetzt haben, wirkt sich die Verkrümmung nur bis zu diesen Punkten aus. Das verhindert, dass die Kachelanschlüsse verschoben werden und es beim Zusammensetzen der Kacheln im Browser an dieser Stelle zu einem Bruch kommt.

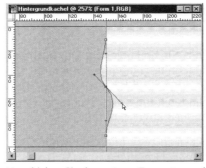

Verschieben Sie den unteren Tangentenpunkt wie hier abgebildet

3 Die Form ist fertig gestellt. Bewirken Sie jetzt durch das Ändern der Füll-methode, dass die Formebene transparent wird. Rufen Sie mit *Fenster/Ebe-*

nen einblenden die Ebenen-Palette auf. Selektieren Sie aus dem Listenfeld *Füllmethode einstellen* den Eintrag *Differenz.* Dadurch wird die Ebene transparent und erscheint dunkler.

4 Wählen Sie *Datei/Für Web speichern.* Aktivieren Sie das Register *2fach.* Selektieren Sie aus dem Listenfeld *Einstellungen* den Eintrag *GIF 32 kein Dithering* und klicken Sie auf *OK.*

5 Speichern Sie die Datei im Unterverzeichnis *Images* des Verzeichnisses *Aaron.* Sichern Sie die Arbeitsdatei im PSD-Format im Ordner *Screendesign* und schließen Sie sie.

14.2 Das animierte Logo gestalten

Sie bereiten das Logo in Photoshop vor und wechseln dann zu ImageReady, um es zu animieren.

Die Gestaltung des Logos in Photoshop

1 Wählen Sie *Datei/Neu.* Geben Sie den *Namen Logo* ein. Erstellen Sie eine Datei mit den Maßen 110 × 140 Pixel, einer Auflösung von 72 dpi, dem Modus *RGB-Farbe* und aktivieren Sie die *Inhalts-Option Transparent.* Bestätigen Sie mit *OK.*

2 Aktivieren Sie das Ellipse-Werkzeug. Achten Sie wieder darauf, dass in der Palette *Werkzeug-Optionen* die Schaltfläche *Neue Formebene erstellen* aktiviert ist. Klicken Sie auf das Feld *Vordergrundfarbe,* um einen Rotton zu definieren. Geben Sie die RGB-Werte *R 255, G 0* und *B 0* ein. Schließen Sie das Dialogfeld.

3 Halten Sie die [Umschalt]-Taste gedrückt, damit das Ellipse-Werkzeug auf das Erstellen von Kreisen eingeschränkt wird, und ziehen Sie in der oberen Hälfte der Datei einen Kreis auf.

4 Klicken Sie in der Palette *Werkzeug-Optionen* die Schaltfläche *Vom Formbereich subtrahieren* an. Das Logo soll den stilisierten Buchstaben A ergeben. Ziehen Sie in der oberen Hälfte des Kreises einen weiteren kleinen Kreis auf und erstellen Sie einen dritten, der am unteren Rand den ersten Kreis überlappt.

Wichtig ist, dass Sie vor dem Erstellen der zwei weiteren Kreise den ersten nicht anklicken. Anderenfalls invertiert Photoshop den ersten Kreis in dem Moment, wenn Sie die Schaltfläche *Vom Formbereich subtrahieren* anklicken. Sie müssen auf die exakte Positionierung der Kreise und auch auf die Größenverhältnisse noch nicht achten, diese werden im nächsten Schritt definiert.

14

Ein komplettes Website-Design

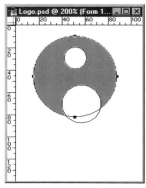

Es ist schwierig, die Kreise schon beim Erstellen exakt zu positionieren, dies korrigieren Sie im Nachhinein

5 Aktivieren Sie das Pfadkomponenten-Auswahl-Werkzeug. Ziehen Sie aus dem linken Lineal eine Hilfslinie bis in die Mitte der Datei – die Position X 55 Pixel.

6 Klicken Sie den größten Kreis an und verschieben Sie ihn so, dass die mittleren Stützpunkte direkt über der Hilfslinie liegen. Gehen Sie genauso für die beiden weiteren Kreise vor. Wenn Sie mit der Größe eines Kreises noch nicht ganz zufrieden sind, wählen Sie *Bearbeiten/Frei transformieren* und ziehen Sie dann mit gehaltener Umschalt-Taste an einem der Eckmarkierungsknoten. Um den Transformieren-Vorgang abzuschließen, klicken Sie doppelt in die Mitte des Markierungsrahmens.

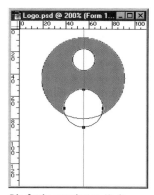

Die fertig zentrierten Kreise

7 Dem Logo fehlen noch Name und Stadt. Aktivieren Sie das Textwerkzeug. Nehmen Sie folgende Einstellungen in der Palette *Werkzeug-Optionen* vor: Aktivieren Sie die Schaltflächen *Neue Textebene erstellen* und *Horizontalen Text erstellen,* verwenden Sie die Schriftart *Tahoma* im Schriftschnitt *Bold* mit einer Größe von *24 Punkt* und aktivieren Sie die Schaltfläche *Text zentrieren.*

8 Klicken Sie unterhalb des Logos in die Datei und erfassen Sie den Firmennamen *Aaron,* fügen Sie mit Enter eine Zeilenschaltung ein und erfassen Sie außerdem *Düsseldorf*. Das Wort *Düsseldorf* ist jetzt noch zu groß, markieren Sie es, indem Sie es doppelt anklicken und geben Sie in der Palette *Werkzeug-Optionen* die Größe *12 Punkt* ein. Bestätigen Sie die Bearbeitung der Textebene mit einem Klick auf die Schaltfläche *Aktuelle Bearbeitungen bestätigen* – repräsentiert durch das Häkchen in der Palette *Werkzeug-Optionen*.

9 Ein Trick, um auch die Schrift zentriert in der Datei auszurichten, ist, *Bearbeiten/Frei transformieren* zu wählen. Daraufhin können Sie die mittleren Markierungsknoten als Stützpunkte verwenden und sie auf die Hilfslinie verschieben.

Schließen Sie diesen Verschieben-Vorgang wieder mit einem Doppelklick in den Markierungsrahmen ab. Das Logo ist fertig gestellt, speichern Sie es im Verzeichnis *Screendesign* unter dem Namen *Logo* als PSD-Datei und schließen Sie die Datei.

Der Modus Vom Formbereich subtrahieren eignet sich hervorragend, um Logos zu gestalten

Das Logo in ImageReady animieren

1 Starten Sie ImageReady und öffnen Sie die gerade gespeicherte Datei. Rufen Sie mit *Fenster/Ebenen einblenden* die Ebenen-Palette und mit *Fenster/ Animation einblenden* die Animationen-Palette.

2 Das Logo soll seine Farbe fließend von Rot zu Schwarz ändern, um dann wieder fünf Sekunden lang in roter Farbe eingeblendet zu bleiben. In der Palette *Animation* wird zurzeit ein Frame angezeigt, der Form- und Textebene beinhaltet. Wählen Sie aus dem Paletten-Menü den Eintrag *Neuer Frame* und eine Kopie des ersten Frames wird eingefügt.

3 Klicken Sie in der Ebenen-Palette die Formebene an und wählen Sie aus dem Paletten-Menü den Eintrag *Ebene duplizieren*. Es sollten jetzt Frame 2 und die duplizierte Ebene aktiv sein. Blenden Sie die unterste Ebene aus, indem Sie auf das Augensymbol klicken, und die obere Formebene ein, indem Sie hier das Augensymbol per Mausklick einfügen.

4 Klicken Sie in der Ebenen-Palette doppelt auf die Ebenen-Miniatur der oberen Formebene. Es ist wichtig, dass Sie nicht auf die Pfad-Miniatur klicken,
sondern links daneben auf das zurzeit rote Farbfeld. Es öffnet sich der Farbwähler. Geben Sie die Werte *R 0, G 0, B 0* ein und schließen Sie den Farbwähler. Die Ebene wird umgefärbt.

So sollten Ihre Paletten jetzt aussehen

5 Um die beiden Frames zu überblenden, markieren Sie sie zunächst mit dem
Eintrag *Alle Frames auswählen* aus dem Paletten-Menü. Wählen Sie anschließend den Menüeintrag *Dazwischen einfügen.* Aktivieren Sie die Optionsschaltfläche *Alle Ebenen* und alle drei Kontrollkästchen im Bereich *Parameter.* Wählen Sie aus dem Listenfeld *Dazwischen einfügen* den Eintrag *Auswahl*
und geben Sie in das Eingabefeld *Hinzuzufügende Frames* die Anzahl *10* ein.
Nach der Bestätigung mit *OK* besitzt die Datei insgesamt zwölf Frames.

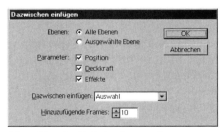

Fügen Sie zehn Zwischenframes ein

6 Stellen Sie jetzt die Verzögerungszeit ein. Markieren Sie wieder alle Frames
und klicken sie dann auf eine der Zeitanzeigen unterhalb eines Frames, sodass sich das zugehörige Menü öffnet, und wählen Sie den Eintrag *0,1 Sekunden* aus.

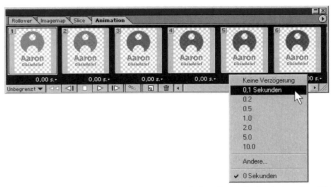

Bei einer Verzögerungszeit von unter 0,1 Sekunde läuft die Animation fließend ab

7 Animationen, die ohne Unterbrechung ablaufen, lassen eine Website oft unruhig wirken. Um das zu verhindern, soll der erste Frame, der das Logo in rotem Vollton beinhaltet, länger eingeblendet werden. Klicken Sie Frame 1 an und weisen Sie ihm eine Verzögerungszeit von fünf Sekunden zu.

Ebenen in Animationen

Für viele GIF-Animationen benötigen Sie mehrere Ebenen. Wenn Sie beispielsweise ein Objekt drehen möchten, müssen Sie für jeden Drehwinkel eine eigene Ebene anlegen. Farbüberblendungen wie hier und Bewegungen können Sie mit nur zwei Ebenen und mehreren Frames erzeugen.

Optimieren der Animation

1 Wählen Sie zunächst den Eintrag *Animation optimieren* aus dem Menü der Palette *Animation* und bestätigen Sie das darauffolgende Dialogfeld mit *OK.* Durch diesen Vorgang werden alle Pixel entfernt, die sich wiederholen. Der Schriftzug unter dem Logo wird demnach nur einmal gespeichert.

2 Rufen Sie mit *Fenster/Optimieren einblenden* die Optimieren-Palette auf. Klicken Sie das Register *2fach* am oberen Rand der Arbeitsdatei an. Die Wahl des Formats ist bei Animationen einfach, da nur GIF-Animationen verwaltet werden, wählen Sie den Eintrag *GIF* aus dem Listenfeld *Optimieren-Format.*

Um sicherzustellen, dass die Farben Ihrer Animation auf allen Systemen gleich gut angezeigt werden, wählen Sie aus dem Listenfeld *Farbreduzierungsalgorithmus* den Eintrag *Web.*

Verwenden Sie weder Dithering noch eine Lossy-Einstellung, beide führen zu unsauberen Ergebnissen. Wählen Sie aus dem Listenfeld *Farben* den Eintrag *Auto,* somit überlassen Sie ImageReady die Wahl der richtigen Farbanzahl.

3 Testen Sie die Optimierungseinstellungen, indem Sie auf den Start-Button am unteren Rand der Animation-Palette klicken. Die Animation läuft jetzt sowohl im Fenster *Original* als auch in der Optimieren-Vorschau ab.

Vergleichen Sie den Qualitätsunterschied. In diesem Beispiel ist der Unterschied nur gering und mit einer Anzeigedauer von zwei Sekunden bei einer Übertragungsgeschwindigkeit von 56,6 Kbps wurde ein gutes Ergebnis erzielt.

Bei Verwendung dieser Einstellungen wird die Animation in nur zwei Sekunden angezeigt

4 Die Optimierung ist abgeschlossen, wählen Sie *Datei/Optimiert Version speichern unter.* Navigieren Sie zum Verzeichnis *Images* und speichern Sie die Datei unter dem Namen *logo.gif.* Speichern und schließen Sie die Arbeitsdatei *logo.psd.*

14.3 Rollover-Schaltflächen generieren

Mit dem Listenfeld *Stil* lassen sich in ImageReady im Handumdrehen Schaltflächen erstellen. Nutzen Sie dies für das folgende Beispiel.

1 Wählen Sie *Datei/Neu* und erstellen Sie die Datei mit dem Namen *Button_01* und den Maßen 110 × 20 Pixel.

2 Aktivieren Sie das Werkzeug *Rechteck* und rufen Sie die Palette *Optionen* mit *Fenster/Optionen einblenden* auf. Aktivieren Sie die Schaltfläche *Neue Formebene erstellen.* Praktischerweise steht Ihnen hier die Option *Feste Zielgröße* zur Verfügung.

Aktivieren Sie das Kontrollkästchen und geben Sie die Maße 110 × 20 Pixel in die dazugehörigen Felder ein. Wählen Sie als *Modus Normal* und eine *Deckkraft* von *100 %.* Selektieren Sie aus dem Listenfeld *Stil* den Eintrag *Umriss Abgeflachte Kante.*

So sollte die Palette Optionen jetzt aussehen

3 Um jetzt die Schaltfläche zu erstellen, müssen Sie lediglich in die obere linke Ecke der Datei klicken, ImageReady erstellt automatisch einen Button in der richtigen Größe.

Wählen Sie eventuell einen hohen Zoomfaktor, um die Ecke besser zu treffen. Den Zoomfaktor können Sie in ImageReady direkt in der linken unteren Ecke der Arbeitsdatei eingeben.

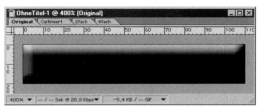

Das Original des Stils Umriss Abgeflachte Kante muss noch umgefärbt werden

4 Da diese schwarze Schaltfläche im Hintergrund der Website „versinken" würde, muss sie noch umgefärbt werden. Klicken Sie doppelt in die Ebenen-Miniatur der Ebenen-Palette, sodass sich der Farbwähler öffnet. Wählen Sie einen Grauton mit den Werten *R 153, G 153, B 153.*

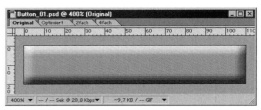

Mit dieser Farbgebung hebt sich der Button gut von der Website ab

5 Aktivieren Sie das Textwerkzeug. Geben Sie in die Palette *Optionen* folgende Schriftformatierung ein: *Horizontalen Text erstellen, Tahoma Bold, 14 Punkt, Glättung Scharf,* aktivieren Sie die Schaltfläche *Text zentrieren* und wählen Sie als Schriftfarbe den gleichen Rotton wie für das Logo mit den Werten *R 255, G 0, B 0.*

6 Klicken Sie in die Mitte der Datei und erfassen Sie den Text *Wir über uns.* Aktivieren Sie das Verschieben-Werkzeug und zentrieren Sie den Text optisch in der Mitte der Datei.

Die blaue Linie unter der Schrift kennzeichnet die Grundlinie, Sie deaktivieren sie mit Ansicht/ Einblenden/Textgrundlinie ein und aus

7 Wenn der Besucher Ihrer Website die Schaltfläche mit der Maus überfährt, soll der Text weiß angezeigt werden. Für diesen Rollover-Effekt benötigen Sie eine zweite Textebene, die Sie weiß färben. Wählen Sie den Eintrag *Ebene duplizieren* aus dem Menü der Ebenen-Palette.

8 Markieren Sie den Text der neuen Ebene, indem Sie einen Dreifach-Klick in den Text ausführen. Öffnen Sie das Listenfeld *Textfarbe einstellen* und wählen Sie *Weiß* aus.

Die Rollover-Status definieren

Die Ebenen für die Status sind vorbereitet, Sie müssen sie nur noch mit der Palette *Rollover* zuweisen.

1 Rufen Sie mit *Fenster/Rollover einblenden* die Palette auf. Bisher ist nur ein Rollover-Status angelegt – der Status *Normal*.

2 In diesem ersten Status sollen nur die Schaltfläche im Hintergrund und der rote Text eingeblendet sein. Deaktivieren Sie daher das Augensymbol vor der weißen Textebene mit einem Mausklick darauf.

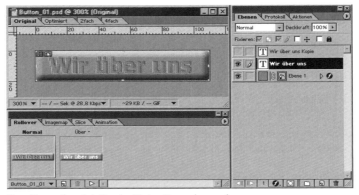

So müssen Ihre Paletten im Status Normal aussehen

3 Wählen Sie aus dem Menü der Palette *Rollover* den Eintrag *Neuer Status*. Klicken Sie den neuen Status *Über* an und deaktivieren Sie jetzt das Augensymbol vor der unteren Textebene und aktivieren Sie das vor der oberen Textebene. Orientieren Sie sich an den Abbildungen.

4 Sie können den Rollover-Effekt direkt in ImageReady testen, indem Sie auf den Start-Button am unteren Rand der Rollover-Palette klicken und dann den Button in der Arbeitsdatei mit der Maus überfahren. Klicken Sie den Stop-Button an, wenn Sie den Testlauf beenden möchten.

Die Paletten im Status Über

5 Optimieren Sie auch die Button-Datei mithilfe der Palette *Optimieren*. Wählen Sie in diesem Fall aus dem Listenfeld *Einstellungen* den Eintrag *GIF 32 kein Dithering*. Mit dieser Einstellung erhalten Sie einwandfreie Ergebnisse.

6 Dem Button fehlt noch die URL-Verknüpfung, die Sie über die Slice-Optionen definieren. Rufen Sie mit *Fenster/Slice einblenden* die Slice-Palette auf. Wenn Sie neue Dateien in Photoshop und ImageReady erstellen, wird automatisch ein ebenenbasiertes Slice generiert. Das nutzen Sie jetzt, um die Slice-Optionen festzulegen.

7 Wählen Sie aus dem Listenfeld *Typ* den Eintrag *Bild*, den Namen für das Slice erstellt ImageReady automatisch, Sie können aber auch einen alternativen Namen eingeben. Tragen Sie in das Feld *URL* die Internetadresse ein, zu der ein Klick auf den Button den Anwender leitet. Denken Sie daran, dass Sie die vollständige Internetadresse inklusive http:// eingeben müssen. Bestimmen Sie, in welchem Zielframe die Verknüpfung geöffnet werden soll. Hier wurde der Eintrag *_blank* gewählt.

Die Zieladresse wird eingegeben

8 Speichern Sie die Button-Arbeitsdatei im Verzeichnis *Screendesign*. Zum Speichern des Rollover-Effekts wählen Sie *Datei/Optimiert Version speichern unter*. Sie erhalten ein Dialogfeld, in dem Sie entscheiden können, ob Sie die gesamte HTML-Datei mit den Rollover-Verknüpfungen speichern möchten oder ob sie lediglich die Bilder im Verzeichnis *Images* sichern, um die Verknüpfungen später in Ihrem HTML-Editor zu erstellen.

In diesem Fall speichern Sie die HTML-Datei mit Bildern. Wenn Sie als Ziel das Hauptverzeichnis *Aaron* auswählen, legt ImageReady die Bilder automatisch in das Verzeichnis *Images*.

9 Um jetzt weitere Buttons zu gestalten, speichern Sie eine Kopie der Datei *Button_01.psd* unter dem Namen *Button_02.psd*. Die Textebenen sind jederzeit editierbar. Sie müssen lediglich den Text ändern und die Slice-Optionen aktualisieren.

Die Rollover-Status und die Optimierungseinstellungen sind weiterhin aktiv. Speichern Sie so viele Buttons, wie Sie benötigen. In diesem Fall werden insgesamt vier Buttons eingesetzt: *Wir über uns, Kollektionen, Accessoires* und *Kontakt*.

Dadurch, dass die Textausrichtung *Zentriert* gewählt wurde, müssen Sie nichts an der Ausrichtung ändern, der neue Text wird automatisch von der Mitte her erstellt.

14

Ein komplettes Website-Design

Bilder für die Website erstellen

Passen Sie die Bilder dem schlichten Layout dieser Website an. Obwohl Sie beim Webdesign – im Gegensatz zum Druck – die Möglichkeit haben, Farbbilder ohne Aufpreis zu publizieren, bietet es sich bei diesem Layout an, Schwarz-weiß-Bilder zu verwenden. Schwarz-weiß-Bilder passen nicht nur gut zum schlichten Design dieser Site, sondern sparen auch noch Speicherplatz.

14.4 Überschrift für die Website gestalten

In diesem Beispiel besteht die Überschrift aus Textelementen, die Sie theoretisch auch in Ihrem HTML-Editor erstellen könnten. Wenn Sie allerdings besondere Schriften einsetzen möchten, die im Internet unter Umständen nicht angezeigt werden, ist es sinnvoll, ein Überschriften-Element als Bild zu speichern. Die benötigten Datenmengen sind relativ gering und stellen daher kein Problem dar. Auch bestimmte Formatierungseinstellungen, die über HTML oder CSS nur schwer zu verwirklichen sind, erstellen Sie schneller in Photoshop oder ImageReady.

1 Öffnen Sie Photoshop und wählen Sie *Datei/Neu*. Erstellen Sie eine Datei mit den Maßen 460 × 65 Pixel.

2 Erfassen Sie die Wörter *Aaron men's and women's fashion*. Trennen Sie *Aaron* mit zwei Leerzeichen vom Rest des Textes ab. Markieren Sie das Wort *Aaron*, indem Sie einen Doppelklick darauf ausführen. Verwenden Sie beispielsweise folgende Schrifteinstellungen: *ScalaSans Bold*, Schriftgrad 60 Punkt, Glätten: Stark, Schriftfarbe Schwarz.

3 Markieren Sie den restlichen Text, indem Sie mit gehaltener Maustaste darüber ziehen, und verwenden Sie die gleichen Formatierungseinstellungen, bis auf die Schriftgröße – wählen Sie hier 18 Punkt. Vollenden Sie die Textformatierung, indem Sie auf das Symbol *Aktuelle Bearbeitungen bestätigen* in der Palette *Werkzeug-Optionen* klicken. Positionieren Sie den Text mit aktiviertem Verschieben-Werkzeug wie in der Abbildung dargestellt.

4 Aktivieren Sie das Werkzeug *Linienzeichner* und wählen Sie als Vordergrundfarbe das schon bekannte Rot mit den Werten *R 255, G 0, B 0*. Ziehen sie mit gehaltener Umschalt-Taste eine Linie unterhalb des Textes, die am Textanfang beginnt und bis an den rechten Rand der Datei reicht.

5 Wählen Sie *Datei/Für Web speichern* und optimieren Sie die Datei als GIF. Fügen Sie alle Teile dieser Website in Ihrem HTML-Editor zusammen.

Wenn Sie besondere Schriften verwenden, sollten Sie diese in einer Bilddatei speichern. Die Option Glätten: Stark lässt die Schrift etwas fetter wirken als mit der Option Scharf

15. Anhang

15.1 Tastenkombinationen von Photoshop und ImageReady

In diesem Abschnitt finden Sie die Tastenkombinationen für beide Programme. Alle Funktionen, die mit einem * gekennzeichnet sind, sind in ImageReady nicht einsetzbar.

Optionen zum Thema Anzeigen

Ergebnis	Vorgang
Bild auf Fenstergröße anpassen	Doppelklicken auf das Hand-Werkzeug oder [Strg]+[0]
100%-Ansicht	Doppelklicken auf das Lupe-Werkzeug oder [Alt]+[Strg]+[0]
Ein- oder Auszoomen	[Strg]+[+] oder [-]
Zoom-Werkzeug oder Auszoomen-Werkzeug	[Strg]+[Leertaste] oder [Alt]+[Leertaste]
Auf bestimmte Bildteile einzoomen*	[Strg] + Ziehen über Vorschau in Navigator-Palette
Bild mit Hand-Werkzeug bewegen*	[Leertaste] + Ziehen oder Ziehen des Ansichtsrahmens in der Navigator-Palette
Um 10 Einheiten auf- oder abwärts bewegen	[Umschalt]+[Bild↑] oder [Bild↓]
Ansicht in obere linke oder untere rechte Ecke verschieben	[Pos1] oder [Ende]

Tastaturbefehle zum Auswählen und Bewegen

Ergebnis	Vorgang
Auswahlbegrenzung beim Auswählen verschieben	Beliebiges Auswahlrechteck-Werkzeug (ausgenommen *Einzelne Zeile* und *Einzelne Spalte*)+[Leertaste]+Ziehen
Der Auswahl hinzufügen oder von der Auswahl abziehen	Beliebiges Auswahlwerkzeug+[Umschalt] oder [Alt]+Ziehen
Schnittmenge der Auswahl bilden	Beliebiges Auswahlwerkzeug+[Umschalt]+[Alt]+Ziehen

Ergebnis	Vorgang
Auswahlbegrenzung auf Kreis oder Quadrat einschränken	Umschalt+Ziehen
Auswahlbegrenzung von der Mitte aus aufziehen	Alt+Ziehen
Form einschränken und Auswahlbegrenzung von der Mitte aus aufziehen	Umschalt+Alt+Ziehen
Verschieben-Werkzeug	Strg (außer wenn Handwerkzeug oder ein beliebiger Zeichenstift ausgewählt ist)
Umschalten von Magnetisches-Lasso-Werkzeug auf Lasso-Werkzeug*	Alt+Ziehen
Umschalten von Magnetisches-Lasso-Werkzeug auf Polygon-Lasso-Werkzeug*	Alt+Klicken
Kopie der Auswahl bewegen	Verschieben-Werkzeug+Alt+Auswahl ziehen
Auswahlbereich in 1-Pixel-Schritten bewegen	Beliebige Auswahl+ ←, →, ↓, ↑
Auswahl in 1-Pixel-Schritten bewegen	Verschieben-Werkzeug+ ←, →, ↓, ↑
Ebene in 1-Pixel-Schritten bewegen, wenn nichts auf der Ebene ausgewählt ist	Strg+←, →, ↓, ↑
Erkennungsabstand vergrößern oder verkleinern*	Magnetisches-Lasso-Werkzeug+[oder]
Freistellen aktivieren oder deaktivieren	Freistellungs-Werkzeug+Enter oder Esc-Taste
Winkelmesser erstellen*	Messwerkzeug+Alt +Endpunkt ziehen
Hilfslinie an Linealunterteilungen ausrichten	Umschalt+Ziehen einer Hilfslinie
Zwischen vertikaler und horizontaler Hilfslinie umschalten	Alt+Ziehen einer Hilfslinie

Befehle zum Malen und Füllen

Ergebnis	Vorgang
Pipette	Beliebiges Malwerkzeug+Alt
Hintergrundfarbe auswählen	Pipette+Alt+Klicken
Farbaufnahme-Werkzeug*	Pipette+Umschalt
Deckkraft, Druck oder Belichtung für Malmodus einstellen	Beliebiges Mal- oder Bearbeitungswerkzeug +Zifferntasten (z. B. 0 = 100% ,1 = 10%, 4 dann 5 schnell nacheinander = 45%)
Füllmethoden durchlaufen	Umschalt+(+)+(−)
Auswahl/Ebene mit Vorder- oder Hintergrundfarbe füllen	Alt+Rück oder Strg+Rück
Füllung aus Protokoll*	Alt+Strg+Rück
Dialogfeld Fläche füllen einblenden	Umschalt+Rück
Punkte mit geraden Linien verbinden	Beliebiges Malwerkzeug+Umschalt+Klicken

Optionen rund um das Textwerkzeug

Ergebnis	Vorgang
Text im Bild verschieben	[Strg]+Text ziehen, wenn Textwerkzeug ausgewählt ist
Zentrieren, links oder rechts ausrichten*	Textwerkzeug mit der Option *Text horizontal ausrichten* + [Umschalt]+[Strg]+[L], [C] oder [R]
Zentrieren, oben oder unten ausrichten*	Textwerkzeug mit der *Option Text vertikal ausrichten* + [Umschalt]+[Strg]+[L], [C] oder [R]
Ein Zeichen links/rechts oder eine Zeile nach unten/oben oder ein Wort links/rechts auswählen	[Umschalt]+[←], [→], [↓], [↑] oder [Umschalt]+[Strg]+[←], [→],
Alle Zeichen von der Einfügemarke bis zum Mausklick auswählen	[Umschalt]+Klicken
Um ein Zeichen nach rechts/links, eine Zeile nach oben/unten oder ein Wort nach links/rechts bewegen	[←], [→], [↓], [↑] oder [Strg]+[←], [→]
Neuen Ausgangspunkt für Texteingabe über vorhandenem Text festlegen	[Umschalt]+Klicken oder Klicken+Ziehen
Wort, Zeile, Absatz oder Abschnitt auswählen	Doppelklicken, Dreifachklicken, Vierfachklicken, Fünffachklicken
Auswahl im ausgewählten Text einblenden/ausblenden	[Strg]+[H]
Unterstrichen aktivieren/deaktivieren*	[Umschalt]+[Strg]+[U]
Durchgestrichen aktivieren/deaktivieren*	[Umschalt]+[Strg]+[/]
Alle Großbuchstaben aktivieren/deaktivieren*	[Umschalt]+[Strg]+[K]
Kapitälchen aktivieren/deaktivieren*	[Umschalt]+[Strg]+[H]
Hochgestellt aktivieren/deaktivieren*	[Umschalt]+[Strg]+[+]
Tiefgestellt aktivieren/deaktivieren*	[Umschalt]+[Alt]+[Strg]+[+]
100% horizontale Skalierung wählen*	[Umschalt]+[Strg]+[X]
100% vertikale Skalierung wählen*	[Umschalt]+[Alt]+[Strg]+[X]
Auto-Zeilenabstand wählen*	[Umschalt]+[Alt]+[Strg]+[A]
0 für Laufweite wählen*	[Umschalt]+[Strg]+[Q]
Absatz ausrichten- letzte Zeile linksbündig*	[Umschalt]+[Strg]+[J]
Absatz ausrichten- letzte Zeile Blocksatz*	[Umschalt]+[Strg]+[F]
Absatz-Silbentrennung aktivieren/deaktivieren*	[Umschalt]+[Alt]+[Strg]+[H]
Ein-Zeilen-Setzer/Alle-Zeilen-Setzer aktivieren/deaktivieren*	[Umschalt]+[Alt]+[Strg]+[T]
Schriftgrad des ausgewählten Textes um 2 Punkt/Pixel vergrößern/verkleinern	[Umschalt]+[Strg]+[;]

15

Anhang

Ergebnis	Vorgang
Zeilenabstand um 2 Punkt/Pixel vergrößern/ verkleinern	Alt + ↓, ↑
Grundlinienverschiebung um 2 Punkt/Pixel vergrößern/verkleinern	Umschalt + Alt + ↓, ↑
Laufweite/Kerning um 20/1000 Geviert vergrößern/verkleinern	Alt + ←, →

Pfad bearbeiten

Ergebnis	Vorgang
Mehrere Ankerpunkte auswählen	Direkt-Auswahl-Werkzeug + Umschalt + Klicken
Gesamten Pfad auswählen	Direkt-Auswahl-Werkzeug + Alt + Klicken
Pfad duplizieren	Zeichenstift + Alt + Strg + Ziehen
Von Zeichenstift, Ankerpunkt-hinzufügen-Werkzeug, auf Direkt-Auswahl-Werkzeug umschalten Ankerpunkt-löschen-Werkzeug	Strg
Umschalten von Direkt-Auswahl-Werkzeug auf Punkt-umwandeln-Werkzeug, wenn der Zeiger auf einem Anker- oder Griffpunkt ist	Alt + Strg
Umschalten von Zeichenstift oder Freiform-Zeichenstift-Werkzeug auf Punkt-umwandeln-Werkzeug, wenn der Zeiger auf einem Anker- oder Griffpunkt ist	Alt

Tastatur-Shortcuts für die Werkzeuge

Ergebnis	Vorgang
Abwedler, Nachbelichter und *Schwamm*, wechselt zwischen	Umschalt + O
Abwedler, wechselt zum	O
Airbrush, wechselt zum	J
Anmerkungen-Werkzeug und *Audio-Anmerkung-Werkzeug*, wechselt zwischen	Umschalt + N
Anmerkungen-Werkzeug, wechselt zum	N
Auswahlrechteck und *Auswahlellipse*, wechselt zwischen	Umschalt + M
Auswahl-Werkzeug, wechselt zum	M
Direkt-Auswahl-Werkzeug und *Pfadkomponenten-Auswahl-Werkzeug*, wechselt zwischen	Umschalt + A
Direkt-Auswahl-Werkzeug, wechselt zum	A
Form-Werkzeug, wechselt zum	U
Form-Werkzeug, wechselt zwischen verschieden	Umschalt + U

Ergebnis	Vorgang
Freistellungs-Werkzeug, wechselt zum	`C`
Füll-Werkzeug und Verlaufs-Werkzeug, wechselt zwischen	`Umschalt`+`G`
Füll-Werkzeug, wechselt zum	`G`
Hand-Werkzeug, wechselt zum	`H`
Kopierstempel-Werkzeug und Musterstempel-Werkzeug, wechselt zwischen	`Umschalt`+`S`
Kopierstempel-Werkzeug, wechselt zum	`S`
Lasso-Werkzeug, Polygon-Lasso-Werkzeug und Magnetisches-Lasso-Werzeug, wechselt zwischen	`Umschalt`+`L`
Lasso-Werzeug, wechselt zum	`L`
Paletten, aus- und einblenden von allen	`Tab`
Paletten, bis auf die Werkzeug-Palette aus- und einblenden von allen	`Umschalt`+`Tab`
Pinsel-Werkzeug und Buntstift-Werkzeug, wechselt zwischen	`Umschalt`+`B`
Pinsel-Werkzeug, wechselt zum	`B`
Pipette, Farbaufnahme-Werkzeug und Mess-Werkzeug, wechselt zwischen	`Umschalt`+`I`
Pipette, wechselt zur	`I`
Protokoll-Pinsel-Werkzeug und Kunstprotokoll-Pinsel, wechselt zwischen	`Umschalt`+`Y`
Protokoll-Pinsel-Werkzeug, wechselt zum	`Y`
Radiergummi, Hintergrund-Radiergummi und Magischen Radiergummi, wechselt zwischen	`Umschalt`+`E`
Radiergummi, wechselt zum	`E`
Slice-Werkzeug und Sliceauswahl-Werkzeug, wechselt zwischen	`Umschalt`+`K`
Slice-Werkzeug, wechselt zum	`K`
Text-Werkzeug, wechselt zum	`T`
Verschieben-Werkzeug, wechselt zum	`V`
Vollschirm, Vollschirm mit Menüleiste und Standardmodus, wechselt zwischen	`F`
Vordergrundfarbe Schwarz und Hintergrundfarbe Weiß, stellt ein	`D`
Vordergrundfarbe und Hintergrundfarbe, wechselt	`X`
Weichzeichner, Scharfzeichner und Wischfinger, wechselt zwischen	`Umschalt`+`R`
Weichzeichner, wechselt zum	`R`
Zauberstab, wechselt zum	`W`
Zeichenstift-Werkzeug und Freiform-Zeichenstift-Werkzeug, wechselt zwischen	`Umschalt`+`P`
Zeichenstift-Werkzeug, wechselt zum	`P`
Zoom-Werkzeug, wechselt zum	`Z`

15

Anhang

15.2 Übersicht der Beispielbilder auf der Website www.databecker.de

Laden Sie diese Bilder, wenn Sie die Beispiele nachbauen möchten.

Kapitel 3

apfel.tif
button.tif
chrom.psd
farbkreis.psd
goldmuenze.gif
goldmuenzeoptimiert.gif
pfirsich.tif
thumbnail001.tif
uhr.gif
vogel.tif

Kapitel 4

bildrollen.jpg
bildscifi.jpg
leistelinks.jpg
leisteoben.jpg

Kapitel 5

namibia.tif

Kapitel 7

berg.jpg
night.jpg
sand.jpg
seagull.tif

Kapitel 8

baum.psd

Kapitel 9

frankreich.psd

Kapitel 10

car.jpg
fallschirm.jpg
garten.jpg
obst.jpg
rad.jpg
schnee.jpg
ski.jpg
strand.jpg
vogelsonne.jpg

Kapitel 11

ani01.tif
ani02.tif
ani03.tif
ani04.tif

15.3 Operatoren und Variablen für die Filtererstellung

Operationen

Ergebnis	Vorgang
Addieren	+
Subtrahieren	-
Multiplizieren	*
Dividieren	/
Entscheidungsoperatoren (wenn a WAHR, dann Befehl b ausführen, ansonsten Befehl c)	a?b:c
UND	&&
ODER	||
NICHT	!

Ergebnis	Vorgang
gleich	==
ungleich	!=
kleiner	<
kleiner/gleich	<=
größer	>
größer/gleich	>=

Variablen

Ergebnis	Vorgang
Rot	r
Grün	g
Blau	b
Alpha	a
x-Koordinaten-Wert des aktuellen Pixels	x
y-Koordinaten-Wert des aktuellen Pixels	y
Aktueller Kanal-Wert (0 = Rot, 1 = Grün, 2 = Blau)	z
Gesamtmaße des Bildes oder der Auswahl	X, Y
Anzahl der Farbanzahl eines Pixels (drei bei Hintergrundebene, vier bei Ebene mit Transparenz)	Z
Richtung eines Vektors	D
Entfernung vom Bildzentrum zum aktuellen Pixel	M
Maximalentfernung eines Bildpixels von der Bildmitte	M

Funktionen

Ergebnis	Vorgang
Pixelwert des Pixels an Koordinatenposition x, y im Kanal z	src(x,y,z)
Wert von Schiebereglers i, wobei i = 0...7	ctl(i)
Differenz zwischen a und b	dif(a,b)
Wertebereichveränderung des Werts a von il...ih auf ol...oh	scl(a,il,ih,ol,oh)
Wertzuweisung des Schiebereglers i (0...7) zwischen a und b	val(i,a,b)
Beliebiger Wert zwischen a und b; a und b mit eingerechnet	rnd(a,b)
Gibt den kleineren Wert a oder b wieder	min(a,b)
Gibt den größeren Wert a oder b wieder	max(a,b)
Wurzel aus x	sqr(x)

15.4 Spannende Websites rund um Photoshop und ImageReady

http://www.elated.com/toolbox/

Von dieser Seite können Sie jede Menge Hintergründe und Buttons herunterladen sowie in Photoshop-Tipps stöbern.

http://www.adobe.de

Die offizielle Adobe-Website. Hier erhalten Sie die allerneusten Informationen zu allen Adobe-Produkten, Tipps und Tricks und eine Gallerie an Bildern, die mit Photoshop bearbeitet wurden.

http://pub5.ezboard.com/fxerverboardphotoshop-undco

Fragen, die Sie zum Thema Bildbearbeitung schon immer stellen wollten, werden Ihnen unter dieser Internetadressen beantwortet. Die Seite bietet ein Forum, in dem sich User intensiv zu Photoshop austauschen. Fragen, die man hier stellt, werden auch beantwortet.

http://www.profifoto.de/Links/linksnews.html

Diese Website bietet Ihnen eine Vielzahl an Links zu den verschiedensten Themen – u. a. zu Photoshop-Newsgroups.

http://www.glombik-fotografie.de/links.html

Jede Menge Links zum Thema Fotografie und Bildbearbeitung finden Sie unter dieser Adresse.

Stichwortverzeichnis

A

B

W

Z